미스터리 쇼핑
MYSTERY SHOPPING

MYSTERY SHOPPING

서비스품질 관리,
고객만족 경영을 위한

미스터리 쇼핑

김영갑 · 김문호 지음

교문사

머리말

서비스산업이 선진화될수록 서비스 품질에 대한 관심은 고조된다. 서비스 품질에 대한 관심은 다시금 서비스품질을 어떻게 관리할 수 있는가로 옮겨진다. 제조기업은 제품의 품질을 관리하기 위하여 표준을 정하고 그 표준에 미달하는 제품은 비정상적인 제품으로 간주하여 판매할 수 없는 것으로 분류한다. 그렇다면 서비스 기업은 어떤 기준으로 어떤 방법으로 품질을 관리할 수 있을까?

서비스 기업의 이런 의문을 해결하기 위한 방안의 하나로 태어난 것이 '미스터리 쇼핑'이란 제도이다.

다양한 문제점에도 불구하고 미스터리 쇼핑이 서비스 기업 경영활동의 현장에서 인기를 얻는 이유는 서비스품질 관리 기법으로 가장 효과적이고 효율적이기 때문일 것이다. 다만 서비스 기업이 얻고자 하는 목표를 달성하기 위해서는 미스터리 쇼핑의 실행 프로세스를 정확히 준수해야 한다. 실행 프로그램의 구성요소를 세부적으로 살펴보면 다음과 같다.

첫째, 서비스 기업이 원하는 서비스전략 달성에 기초한 목적과 평가기준을 명확히 설명해야 한다. 서비스전략의 일례로는 '신규고객의 유치와 기존고객의 유지'가 될 것이며, 이를 달성하기 위한 서비스문제의 해결이 구체적인 목적이 될 수 있다.

둘째, 프로그램의 디자인이다. 미스터리 쇼핑을 시행하는 목적이 명확해지면 해당 목적을 달성하기 위해 평가기준에 의거한 평가지(설문지, 평가시트)가 제작되어야 한다.

셋째, 평가결과가 비교 가능한 수준의 객관성을 확보할 수 있도록 평가자인 미스터리 쇼퍼를 선발하고 교육시켜야 한다. 미스터리 쇼퍼는 단순히 서비스품질의 평가자로서의 능력뿐만 아니라 서비스기업과 고객과의 접점인 '진실의 순간'마다 발생하는 문제점을 파악하고 개선점을 제안할 수 있어야 한다.

넷째, 미스터리 쇼핑 평가결과를 바탕으로 기업의 문제점을 도출하고 개선된 서비스전략을 수립해야 한다.

서비스 선진국을 비롯하여 국내에서도 이미 오래전부터 서비스 기업들은 저마다의 특성을 반영하여 미스터리 쇼핑을 시행하고 있다. 특히 국내기업들은 위와 같은 프로세스를 바탕으로 선진화된 서비스 기업의 시행과정을 벤치마킹하고 있다. 이와 같은 국내 기업들의 노력으로 미스터리 쇼핑 제도의 발전이 지속적으로 이루어지고 있음은 매우 고무적인 일이다. 다만 서비스의 정의, 미스터리 쇼핑의 목적 등이 명확하지 않은 상태에서 시행되는 미스터리 쇼핑은 자칫 직원들의 감시도구로 전락할 가능성이 높다. 국내에는 아직까지 미스터리 쇼핑에 대한 참고서적과 연구 등이 부족한 상태이다. 기업들의 서비스품질 관리와 고객만족 경영에 부여하는 중요성에 비추어 본다면 참으로 안타까운 현실이 아닐 수 없다.

저자들은 미스터리 쇼핑의 가치와 중요성이 날로 증가함에도 불구하고 참고할 서적이나 연구가 없다는 점에 착안하여 연구를 시작하였다. 가장 먼저 실무적으로 미스터리 쇼핑이 어떻게 이루어지는 것이 합리적인지를 현장에서 찾아보려 노력하였다. 하지만 먼저 개념의 정립이 되고 프로세스가 명확해야 한다는 점을 발견하게 되었다. 이론적인 정리를 먼저 한 후, 실행 사례를 정리할 필요가 있었다. 이러한 필요에 의해 이 책을 다음과 같이 구성하였다.

제1장에서는 '미스터리 쇼핑의 개념과 목적' 등 개요를 다루었다. 여기서 미스터리 쇼핑에 대한 이론적인 내용을 전반적으로 이해하는 계기가 될 것으로 믿는다. 제2장에서는 '미스터리 쇼핑의 평가대상'에 대하여 다루었다. 평가대상은 서비스 기업 중 외식기업을 중심으로 설명하였다. 타 산업에 비하여 외식산업의 평가대상이 가장 포괄적인 것으로 판단하였다. 타 산업에 응용할 때는 메뉴 등 특수한 부분을 제외하고 해당 산업의 특징을 반영하면 될 것이다. 제3장과 제4장에서는 '미스터리 쇼핑의 실행 절차'를 주로 다루었다. 실제 현장에서 이루어지고 있는 사례와 팁을 통해 서비스 기업이 미스터리 쇼핑을 쉽게 적용할 수 있는 데 많은 도움이 될 것으로 생각된다. 제5장에서는 '고객만족도 개선을 위한 전략'을 소개함으로써 미스터리 쇼핑을 통해 찾아낸 문제점을 개선하는 방안을 강구하는 데 도움을 주고자 하였다. 마지막 제6장에서는 실제 외식기업을 대상으로 이루어진 미스터리 쇼핑의 사례를 제시하였다. 이론적인 내용들이 현장에서 어떻게 실행되는지를 이해하는 좋은 계기가 될 것이다. 이후 부록에서는 학습한 내용에서 다루었던 양식을 제공한다. 양식들은 가능한 모든 내용을 포함할 수 있도록 만들어졌으므로 평가 상황을 고려하여 간략화하는 과정이 필요할 수 있다.

이 책은 단순한 이론서를 넘어 실제로 서비스 기업의 현장에서 미스터리 쇼핑을 즉시 실행하도록 도움을 주기 위하여 집필하였다. 하지만 이론적으로나 실증적 검증 측면에서 국내 현실이 척박하여 많은 부족함이 있을 것으로 판단된다. 또한 서비스 기업 중 외식기업만을 중심으로 하였다는 점에서도 아쉬움을 느낀다. 국내에서 미스터리 쇼핑이 발전하고 정착되는 과정에서 많은 현장 전문가와 학자들의 이론적 검증과 실증적 연구가 필요함을 절실히 느끼는 기회가 되기도 하였다. 좀 더 발전된 이론을 보충하고 다듬는 작업과 모든 서비스 기업을 포괄하는 프로세스 확립은 독자들의 제언을 토대로 노력해야 할 과제가 될 것이라 생각한다.

마지막으로 이 책이 출간되도록 기회를 주신 (주)교문사 류제동 사장님을 비롯한 편집부 직원 여러분께 진심으로 감사를 드린다.

2011년 8월

저자 일동

차 례

Chapter 01 미스터리 쇼핑 프로그램의 개요

1. 미스터리 쇼핑의 정의 ········· 13
2. 미스터리 쇼핑의 목적 ········· 18
3. 미스터리 쇼핑의 효과 ········· 27
4. 미스터리 쇼핑의 평가대상 ········· 35
5. 미스터리 쇼퍼의 자질 ········· 38
6. 미스터리 쇼핑의 현황 및 비전 ········· 44

Chapter 02 미스터리 쇼핑 평가대상의 이해

1. 서비스 품질의 이해 ········· 42
2. 레스토랑 메뉴 평가의 이해 ········· 67
3. 레스토랑 위생 및 청결의 이해 ········· 70
4. 물리적 환경의 이해 ········· 80

Chapter 03 미스터리 쇼핑 프로그램의 실행 절차

1. 점포 자료 수집 ······ 87
2. 조사의 목적 및 목표 설정 ······ 89
3. 점포 체크리스트 설계 ······ 90
4. 미스터리 쇼퍼의 선정 ······ 94
5. 미스터리 쇼핑 실시 ······ 95
6. 미스터리 쇼핑 결과에 따른 점포 평가 ······ 96
7. 미스터리 쇼핑 결과 보고서 작성 ······ 97
8. 미스터리 쇼핑을 통한 고객만족도 향상 전략 수행 ······ 97

Chapter 04 미스터리 쇼핑의 실행

1. 미스터리 쇼핑 사전 준비 사항 ······ 101
2. 미스터리 쇼핑 시 주의사항 ······ 104
3. 미스터리 쇼핑 후 보고서 작성 ······ 107

Chapter 05

고객만족도 향상을 위한 개선 전략

1. 고객만족도 향상을 위한 외식기업 품질 개선 전략 ……………… 117

Chapter 06

실전 미스터리 쇼핑 127

부록

1. 점포 사전조사 체크리스트 …… 154
2. 서비스 매뉴얼 …… 157
3. 고객기대수준 설문지 …… 171
4. 고객기대수준 설문 결과 분석 …… 172
5. 고객 점포 평가 리스트 …… 178
6. 점포 평가 가이드 …… 181
7. 미스터리 쇼핑 평가서 …… 191
8. 미스터리 쇼핑 평가보고서 …… 197
9. 서비스 교육교재 …… 202
10. 서비스 핸드북 …… 234
11. 미스터리 쇼핑 평가 체크리스트 …… 238

*부록의 내용은 교문사 홈페이지(www.kyomunsa.co.kr)의 자료실에서도 보실 수 있습니다.

★ 참고문헌 245

Chapter 01

미스터리 쇼핑 프로그램의 개요

Chapter 01

미스터리 쇼핑 프로그램의 개요

사례 01

최악의 서비스와 최상의 서비스

최근 경험한 최상의 서비스

S 그룹에서 경영하는 P 브랜드 남성복 매장에서 양복을 구입했다. 최근 유행 패턴을 설명하는 직원의 권유로 좀 더 젊고 스타일리시한 트렌드에 맞추어 매장 직원은 몸에 잘 맞게 맞춤식으로 조정해 주었고 몸의 칫수를 고객데이터에 기록하고는 며칠 후 찾으러 오라고 했다.

일주일 후, 새 양복을 입고 출근했다. 하지만 익숙하지 않은 스타일의 하의는 매우 불편했다. 더욱이 상하 주름이 없으니 주름이 더 많이 생겨 바지가 볼품이 없기까지 했다. 이틀을 연속 입어도 익숙하지도 않고 점점 더 불편해지며, 하반신이 피곤해지기까지 했다. 일반 스타일의 바지로 구매하지 않음을 뒤늦게 후회했다. 하의 교환이나 주름 있는 바지로 수선을 의뢰하고 싶었지만, 참으로 난처했다. 직원의 추천과 권유로 구매

했지만 최종 선택을 한 것은 바로 나 자신이기 때문이었다. 또한 구입하여 입어본 하의는 기능상 · 육안상 결점은 없었다. 어쩔 수 없이 다시 하의만 구매해야 할 것 같았다. 이윽고 다시 매장을 찾아가 사정 얘기를 하며 바지 앞부분만 수선을 부탁했다. 매장 직원은 알겠다며 다시 일주일 후에 찾아가라며 흔쾌히 승낙했다.

며칠 후, 수선한 하의를 찾아와 입어보곤 깜짝 놀랐다. 새 하의는 앞 주름이 있는 바지로 변했는데, 기존 하의가 아닌 새로운 제품이었던 것이다. 추가비용 없이 새로운 바지로 교환해 준 것이다. 이후 난, P 브랜드 충성고객이 되었음은 말할 나위도 없고 주변에 이 일화를 자랑스럽게 전한다. 물론 정장이 아닌 다른 의복도 그 매장 옷만을 고집하고 있다.

최근 경험한 최악의 서비스

얼마 전 가족들과 외출 중에 점심식사를 하게 되었다. 불고기 전문 레스토랑으로 알려진 A 레스토랑에서 불고기전골정식 2인분을 주문했다. 맛도 분위기도 그리 나쁘지 않았고 가격 또한 그리 부담스럽지 않았다. 그런 이유인지 A 레스토랑은 외식 선진국에 브랜드 수출도 한다는 뉴스도 들은 기억이 있어 가족들은 내심 많은 기대를 하고 있었다.

식사 중 어린 아들이 불고기 양이 조금 부족하다며 불고기 1인분을 추가할 수 있는지 물었다. 불고기와 공기밥을 같이 주문하면 추가할수 있다는 대답이 돌아왔다. 밥은 기존 양으로 충분하니 공기밥을 제외한 불고기만 추가해 달라는 아내의 요청에 그렇게는 할 수 없다는 대답만이 돌아왔다. 종사원은 원래 A 레스토랑에는 그런 추가메뉴는 없다며 자기는 추가주문을 받을 수 없으니 점장에게 말해 보라며 점장을 소개했다.

점장에게도 사정을 이야기 했지만 불가능하다는 답변뿐이었다. 밥은 충분한데 왜 주문을 해서 남겨야 하냐고 계속 항의하자, 이번만 특별히 공기밥 없이 추가주문을 받겠노라며 자리를 떠났다. 작은아들은 공기밥도 같이 주문해서 나오면 먹지 않고 가면 되는데 비싸지도 않은 공기밥 한그릇 가격으로 엄마는 창피하게 왜 그러냐며 심통을 부렸으나, 아내는 도무지 이해할 수 없다고 생각했다. 이미 아내와 작은 아들은 입맛은 떨어지고 기분도 매우 불쾌한 상태가 되어 있었다.

식대 계산을 하며 계산대에서 다시 만난 점장은 다음부터는 공기밥을 제외한 추가주문은 해줄 수 없다는 말로 인사말을 대신했고 아내와 작은아들은 더욱 큰 불쾌감을 느끼며 내심 다시는 A 레스토랑을 이용하지 않겠다는 다짐을 했다.

자료: 이제우(2010), 한양사이버대학원 서비스경영 레포트에서

최상의 서비스와 최악의 서비스를 직접 겪은 사람은 해당 기업에 대하여 어떤 인식을 가지게 될까? 과연 그 기업의 서비스 수준이나 서비스 문화가 최악의 수준은 아니었을 것이다. 다만 그 순간 그런 상황이 벌어졌을 뿐이다. 그럼에도 불구하고 서비스 기업의 경영자는 위와 같은 최악의 서비스를 방지하기 위한 다양한 노력을 경주해야 한다. 그런 노력의 일환으로 미스터리 쇼핑(mystery shopping)은 매우 효과적이고 효율적인 방법이 될 것이다.

서비스 선진국의 경우 미스터리 쇼핑은 매우 일상적인 서비스 품질 관리 업무의 하나로 자리매김한 지 오래이다. 하지만 국내에서는 아직도 걸음마 단계를 벗어나지 못하고 있는 실정이다. 서비스 기업의 미스터리 쇼핑이나 미스터리 다이너(mystery diner) 제도는 이제 선택이 아닌 필수인 시대에 접어들었다고 해도 과언이 아니다. 국내에서도 미스터리 쇼핑이 점진적으로 그 중요성을 인정받는 이유는 바로 다음과 같은 이유 때문일 것이다.

첫째, 최근 기업 간의 경쟁이 심화되면서 신규 고객 창출이나 시장 점유율의 확대와 같은 공격적인 마케팅 전략보다는 기존의 고객을 유지하지 위한 방어적인 마케팅전략의 중요성이 강조되고 있다. 비용과 효율적인 측면에 있어서도 공격적인 마케팅 전략에 비해 방어적인 마케팅 전략은 낮은 비용으로 더 큰 효과를 나타낸다고 알려졌다. 따라서 현대의 많은 기업들은 고객만족을 통한 기업 홍보 및 매출 향상을 위해 노력하고 있다. 그러나 외식기업의 경우 서비스라는 총체적 상품을 제공하는 과정에서 서비스 전달의 지연, 제공된 음식의 문제, 종사원의 실수 등으로 인하여 고객을 만족시키는데 많은 한계에 직면하고 있다. 둘째, 외식기업의 경우 수많은 진실의 순간(MOT: moment of truth, 결정적 순간이라고도 함)에 고객이 단 하나의 서비스에서라도 불만족을 느끼면 기업 전체에 대한 신뢰가 떨어지고 기업에 대한 부정적인 메시지를 주변 사람들에게 전달할 수 있다. 부정적인 구전(word of mouth)의 효과는 자신의 주변인뿐 아니라 인터넷을 통하여 더욱 폭 넓게 전파되어 결국은 고객 이탈은 물론이고 신규고객 창출에도 장애로 작용하게 된다. 따라서 기업들은 극심한 경쟁의 사회 분위기 속에서 고객들에게 최상의 만족을 제공할 수 있는 방안을 찾고 이러한 방안이 고객들의 만족도에 어떠한 영향을 미치고 있는지를 다양한 조사 방법을 사용하여 점검하고 있다. 또한 조사결과를 바탕으로 혁신적인 경험을 제공하려는 노력을 지속하고 있다.

셋째, 서비스 품질이 전반적으로 높은 수준을 유지하는 기업이라도 각각의 점포마다 차이가 발생하는 경우 기업의 브랜드 이미지에 치명적인 문제를 발생시킬 수 있다. 예를 들어, A 외식기업의 B 점포(서비스 품질 100점)와 C 점포(서비스 품질 0점) 간에 점장이나 서버들의 인식 차이로 인하여 서비스 품질관리에 많은 차이가 발생하였다면 고객들은 평균인 50점이라고 인식하기보다는 C 점포의 0점을 A 브랜드의 서비스 품질로 인식할 가능성이 높다는 것이다.

이와 같은 다양한 이유로 인하여 서비스 기업은 정기적이고 지속적으로 개별 점포들의 서비스 품질을 측정하기 위한 미스터리 쇼핑을 정례화해야 한다. 또한 그것을 단순히 측정의 수단으로 활용하는 것에서 벗어나 측정된 서비스 품질 내용을 바탕으로 개선활동을 추구하려는 노력이 필요함을 인식해야 한다.

1. 미스터리 쇼핑의 정의

고객만족도와 관련된 연구에서 주로 이용하는 조사 방법은 대부분 서비스의 이용 경험자를 표본으로 한 설문조사가 많다. 하지만 설문조사 방법은 응답자가 자신의 경험을 회상하며 각각의 서비스에 대한 품질을 평가한다는 점에서 평가의 신뢰도가 낮다는 단점을 가지고 있다. 설문조사에서 이와 같은 단점을 극복하기 위하여 조사 대상의 점포에서 응답자를 선정하고 면접하는 방식이 사용되기도 하는데, 이러한 면접조사법은 조사결과의 대표성을 확보할 수 있다는 장점이 있는 반면, 시간에 따른 비용이 과다하게 소요된다는 단점을 가지고 있다. 따라서 기업에서는 과다한 시간과 고비용의 단점을 극복하면서 전문조사원에 의한 신뢰도 확보가 가능한 점포 평가 방법인 미스터리 쇼핑에 관심이 높아지고 있다.

미스터리 쇼핑은 훈련된 전문조사원이 고객으로 위장하여 매장을 방문, 서비스 · 메뉴 · 위생 · 시설 수준 등을 점검하는 것을 말하며 이러한 사항을 점검하는 전문 조사원을 미스터리 쇼퍼(mystery shopper)라 부른다. 즉, 미스터리 쇼퍼는 자신의 신분을 감추고 고객으로 위장하여 외식기업의 제품(서비스, 메뉴, 위생, 환경)을 일상적인 점포 운영 상황에서 비밀리에 점검함으로써 고객의 만족도를 높일 수 있는 방안을 찾아내는 역할을 한다.

미스터리 쇼핑은 전통적인 마케팅 리서치와는 차이가 존재하지만 산업구조가 선진화될수록 비즈니스 정보를 수집할 수 있는 도구로써 확산되고 있다. 미스터리 쇼핑은 일반적으로 종사원이 고객과의 접점(MOT)에서 어떻게 고객을 응대하는지 미리 정해진 기준에 맞추어 점검하는 것이다.

초창기의 미스터리 쇼핑은 은행이나 소매점에서 부정직한 직원을 적발하기 위하여 사설탐정을 고용하는 것으로부터 시작되었다고 한다. 이와 같이 직원의 절도 행위를 예방하기 위한 미스터리 쇼핑은 1940년 위마크(Wimark)가 'mystery shopping'이라는 용어를 처음으로 사용하면서부터 비즈니스에서 활용되기 시작하였다. 1970년대에서 1980년대를 거치며 제조업 중심이었던 미국 경제구조가 서비스 중심으로 바뀌면서 미스터리 쇼핑이 확대되었다. 종사원 감시와 통제라는 목적으로 단순하게 이루어진 미스터리 쇼핑이 점차 발전하면서 고객응대 서비스 개선에 초점을 맞추어 더욱 전문화된 방법으로 정립된 것이다. 다시 말하면, 시장 환경이 변화하고 고객의 서비스 욕구 수준이 높아짐에 따라 현장에서

사례 02

미스터리 쇼핑을 이용한 관공서 친절도 평가

성북구 보건소가 서울시에서 가장 친절한 보건의료 서비스를 제공하는 것으로 나타났다. 서울시의 2009년 하반기 방문민원 응대 서비스 품질 평가에서 성북구 보건위생과가 평가대상인 전체 50개의 부서 중 92점으로 1위를 차지했다고 한다. 이번 평가는 시 산하 25개 자치구의 민원실과 보건소들을 대상으로 친절도를 평가한 것이다.

서울시는 여론조사 전문기관인 현대리서치연구소에 의뢰해 지난해 10월 14일부터 12월 12일까지 2개월간 서울지역 25개 구의 민원실과 보건소를 대상으로 친절도를 평가했다. 평가는 전문 모니터 요원들이 정체를 밝히지 않고 활동하는 '미스터리 쇼퍼' 방식으로 진행됐다. 평가자들은 정해진 평가표에 따라 ▲방문 시 응대 태도(30%) ▲민원 상담 태도(45%) ▲민원 종결 태도(20%) ▲사무실 환경(5%) 등을 살펴 만족도를 측정했다. 성북구는 보건위생과 외에도 민원여권과가 90점을 받아 7위에 올랐다.

이번 평가에서는 25개 자치구의 민원실과 보건소 등 50개 부서 가운데 7곳이 우수 평가(90점 이상)를, 17곳이 보통(85점 이상~90점 미만)을, 26곳이 미흡(85점 미만) 평가를 받았다. 구 관계자는 "꾸준한 친절교육과 친절서비스 점검 등이 도움이 된 것 같다."고 밝혔다.

자료: 서울신문(2010. 1. 19).

고객 서비스 품질을 평가할 수 있는 과학적 방법으로 발전되고 있는 것이다. 우리나라에서는 1990년대 중반 이후부터 서비스 기업과 유통 업체를 시작으로 도입되었으며, 현재는 관공서, 은행, 소매업, 외식기업 등 다양한 업체와 산업에서 자사의 고객만족도를 점검하고 개선하는 도구로 활용되고 있다.

미스터리 쇼핑은 전문 조사기관에서 전문 미스터리 쇼퍼를 통하여 시행하는 것이 일반적이다. 기업이 자체적으로 시행하기보다는 전문기관의 미스터리 쇼퍼를 활용한 시행을 선호하는데, 이는 미스터리 쇼핑 프로그램의 기획 단계부터 실행 목적에 부합되는 체크리스트의 설계와 객관적인 평가 등으로 실행에 따른 오차를 줄일 수 있기 때문이다. 특히 향후 고객만족도 향상을 위한 경영전략 수립에 더욱 유효한 데이터를 얻을 수 있다는 장점이 있다.

물론 상황에 따라서는 미스터리 쇼핑을 실시하는 데 있어서 전문기관을 활용하지 않고 사내 직원들을 미스터리 쇼퍼로 활용하거나 단골고객을 미스터리 쇼퍼로 선정하여 평가하는 경우도 있다. 다만 이러한 경우에는 미스터리 쇼핑에 대한 전문적인 교육이 필요하며, 평가자의 주관적인 평가로 인해 평가결과가 왜곡되지 않도록 주의를 기울여야 한다.

단골고객을 미스터리 쇼퍼로 활용하는 경우에는 고객 입장에서의 요구사항을 정확하게 알 수 있으며 고객참여 기회로 고객들의 충성도를 좀 더 높일 수 있는 기회로 활용할 수 있다. 그리고 사내 직원을 미스터리 쇼퍼로 활용하는 경우에는 신분이 노출된 상태이기 때문에 미스터리 쇼퍼라고 할 수는 없지만 자신이 근무하는 환경을 평가하는 것이기 때문에 한층 자세하게 점검할 수 있다는 유익한 점이 있다. 또한 직원을 미스터리 쇼퍼로 활용하는 경우에는 자신의 근무 환경에 대한 교육이 자연스럽게 이루진다는 장점이 있기도 하다.

따라서 미스터리 쇼핑 프로그램은 어떤 목적으로 시행되느냐에 따라 실행방법을 다양하게 선택할 수 있으며, 경우에 따라서는 적절하게 조합하여 시행하는 것도 다목적으로 활용하는 방법이 될 수 있다.

기업이 미스터리 쇼핑을 실행하는 가장 큰 목적은 해당 기업 종사자들의 재교육 계획을 지원하고, 서비스의 개선을 통해 고객만족도를 높이는 것이다. 이를 위해서는 합법적인 테두리 안에서 실시되어야 하고, 해당 기업의 담당자들이 점검하는 모든 내용을 알고 있어야 하며 그에 대한 사전교육을 실시하는 것이 바람직하다.

사례 03

서비스 경쟁력 강화를 위한 일본의 미스터리 쇼핑 리서치

기업의 서비스 척도를 평가하는 방법으로 '미스터리 쇼핑'이 뜨고 있다. 미스터리 쇼핑은 리서치 기관이 고객으로 위장해 창업자 점포의 운영실태를 점검하는 수단이다.

미스터리 쇼핑은 최근 외식업계의 경쟁이 치열해지면서 더욱 각광받고 있다. 맛, 분위기, 서비스의 3박자를 갖춰야 생존할 수 있다는 말이 나올 만큼 외식창업에서 서비스가 차지하는 비중이 높다. 따라서 이에 대한 지속적인 관리 · 감독이 필요한 것은 불문가지.

최근 일본경제신문의 보도에 따르면 전 세계 마켓리서치 시장은 연간 4%의 성장을 기록하고 있다. 미스터리 쇼핑은 그중에서도 연간 11%가 성장 중이다.

토니로마스, 카프리쵸자, 하드록카페, 레인보우롤스시 등의 14개 브랜드를 운영중인 일본의 프랜차이즈 기업 'WDI'는 미스터리 쇼핑으로 가맹점의 서비스 경쟁력을 강화하는 대표적인 사례로 꼽힌다.

이곳에서 중점적으로 체크하는 요소들은 '직원의 자기소개', '음료 추천', '이벤트 메뉴 추천' 등 3가지다. 이를 통해 점포의 실질적인 경쟁력 평가가 가능하다는 것. 평가 결과 성적이 우수한 점포의 직원들에게는 해외여행의 특혜를 주는 방식으로 동기도 부여한다.

WDI가 미스터리 쇼핑을 도입한 이유로는 초보 점장의 성장에 도움이 되기 때문이다. 고객의 요구를 듣고 이를 가맹점 경영에 직접 반영할 수 있고, 아르바이트까지 경영에 참여시킬 수 있다.

고객불만을 막아라!

버드와이저 카니발, 북쪽의 가족, 더록업 등 독특한 콘셉트의 외식 브랜드로 유명한 '세라비리조트'도 미스터리 쇼핑을 선호한다. 서비스 품질을 일정하게 유지하는 데 큰 도움이 되고, 이를 통해 고객불만이 확산되는 것을 빨리 막을 수 있다는 것이다.

미우라 세라비리조트 대표는 미스터리 쇼핑이 속도경영에 필수라고 강조한다. 제3자의 눈을 통해 객관적인 조사가 가능해 창업자의 주관적인 판단으로 인한 실수를 줄여주기 때문이다. 이곳에서는 미스터리 쇼핑으로 우수 점포를 선정하고, 벤치마킹 대상으로 삼아 자체 연구 · 분석까지 진행한다.

이자카야 코시엔, 일본 외식경영대상 등의 시상제도 역시 미스터리 쇼핑을 주요 평가기준으로 삼는다.

창업 전문가들은 “고객의 불만요인을 사전에 차단하는 방법으로 미스터리 쇼핑이 효과적이다”며 “이를 통해 재방문율을 높일 수 있다”고 말했다.

자료: 창업경영신문(http://www.sbiznews.com), 2008. 11. 12

2. 미스터리 쇼핑의 목적

1980년대에 접어들면서 많은 기업들은 고객만족의 중요성을 인지하기 시작했다. 고객만족(CS: customer satisfaction)은 고객의 기대에 부응함으로써 제품(서비스)의 재구매가 이루어짐과 동시에 고객의 신뢰감이 연속되는 상태라고 미국 소비자문제 전문가 굿맨(J. A. Goodman)이 정의하였다. 또한 고객만족은 고객의 성취반응이므로 정해진 수준 이상으로 고객의 기대를 충족하는 것을 의미한다. 다양한 연구결과 신규고객을 유치하는 비용이 기존고객을 유지하는 비용에 비하여 5배 이상 소요된다는 사실과 함께 고객만족이 기업의 이익과 상관관계가 높다는 사실도 입증되었다. 즉, 고객만족 자체가 기업성공의 척도임이 확실시 된 것이다. 이러한 기업의 고객만족에 대한 인식을 바탕으로 대부분의 기업들은 경영목표나 비전 등을 설정하면서 고객만족을

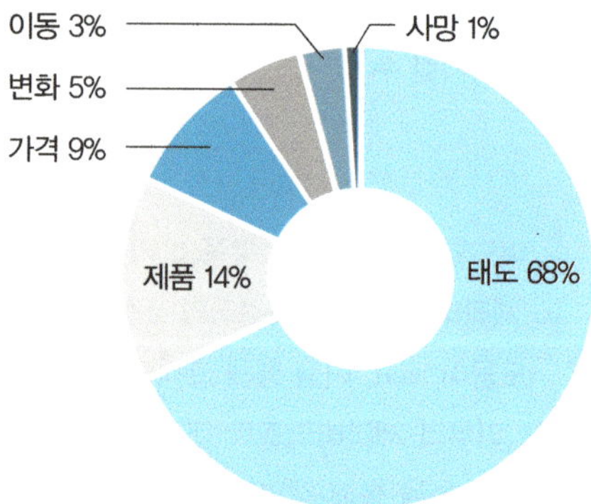

고객이 거래를 중단하는 이유
자료 : 미국 품질관리학회(1995)

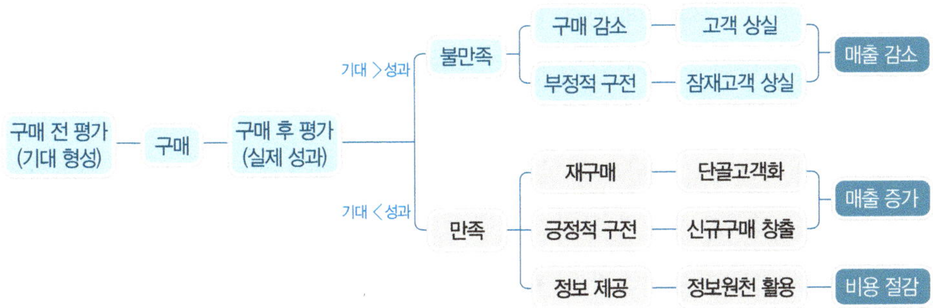

가장 우선시 하고 있다. 그뿐만 아니라 실질적인 투자에 있어서도 고객만족을 위한 다양한 부문에 집중하고 있음을 알 수 있다. 하지만 그러한 투자의 효과에 대해서는 아직도 많은 기업들이 확신을 가지지 못하고 있는 실정이다. 특히 서비스 품질을 높임으로써 고객만족을 달성하려는 목적으로 친절한 서비스와 최고급의 물리적 환경에 많은 투자를 아끼지 않는 외식기업의 경우 그러한 의문이 더욱 크지 않을 수 없다.

고객만족에 많은 시간과 물적 투자를 하고 있는 기업들은 그 효과를 대부분 알지 못하고 있다. 피터 드러커는 '측정할 수 없다면 관리할 수 없다'고 하였다. 가장 많은 투자를 하면서도 기업들은 그 투자의 결과값인 고객만족을 정확하게 측정하고 철저하게 관리하는 데 소홀하다. 우리가 다루는 어떠한 것이든 정확하게 개념화하고 그 결과값을 측정하지 않는다면 경영자가 내리는 모든 의사결정은 즉흥적일 수밖에 없다. 생산라인에서는 철저한 품질관리의 측정과 분석이 이루어지는 반면에 서비스 부분에서 가장 중요한 고객만족이 측정되지 않거나 측정되더라도 주먹구구식으로 이루어지는 것은 고객만족의 중요성을 감안할 때 이해하기 힘든 일임에 틀림없다.

위의 그림에서와 같이 고객은 구매전에 구매할 상품에 대해서 어떠한 기대감을 형성하게 되고 이러한 기대감은 구매 후의 실제 평가에도 커다란 영향을 미치게 된다. 즉, 고객의 실제 성과가 기대한 것에 미치지 못하면 구매에 대한 평가는 불만족으로 나타나게 되며, 기대보다 구매 후의 성과가 크게 느껴진다면 구매에 대한 평가는 만족으로 나타날 것이다.

고객이 구매에서 불만족을 느낀다는 것은 해당 제품에 대한 구매가 지속적으로 감소할 것이라는 것과 부정적인 구전효과를 통하여 잠재적 고객에게 부정적인 영향을 주어 매출 감소가 일어날 수도 있다는 것을 의미한다.

물론 만족한 구매를 경험한 고객은 재구매나 긍정적인 구전효과를 만들어주므로 신규 고객 창출 등을 통하여 매출의 증가를 예상할 수 있을 것이다. 즉, 미스터리 쇼핑 프로그램은 이러한 고객의 욕구를 이해하고 파악하여 만족을 향상시키거나 고객만족도를 측정하여 지속적으로 유지하지 위한 목적으로 사용되어야 한다.

기업들이 미스터리 쇼핑을 실시하는 목적을 좀 더 구체적으로 살펴보자.

1) 고객의 욕구를 이해하기 위한 목적

고객만족을 위해서는 고객의 욕구 이해가 선행되어야 한다. 매슬로우(maslow)의 이론에 따르면 가장 일차원적인 욕구는 생리적 욕구로 의식주에 대한 욕구이다. 둘째는 안전의 욕구로 물리적인 위험으로부터 보호받고자 하는 욕구이며, 세 번째는 사회적 욕구로 가족이나 사회 구성원들에게 받아들여지고 싶은 소속 욕구이다. 네 번째는 존중의 욕구로 타인으로부터 존경 받을 수 있는 사회적 신분을 추구하려는 욕구이고, 마지막으로 자기실현의 욕구로 개인적인 목표 성취를 통하여 자기만족을 추구하는 단계이다. 이러한 매슬로우의 욕구이론에 따르면 저차원의 욕구가 반드시 충족되거나 어느 정도 만족되면 그 상위의 욕구단계로 이동한다는 것이다.

일반적으로 고객의 욕구는 혜택욕구, 잠재적 혜택욕구, 문제욕구, 잠재적 문

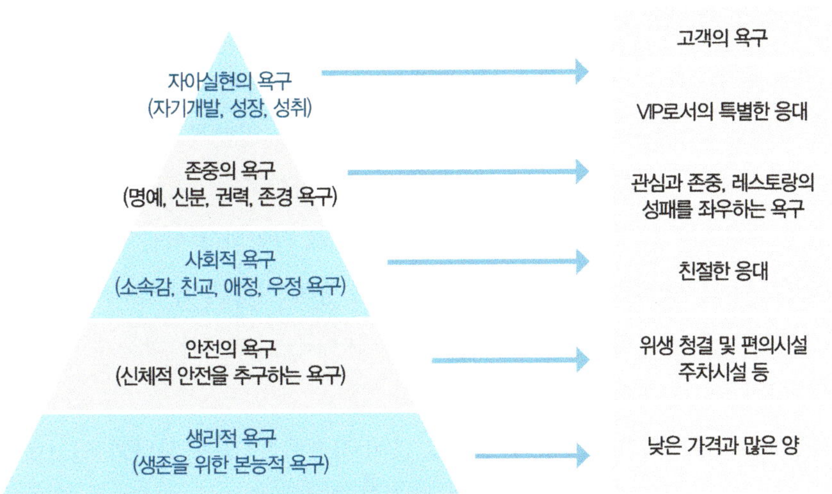

매슬로우 이론에 따른 고객의 욕구

제 욕구의 형태로 나타난다. 이는 고객이 받을 혜택에 대한 욕구와 고객이 지불해야 하는 비용에 따른 욕구이며 사용 목적, 사용시간, 사용 장소(3W)와 사용 방법(1H)에 따라 구매의 각 단계별로 발생한다. 구매단계란 구매를 결정하기 전 단계, 구매를 결정하여 구매가 이루어지는 단계, 구매한 상품을 사용하는 단계, 마지막으로 구매 후 단계를 말하며, 서비스 산업의 경우는 산업의 특성인 생산과 소비의 동시성으로 인하여 구매단계와 사용단계는 동시에 발생한다. 이러한 고객의 욕구를 만족시키기 위해서는 고객의 욕구 분석을 통한 신제품 개발, 기존 제품의 개선, 소요시간의 단축, 육체적 · 정신적 소요 노력을 감소시키거나 비용 절감, 오감을 통한 심미적인 혜택을 증가시켜야 할 것이다.

따라서 미스터리 쇼핑은 미스터리 쇼퍼를 통해 고객의 요구를 이해할 목적으로 시행된다.

2) 고객의 욕구를 파악하기 위한 목적

고객만족도를 향상시키기 위해서는 고객의 욕구를 정확히 파악하고 이를 충족시켜야 한다. 고객의 욕구를 정확히 알아내기 위해서는 일반적으로 고객의 소리청취(VOC: voice of customer) 제도를 활용하여 파악할 수 있다. 고객의 소리청취 제도는 고객의 소리에 귀를 기울여 고객의 욕구를 파악하고 이를 경영활동에 반영함으로써 고객만족을 추구하는 제도로 이를 통해 시장의 욕구와 기대의 변화, 서비스 프로세스의 문제점, 획기적인 아이디어 획득, 고객과 더욱 돈독한 관계 유지, 서비스의 표준화가 용이하다.

물론 요즘은 고객과의 소통 공간으로 많이 사용하는 것 중 하나가 인터넷에서의 활동을 들 수 있다. 인터넷을 통해 소비자 간에 발생하는 제품정보나 사용 경험, 추천 및 조언 등의 정보교환을 의미하는 단어인 넷전은 고객의 입을 빌어 더해지는 가치로 네트워크와 구전이 합해진 의미의 신조어이다. 과거 구전에서 비롯된 것으로 소비자는 정보 획득에 있어서 믿을 만한 사람(경험자)에게 의존하는 경향으로 인한 보편적 성향이 있음을 알려준다.

미스터리 쇼핑 프로그램은 이러한 고객의 욕구를 사전에 파악하여 평가요소로 활용하는 데 주목적이 있다. 미스터리 쇼핑 프로그램 실행에는 사전 리서치(첨부 3)나 VOC 등을 통하여 고객의 욕구를 파악하는 것까지도 포함된다. 고객의 욕구를 파악하고 평가 항목에 반영하여 평가함으로써 고객의 정확한 욕구를 파악하고 이에 대한 정확한 평가를 할 수 있다.

1단계	→	2단계	→	3단계	→	4단계
의견을 제시할 수 있는 창구 개설	→	접수된 소리의 체계적인 분석	→	신속한 문제 해결	→	고객에 결과 통보 및 경영활동에 반영

VOC 시스템 단계

사례 04

홈피관리 서비스 등 이벤트로 클릭 유도 온라인 예비창업자 "블로거를 잡아"

온라인 시장이 갈수록 커지면서 창업시장에서도 온라인을 이용한 다양한 마케팅들이 등장하고 있다. 오프라인 매장에 비해 크게 신경쓰지 않던 온라인 홈페이지 제작과 관리에 신경쓰고 블로거들을 겨냥한 다양한 이벤트들을 쏟아내고 있다.

창업시장에서의 발빠른 대응을 위해 한 업체에서는 휴대전화로 홈페이지를 관리할 수 있는 시스템도 선보였다. 소비자들에게 효과적인 홍보를 할 수 있는 것은 물론 업종에 대해 고민하고 있는 예비창업자를 모으는 데 효과적이기 때문이다. 블로거들의 입심이 중요한 홍보수단이 되기 때문에 비용은 적게 드는 반면 효과는 만점이다.

오븐카페 '파파로티'에서는 최근 신제품 와플을 출시하면서 온라인 마케팅을 시도했다. 홈페이지에서 와플 포스터를 스크랩해 개인 블로그에 올리면 추첨을 통해 공연 티켓을 지급하는 이벤트다. 오프라인 매장을 중심으로 한 마케팅보다 효과는 컸다. 주고객인 20대 고객들에게 큰 호응을 얻을 뿐 아니라 수십 개의 블로그에 옮겨가면서 자연스레 신제품 홍보역할도 한다. 이혜연 파파로티 마케팅 담당 과장은 "온라인 마케팅 이후 홈페이지 1일 방문수가 급격히 늘어났다"며 환하게 웃었다.

바이엘 헬스케어는 온 · 오프라인 마케팅을 접목시켰다. '비판톨 립크림' 판촉을 위해 서울 명동과 대학로 지역에서 대형으로 제작된 비판톨 립크림과 사진을 찍어 본인의 블로그에 올린 것을 이메일로 보내면 참여자 전원에게 비판톨 립크림를 나눠주는 행사를 진행했다.

재미와 함께 공짜로 제품을 받아볼 수 있다는 점 때문에 수백 통의 이메일이 쇄도한다는 것이다. 블로거들의 입심은 창업 홍보가 중요한 프랜차이즈 업계에선 특별관리대상으로 꼽힌다. 많은 예비창업자들이 창업 아이템에 관한 정보를 온라인에서 찾기 때문이다. 일본 이자까야전문점 '니혼만땅' 관계자는 "광고비를 들여 창업을 유도하기 위해 홍보에 나섰지만 효과는 미비했다"며 "블로그를 통해 알려지면서 오히려 많은 예비창업자들로부터 문의 전화를 받고 있다"고 말했다.

카페24 쇼핑몰의 솔루션을 운영하는 심플렉스인터넷에서는 '스마트폰 전용 쇼핑몰 관리자 페이지'를 선보였다. 휴대전화를 이용해 쇼핑몰 운영자들이 이동 중에도 주문내역을 확인하고 고객문의 내용에 대한 실시간 상담이 가능하다. 특히 이번 시스템은 별도로 어플리케이션을 설치할 필요 없이 모바일 브라우저에 'm.ec.cafe24.com'만 입력하면 손쉽게 사용할 수 있다. 모바일 사용 환경에서 'PC버전 바로가기'를 통해 일반 PC에서 활용했던 주요 기능을 이용할 수 있는 것도 강점이다. 쇼핑몰 운영자들이 시간과 장소에 구애받지 않고 쇼핑몰을 관리할 수 있다는 것이다. 이재석 심플렉스인터넷 대표는 "아이폰이 등장한 올핸 국내 기업들이 모바일 플랫폼을 통한 온라인시장에 대응해야 할 때"라면서 "쇼핑몰 운영자들도 새롭게 변화된 환경에서 이에 부합된 비즈니스를 진행할 수 있도록 '모바일전용 관리자 페이지'를 선보이게 됐다"고 말했다.

자료: 헤럴드경제, 2010. 2. 9.

3) 고객의 만족도 향상을 위한 목적

고객의 만족도를 향상시키기 위해서는 고객이 기업의 종사원 또는 특정 자원과 접촉하는 순간이 서비스품질 인식에 결정적 영향을 미치므로 결정적 순간(MOT)의 관리를 철저히 하여야 한다. 직원이 일하면서 만족할 수 없는 음식점은 이용고객 또한 만족하기 어렵다. 고객이 음식점에 대해 첫 번째 인상, 즉 MOT(고객접점, 진실의 순간)가 음식점 이용의 좋고 혹은 나쁨에 영향을 준다. 고객과의 접점관리에 주력해야 하는 목적은 음식점은 고객의 재방문이 중요한데 재방문으로 이어지기 위해서는 외식업체에 대한 기억에 남는 좋은 서비스가 필요하기 때문이다. 고객만족도 향상을 위해서는 세 번의 MOT를 신경 써야 한다. 세 번의 접점이란 고객이 음식점에 들어와서부터 돌아갈 때까지의 흐름을 세 부분으로 나눈 것이다. 이는 고객이 음식점에 들어와서 주문을 처음 제공할 때까지와 고객의 추가주문, 그릇 치우기, 재떨이 교환 등이 이루어지는 중간 접점 지점, 마지막 재접점으로 고객이 쉴 타임, 식사 후, 계산, 마중, 인사로 나누어 관리하여야 한다.

미스터리 쇼핑 프로그램은 사전 매뉴얼 작업을 통하여 업체에서 제공하는 서비스의 통일성을 부여하고 이를 운영하는 업체의 실행 여부를 측정하여 업체에서 고객에게 제공하려고 하는 만족도 높은 서비스를 지속적으로 제공할 수 있도록 도와준다. 또한 측정 후 측정결과에 따라서 더 높은 고객만족도를 달성하기 위한 가이드라인을 제공하여 고객만족도를 더욱 향상시킬 수도 있다.

4) 고객만족도를 측정하기 위한 목적

외식업체 매출은 신규고객과 기존고객의 반복구매에서 일어나게 되며, 새로운 고객을 창출하는 것은 기존의 고객을 유지하는 것보다 더 많은 비용과 노력을 요구한다. 그렇기 때문에 기존고객이 지속적으로 방문하도록 노력을 기울여야 한다.

소비자들은 제품성과에 대한 기대에 의하여 만족 여부의 결정을 내리며, 기대는 예측되는 제품성과에 대한 소비자들의 전망을 예측하기 때문에 예측적 기대의 성격을 가지고 평가기준의 역할을 한다. 기대와 제품성과를 비교하였을 때 제품성과가 기대보다 높다면 긍정적 불일치가 발생하므로 만족이 증가하고, 반대인 경우는 제품의 지각된 서비스가 기대에 못 미쳐 부정적 불일치가 야기되어 불만족의 증가가 예측되기에 고객만족에 직접적인 영향을 미치는 요인은 불일치라고 하는 주장이다. 이를 기대-불일치이론이라고 한다.

개념 정리

기대된 서비스 〉 지각된 서비스 → 고객불만족 – 고객 이탈(기회와 역할 상실)
기대된 서비스 = 지각된 서비스 → 고객만족 – 경쟁자가 생기면 이탈
기대된 서비스 〈 지각된 서비스 → 고객감동 – 충성도 발휘(기회와 역할 확보)

일반적으로 고객만족을 측정하는 방법으로는 설문조사, 마케팅 리서치, 고객불평 및 제안제도, 영업부문의 피드백, 미스터리 쇼핑, 이탈고객에 대한 조사가 있다. 물론 미스터리 쇼핑의 경우 간접적인 측정의 방법이라 생각할 수 있지만 실소비자에 의한 미스터리 쇼핑은 이러한 단점을 극복할 수 있다.

TIP

고객만족 측정에서 빠지기 쉬운 두 가지 함정

- 고객만족도를 높이려면 낮은 점수대의 고객에게 집중하라?
  정답은 NO. 고객만족도를 높이려면 높은 점수대의 고객에 더 집중해야 한다.
- 만족고객을 완벽히 만족시키기 위한 투자는 현명하지 못하다?
  정답은 NO. 매우 만족한 고객의 충성도가 기하급수적으로 높아지므로 만족고객을 더 높은 만족을 느끼도록 투자해야 한다.

5) 만족고객을 유지하기 위한 목적

서비스 산업에서 가장 큰 자산은 바로 '고객'이다. 고객이 있기에 서비스산업이 존재할 수 있고 고객과의 관계를 어떻게 관리하느냐에 따라 시장을 얼마만큼 점유할 수 있는가가 결정된다. 레스토랑 개별 매장에서도 Customer Relationship Manage-ment(CRM: 고객관계 관리)은 충분히 실행 가능하다. 레스토랑은 특성상 생산과 소비가 동시에 이루어지고, 직원과 고객이 한 공간 안에서 같은 시간에 서비스 관계를 맺으며 구매가 이루어지는 곳이다. 레스토랑에서는 POS 시스템을 이용한 간단한 고객정보 수집을 통하여 어떤 고객이 방문하고 어떤 메뉴를 주문했는지 구매결과까지 한 공간 안에서 확인할 수 있는 특징이 있다. 예를 들어, 고객의 생년월일, 결혼기념일, 근무지, 쿠폰 발행 및 사용 여부, 방문 횟수, 이용금액 등을 데이터 베이스화한다면 고객세분화를 통하여 차별화된 마케팅이 가능하며 이것은 레스토랑 CRM의 기본이 된다. 이렇듯 고객관계 관리는 고객과 평생 동반자적 관계를 유지함으로써 고객가치 및 기업가치의 극대화를 추구하는 일련의 활동이다. 또한 고객과 관련된 외식사업체의 내·외부 자료를 분석하고 통합하여 고객 특성에 기초한 마케팅 활동을 계획하고, 지원하며, 평가하는 과정을 의미한다. 기존의 마케팅이 단발적인 전술이었다면 CRM은 고객과의 지속적인 관계를 유지하면서 평생고객이 될 수 있는 기회를 만드는 것이다. 또한 평생고객화를 통해 고객의 가치를 극대화해야 하는 것이다. 일반적으로 충성도를 가진 평생고객을 만들기 위해서는 고객의 욕구를 잘 이해하고 파악하여 고객의 만족을 지속적으로 만족시켜야 한다. 미스터리 쇼핑 프로그램은 고객이 만족스러워하는 서비스 요소를 지속적으로 측정, 관리함으로써 고객만족도를 유지할 수 있도록 도와준다.

외식업체가 고객만족을 지향해야 하는 이유는 간단하다. 소비자들은 자신이 만족한 외식업체의 제품이나 서비스에 대한 긍정적인 경험을 평균 5~6명에게 전달한다고 한다. 반면 불만족한 고객은 9~10명의 주변인들에게 부정적인 경험을 전파한다고 한다. 또한 불만족 고객 중에서도 아주 많이 실망한 고객(10~13%)은 20명의 다른 사람들에게 부정적 구전을 전파한다고 조사되었다. 불만족고객 중 90%는 회사가 자신의 불만과 고충을 적극적이고 신속하게 해결해줄 경우 이전에 비해 더 고정적인 고객으로 변할 수 있다. 하지만 불만족고객의 대부분인 98%는 아무런 불평 없이 다른 경쟁업체로 옮겨간다. 따라서 꾸준한 고객관리를 하는 것만이 레스토랑이 성공하는 길이다.

3. 미스터리 쇼핑의 효과

미스터리 쇼핑은 고객을 파악하고 이해하며 고객만족도를 측정, 유지함으로써 더욱 높은 고객만족 달성을 위한 목적으로 실시되고 있다. 목적 달성을 통해 나타나는 세부적인 효과를 살펴본다.

미스터리 쇼핑은 고객으로 가장한 내부직원, 외부고객 또는 전문조사원이 기업의 상품과 서비스를 평가하는 총체적 활동으로서 그것을 통해 기업이 얻을 수 있는 효과는 서비스 수준 파악과 고객만족도 향상, 판매 촉진, 종사원들의 동기부여, 고객 분석, 경쟁자의 강·약점 평가, 종사원의 교육, 매장의 효율적 관리, 내·외부감시 등 매우 다양하다. 이를 구체적으로 분류해 보면 다음과 같다.

1) 서비스 수준 파악과 고객만족도 향상

미스터리 쇼핑을 실행하게 되면 고객이 기업이 제공하는 서비스와 제품의 수준을 실제로 어떻게 생각하고 있는지를 파악할 수 있다. 즉, 미스터리 쇼핑을 통하여 고객에게 제공되는 서비스, 메뉴, 위생, 환경 등에 대하여 고객의 입장에서 점검하게 된다. 또한 기업이 제공하는 서비스를 통해서 고객이 얻게 되는 만족감을 파악하여 고객만족을 위한 경영전략을 구축할 수 있는 것이다. 따라서 지속적으로 미스터리 쇼핑을 수행할 경우 직원 각자가 고객을 응대할 때 무엇이 중요한지 인식하며 서비스 태도가 변화하는 효과를 가져온다. 기업으로서는 무엇보다 서비스 수준을 파악하여 기업이 정한 목표와 비교하여 목표를 달성하고 서비스 만족도를 향상시킬 수 있다는 이점이 있다.

2) 판매 촉진

자사 상품의 판매가 부진하거나 프로모션이 진행 중인 메뉴의 매출이 저조한 경우 미스터리 쇼핑 프로그램을 통하여 판매를 촉진시킬 수 있다. 판매가 부진한 상품에 대한 구매를 늘리기 위해서 쇼퍼들로 하여금 부진한 상품을 구매하게 만들 수 있다. 또한 종원업들이 판매가 부진한 상품의 판매를 위해서 어떠한 행동을 하는지 점검하게 하면 종사원은 더 좋은 평가를 받기 위해 더 적극적인 방법으로 판매 촉진 노력을 할 것이다. 외식업에서 소비자들이 메뉴를 선택할 때 종사원의 역할이 중요함을 생각한다며 미스터리 쇼핑은 촉진 수단으로서 충분한 효과를 가져올 수 있다.

사례 05

미스터리 쇼핑을 통해 판매 촉진 효과를 얻은 야마하

1995년 캘리포니아에 있는 '야마하 USA'는 신상품인 디지털 피아노를 출시하면서 판매 방법을 고민하던 중 미스터리 쇼핑 프로그램을 활용하기로 하였다. 야마하는 중고 피아노를 구입하려는 사름들을 미스터리 쇼핑 프로그램 쇼퍼로 선정하였고 야마하 판매원들에게는 미스터리 쇼핑 프로그램의 시작을 알렸다. 미스터리 쇼핑에 대한 소문은 주위 다른 야마하를 취급하는 곳으로 확산되었고 모든 판매원은 누가 미스터리 쇼퍼인지 모르기 때문에 어떤 고객이 와도 친절하게 야마하의 제품을 우선적으로 소개하는 세일즈가 이루어졌다. 따라서 구전을 통한 광고의 효과와 여러 야마하를 취급하는 곳에서 적극적인 세일즈 매출이 오르게 되었다. 또한 미스터리 쇼핑 프로그램에 참가했던 미스터리 쇼퍼들도 중고 피아노 대신 디지털 피아노를 많이 구입하게 되어 회사는 일석이조의 효과를 얻었다.

예를 들면, 미스터리 쇼퍼들을 이용해 종사원들이 업셀링(up-selling)을 하는지 또는 새롭게 출시한 신(新)메뉴의 권유판매를 하는지 점검할 수 있다.

3) 미스터리 쇼핑을 통한 종사원들의 동기 부여

미스터리 쇼핑 프로그램의 진행을 해당업체의 종사원이 알고 있다면 근무중 어느 고객에게나 친절하게 응대하게 되고 회사가 원하는 서비스 제공, 메뉴, 위생상태, 서비스 환경 유지를 위해 노력하게 될 것이다. 하지만 미스터리 쇼핑의 목적이 종사원을 평가하는 것으로 비춰지면 종사원의 동기 유발보다는 역효과가 발생할 수 있기 때문에 이러한 경우 직무능력 평가로서 강압적인 형식의 미스터리 쇼핑 프로그램보다는 인센티브를 제공하는 형식의 미스터리 쇼핑 프로그램을 계획하는 편이 좋다.

사례 06

미스터리 쇼핑을 통한 종사원들의 동기 부여

"당신이 오늘의 최고의 서비스 맨입니다. 이 상품을 당신에게 드리겠습니다."

멕시코 음식 전문점인 '코지멀'에서는 신분을 감추고 방문한 미스터리 쇼퍼가 종사원들의 행동을 유심히 관찰한 후에 그날의 특선 메뉴와 가격, 완벽한 서비스를 제공한 종사원에게 미스터리 쇼퍼의 신분을 밝히면서 50달러짜리 상품권을 제공하는 형태의 미스터리 쇼핑 프로그램을 진행하고 있다. 종사원을 위한 보상 시스템의 하나인 미스터리 쇼핑 프로그램은 즉각적인 보상을 통하여 종사원은 친절한 서비스로 기업의 목표인 고객만족을 달성하고 보상을 통한 사기 진작과 동기 유발을 이끌어 내는 효과를 얻을 수 있다. 즐거운 직장을 위해 콘테스트 방식을 통하여 종사원들의 적극적인 참여를 이끌어낼 수 있었다.

4) 미스터리 쇼핑을 통한 고객 분석

미스터리 쇼핑을 지속적으로 진행하게 되면 종사원은 측정항목을 통하여 각자가 고객을 대하는 데 있어 무엇이 중요한지 인식하게 되며, 기업에서 원하는 서비스의 방식을 이해하게 될 것이다. 즉, 고객이 원하는 것이 무엇인지, 고객에게 필요한 것이 무엇인지에 대한 파악이 자연스럽게 이루어질 수 있으며 고객의 욕구에 따라 종사원의 서비스 매너나 태도가 바뀌는 효과가 있다. 이는 고객의 욕구를 이해하고 파악하여 제공한다는 것으로 고객이 만족할 수 있는 서비스 제품을 생산·제공할 수 있다는 것을 의미하며, 미스터리 쇼핑 프로그램의 결과에 의한 통일된 판매방식 매뉴얼의 작성이 가능해져서 앞선 고객만족 마케팅을 전개할 수 있다는 것을 의미한다.

5) 미스터리 쇼핑을 통한 경쟁사와의 강 · 약점 평가

경쟁사와의 비교를 통하여 자사의 강 · 약점을 파악한다는 것은 경쟁관계에 있는 업체와의 경쟁에서 이기기 위한 중요한 단계이며 경쟁업체와의 차별화 방법을 찾을 수 있는 방안이기도 하다. 이는 동일한 미스터리 쇼핑 프로그램의 평가 양식을 통하여 자사와 경쟁점포를 동시에 평가함으로써 자사와 경쟁사와의 상품, 즉 서비스 · 메뉴 · 위생 · 분위기에 대한 실제적인 강 · 약점을 발견할 수 있다는 것이다. 경쟁사와의 평가의 비교 분석을 통하여 알아 낸 강점과 약점은 향후 경영전략에 반영하여 자사의 단점을 보완하고 강점을 통해 고객만족을 위한 지역별 · 상권별 점포정책을 마련할 수 있다.

6) 미스터리 쇼핑을 통한 종사원의 교육

미스터리 쇼핑에서 점검하는 내용은 외식기업의 상품으로 서비스, 메뉴, 위생, 분위기를 포함하고 있다. 미스터리 쇼핑을 진행하기 위해서는 표준이 되는 기준점을 설정하게 되는데 이 표준이 되는 기준점을 통하여 직원의 교육에 활용할 수 있다. 즉 외식기업에서 생각하는 고객에게 제공하려는 것에 대한 정확한 기준을 직원에게 제시할 수 있는 것이다. 또한 미스터리 쇼핑을 지속적으로 운영하게 되면 외식기업이 생각하는 상품에서의 부족한 점을 발견하여 교육을 통해 보완할 수 있다. 미스터리 쇼핑의 결과를 지속적으로 진행하게 되면 고객 방문 시 종사원이 고객을 대하는 과정과 태도와 서비스 매너 등을 평가, 분석할 수 있으므로 무엇을 집중적으로 교육해야 하는지 등을 피드백(feedback)해 줄 수 있다는 것이다. 또한 고객이 원하는 것이 무엇인지, 필요한 것이 무엇인지에 대한 고객 분석이 이루어지기 때문에 이를 통하여 종사원의 교육이 이루어질 수 있다.

사례 07

미스터리 쇼핑을 통한 직원 교육

세계맥주전문점 '와바'의 여의도점장은 '누가 몰래와서 평가한다는 것 자체가 부담스럽고 몇 번 평가를 받다 보니 솔직히 기분이 나빴다'고 말한다. 하지만 6개월이 지나면서 서서히 효과가 나타나기 시작하였다. "처음에는 의식해서 하는 행동이 부담스러웠지만 시간이 흐르면서 자연스럽게 몸에 익는다"며 "나중에는 손님들이 먼저 서비스가 달라졌다고 말하다 보니 직원들의 사기도 그만큼 올라갔다" 와바 본사에서는 이러한 평가자료를 모아 신입직원 교육에 활용하여 신입직원들에게도 고객의 요구를 미리 알고 서비스할 수 있도록 살아 있는 교육을 진행할 수 있었다고 한다.

7) 미스터리 쇼핑을 통한 효율적인 매장 관리

미스터리 쇼핑을 이용하게 되면 효율적인 매장의 관리가 가능해진다. 앞서 설명한 것과 같이 평가의 기준이 되는 기준점을 설정하기 때문에 직원교육이 한층 효율적이 되며, 고객의 필요와 요구를 알 수 있기 때문에 고객 필요에 대한 응대가 효과적으로 이루어질 수 있다. 특히 다점포 기업이라면 점포 간의 동질성을 유지하기 위한 점검, 피드백을 통한 운영 전략 구축에 더욱 효율적인 방법이라 할 수 있다. 실제로 많은 프랜차이즈 기업과 다점포를 운영하는 외식기업에서 미스터리 쇼핑 결과에 따른 상벌제도를 도입하여 중앙에서 더 많은 점포를 효율적으로 관리하고 있다.

사례 08

손님 속 '미스터리 쇼퍼'에 대리점들 '촉각'

삼성전자 · LG전자 전속 대리점들이 떨고 있다. 대기업 제조사가 고객만족을 이끌어 내기 위해 운영하는 '미스터리 쇼퍼'의 그물망에 걸려들지 않기 위해 몸조심을 하고 있기 때문이다.

24일 관련 업계에 따르면 삼성전자와 LG전자는 자사 전속 대리점들의 매출 향상과 방문고객의 충성도를 높이기 위해 월 1~2회 정도 미스터리 쇼퍼를 활용한 고객만족도 현장 조사를 진행하고 있다.

미스터리 쇼퍼란 고객을 가장해 점포를 방문, 직원의 서비스나 사업장 분위기를 파악하는 일종의 모니터 제도다. 제품을 설명하는 직원의 태도 등을 관찰한 후 결과와 개선사항 등을 정리해 보고하는 일종의 '고객만족 헌병대'라고 일컬어진다. 이들이 점검하는 항목은 적게는 20개부터 많게는 50가지가 넘는다. 직원 용모부터 환대 · 매장 안내 · 제품에 대한 전문지식 · 계산 · 배웅 등 전 부문이 대상이다.

한 미스터리 쇼퍼는 "매장을 방문하면 직원들의 복장에서부터 인사는 제대로 하는지, 영수증을 두 손으로 주는지까지 꼼꼼히 살핀다"고 말했다.

하지만 고객만족을 높이기 위한 이 제도가 전속 대리점 사장에게는 부담이다. 일본의 전자제품 전문 양판점에선 이 제도가 이미 보편화돼 많이 활용되고 있지만 국내에서는 '감시당한다'고 생각하는 점주들이 대부분이기 때문이다.

특히 미스터리 쇼퍼가 현장 조사를 토대로 작성한 보고서를 근거로 제조사들은 고객만족(CS)에 대한 월 평균 점수를 평가해 마케팅에 활용하고 있다. CS 점수가 지난달보다 떨어진 전속 대리점은 영업장려금 성격의 '백마진'을 그만큼 적게 받는다.

가령 지난 달 월 5억 원 매출에 S(백마진 4%) 등급을 받은 한 전속 대리점이 이 달 CS 평가에서 A(백마진 3%) 등급을 받았다면 영업장려금은 1%가 줄어든 1,500만 원을 받는 셈이다.

이에 대해 전속 대리점 점주들은 고객 이외에 '또 다른 손님'을 모셔야 한다는 입장이어서 영업 활동에 부담이 되지만 생존권이 달려 있어 어쩔 수 없다며 불만을 토로했다.

경기도 안산에서 '디지털프라자'를 운영 중인 한 점주는 "미스터리 쇼퍼의 전수 조사에서 불만족스런 평가를 받지 않기 위해 직원교육에 만전을 기하고 있다"며 "하지만 누가 몰래 와서 평가한다는 것 자체가 부담스럽고 몇 번 평가를 받다 보니 솔직히 기분이 나쁘다"고 말했다. 반면 제조사들은 미스터리 쇼퍼가 고객만족을 높이기 위해 점포 운영의 미비점을 보완하는 바로미터라는 입장이다.

LG전자 관계자는 "본사에서 평가한다는 인식으로 인해 직원과 점주들의 불만은 있을 수 있다"며 "고객만족이 높아지면 방문객이 늘고 매출도 증가하는 만큼 취지와 효과를 잘 이해시키고 지속적인 교육과 시도가 이루어져야 한다"고 말했다.

한편 1940년 미국에서 창안돼 1990년대 중반 국내에 도입된 미스터리 쇼퍼는 단지 자사의 서비스 수준을 평가하는 데 그치지 않고 경쟁사의 장점을 벤치마킹하는 데도 적극 활용되고 있다.

자료: 전자신문(http://wwwetnews.co.kr)

8) 미스터리 쇼핑을 통한 내 · 외부감시

미스터리 쇼핑은 은행에서 종사원의 부정행위를 감시하고자 처음 고안되었다. 따라서 미스터리 쇼핑을 통한다면 종사원과 매장 내 소비자들의 부당행위나 부정행위를 발견 · 차단할 수 있으며 여러가지 문제점들을 발견하여 위험성 있는 문제점을 사전에 점검, 보완함으로써 미래에 나타날 수 있는 문제점을 대비할 수 있다. 대부분의 외식업체에서 나타나는 문제점으로 일괄성 없는 서비스 태도가 관리자의 부재에서 비롯되는 경우가 많다는 것을 감안한다면 미스터리 쇼핑 프로그램의 이같은 효과는 서비스의 이질성(동일한 사람이 제공하더라도 시간과 장소에 따라 서비스가 차이가 나는 현상)을 극복하고 나아가서 종사원들의 긍정적이고 자발적인 업무 참여에 도움이 된다. 아무리 좋은 상품을 가지고 있어도 접객 시점에서 종사원의 고의적인 실수는 고객불만족이라는 악영향을 가져올 것이고, 이를 감시할 수 있는 도구가 없다면 시정할 기회마저 잃어버리는 결과를 가져오기 때문에 미스터리 쇼핑 프로그램과 같은 감시관리 체계는 필요하다. 물론 종사원들에게 감시관리 체계에 대한 부정적인 반응이 나타날 수도 있겠지만 관리자는 미스터리 쇼핑 프로그램의 긍정적인 결과에 대한 보상과 혜택이라는 정책을 통하여 직원들에게 적극적인 동기 부여를 해 주어야 한다.

TIP

구맹주산(狗猛酒酸)

술을 만들어 팔던 사람이 있었습니다. 술 만드는 재주도 좋았고 양을 속이지도 않았으며 언제나 친절하게 손님을 맞았습니다. 그런데 이상하게도 찾아오는 손님이 적었고 장사가 되지 않아 술은 늘 쉬어 버렸습니다. 고민하던 그 사람은 마을의 현명한 노인을 찾아가 하소연을 했습니다. 사연을 들은 노인은 혹시 그 사람의 개가 사납지 않은지를 물었습니다. 술을 만들어 파는 사람은 자기 집 개가 사납기는 하지만 그것이 술이 팔리지 않는 것과 무슨 관계가 있는지 궁금해 했습니다. 노인은 다음과 같이 대답했습니다.
"개가 사나워 술을 사러 오는 사람들에게 짖어 대고 술심부름 온 아이들이 놀라 달아난다면 누가 술을 사러 오겠나? 그래서 술이 시어질 때까지 팔리지 않는 것이라네."

『한비자(韓非子)』에 나오는 이야기입니다. 이 이야기에서 개가 사나우면 그 집 술이 쉰다는 뜻의 '구맹주산(狗猛酒酸)'이라는 말이 나왔는데요. 한비자는 나라에 간신이 많으면 충직한 신하들을 쫓아내 결국 망하게 된다는 말을 하기 위해 이 이야기를 전하고 있습니다.

4. 미스터리 쇼핑의 평가 대상

미스터리 쇼핑은 궁극적으로 고객만족도를 향상시키고자 고객의 만족도에 영향을 미치는 요소들을 점검하고 평가하여 개선요소를 제안해 주는 역할을 하는 것이다. 따라서 고객만족도에 영향을 주는 요인들이 무엇인지 정확히 파악하여 점검하여야 더욱 효과적인 결과를 도출할 수 있을 것이다. 연구결과, 고객들이 일반적으로 외식기업을 평가함에 있어 주시하는 항목은 서비스의 품질, 메뉴의 품질, 위생 그리고 요즘 들어 특히 중요하게 생각하는 식사 시의 분위기 등을 포함하는 물리적인 환경요소들이다. 물론 이러한 요소들은 이용하는 고객에 따라 매우 주관적인 판단결과를 제공하지만, 미스터리 쇼핑 프로그램에서는 객관적인 측정 도구를 활용하여 객관적인 측정결과를 얻어내야 이를 통한 일괄적인 품질 개선과 고객만족도 향상을 위한 정책을 제시할 수 있다.

미스터리 쇼핑의 평가 대상이자 외식기업의 고객만족도에 영향을 미치는 요소들을 자세히 살펴보면 다음과 같다.

첫째, 외식기업의 고객은 무형적인 서비스에 따라 만족도가 변한다. 여기서 말하는 무형적인 서비스란 종사원에 의해 제공되는 신뢰감, 고객을 돕고 신속한 서비스를 제공하는 것, 고객에 대한 배려, 확신을 주는 종사원의 자세와 예의바른 태도를 말한다. 외식기업의 서비스 품질은 상품의 특성상 생산과 동시에 소비되는 동시성을 가지고 있기 때문에 서비스가 전달되는 과정인 MOT에 서비스 품질을 평가한다. 따라서 외식기업의 종사원은 고객과 대면하는 매 순간 최선을 다하여 고객의 기대감에 부응하는 서비스를 제공하여야 하며 MOT에 평가 측정을 실시하여야 한다.

둘째, 메뉴의 품질이다. 메뉴는 고객이 외식기업을 방문하는 기초적이고 근본적인 이유이기 때문에 매우 중요한 의미를 갖는다. 다만 메뉴의 품질 평가는 고객의 인지 정도를 측정하는 것으로 매우 주관적이기 때문에 미스터리 쇼핑을 실행함에 있어서 주관적인 평가 항목을 매우 객관적인 기준을 제시하여 측정하여야 한다. 일반적으로 메뉴의 품질을 평가하는 요인으로는 위생적인 요인, 감각적인 요인, 영양적인 요인, 편리성 등이 있다.

셋째, 위생 및 청결에 관한 부분이다. 위생이란 식품을 통해 발생하는 건강상의 위해를 방지하기 위한 요소로 식품, 첨가물, 기구, 용기, 포장 등 메뉴가 제공되는 전 과정에 걸쳐 평가되어야 한다. 최근에 들어 식품 안전에 대한 관심이 높아지면서 많은 고객들이 위생에 대한 부분에 매우 민감하게 반응하고 있다. 특히 고객들은 위생에 대한 평가는 중간점이 없이 합격 아니면 불합격으로 극명한 결과를 가져오기 때문에 매우 중요한 평가요소이다. 다만 미스터리 쇼핑 프로그램의 특성으로 인하여 내부적인 요소에 대한 평가는 제약이 있지만 미스터리 쇼퍼는 고객의 입장에서 외식기업의 위생 및 청결 상태를 점검하여야 한다. 일반적으로 위생 및 청결 상태를 점검할 경우에는 종사원의 개인 위생, 또는 위생적인 행동이 평가의 대부분을 차지하게 된다. 물론 메뉴에 이물질이 혼입되거나 이취, 신선도에 대한 것과 시설 등의 청결 상태 등도 평가 대상이 된다.

위생 및 청결 상태 점검 항목

위생 점검의 범위	세부 점검 사항
종사원	종사원의 개인 위생(두발, 손톱, 상처, 유니폼, 장신구 착용 등) 종사원의 위생적 행동(음식물의 섭취, 흡연, 재채기 등)
식재료	물리적 위해요소(메뉴의 이물질 여부 등) 화학적 위해요소(메뉴의 이취, 식품첨가물 등) 생물학적 위해요소(메뉴의 신선도, 세척 여부 등)
시설과 장비	시설물의 청결 정도, 정리정돈 상태 등

외식기업 고객의 만족도에 영향을 미치는 마지막 요소는 외식기업의 물리적인 환경에 의한 분위기이다. 외식 및 서비스기업에서는 물리적인 환경이 서비스 구매 과정에서의 평가에도 큰 영향을 미친다는 것을 알아야 한다. 고객은 기업과 고객의 상호 작용이 이루어지는 환경의 만족에 따라 다른 평가 요소에도 영향

이 있다는 말이다. 고객이 인지하는 물리적인 환경으로는 주변의 환경(온도, 공기 상태, 소음, 음악, 냄새 등), 디자인 환경과 공간 배치 및 기능성, 사회적인 환경, 공간의 접근성, 시설물의 청결성, 사용의 편의성 등이 있다. 물리적인 환경은 고객 및 종사원의 인식과 태도, 행동에도 영향을 미치기 때문에 설계 시 기업의 콘셉트 등을 고려하여야 한다. 또한 외식기업의 모든 시설물은 지속적인 관리를 통하여 고객의 구매 행동에 긍정적인 영향을 줄 수 있어야 한다. 최근 연구에 따르면 물리적 환경이 남성보다는 여성고객에게 외식기업을 선택하는데 더 중요한 요인으로 작용한다고 한다. 예를 들면, 여성고객은 매장 선택에 있어서 화장실의 유무나 청결 상태가 매우 중요한 요소라는 것을 알아야 한다.

미스터리 쇼핑의 평가 대상

5. 미스터리 쇼퍼의 자질

미스터리 쇼핑 프로그램은 고객을 가장하여 점포의 서비스 및 상품을 조사하는 전문 조사 요원을 지칭하는 미스터리 쇼퍼의 측정 결과에 따라 외식기업의 정책 및 교육, 인사고과에 중요한 역할을 차지하기 때문에 매우 신중하게 진행하여야 한다. 특히 미스터리 쇼퍼는 미스터리 쇼핑을 진행함에 있어서 매우 중요한 역할을 담당하기 때문에 올바른 미스터리 쇼핑 프로그램 진행을 위해서 다음의 자질을 충분히 갖추어야 한다.

1) 정직성

미스터리 쇼퍼는 미스터리 쇼핑을 진행함에 있어 정직한 자세로 평가에 임해야 한다. 미스터리 쇼퍼의 잘못된 평가의 결과로 인해서 누군가는 피해를 받을 수 있다는 생각을 가지고 평가를 해야 한다. 실제로 미스터리 쇼핑의 결과물로 외

사례 09

손님 가장 '미스터리 쇼핑' 통한 퇴사 처분 정당

손님으로 가장한 조사원의 ''미스터리 쇼핑'을 통해 회사 방침을 어긴 영업사원을 적발해 퇴사시킨 것은 적법하다는 판결이 나왔다.

서울고법 민사15부(김병운 부장판사)는 할인판매를 금지한 회사 영업방침을 어긴 사실이 암행감사 결과 드러나 위탁계약이 해지된 자동차판매중개인 성모씨가 R사를 상대로 낸 해고무효확인 등 청구소송에서 원고 패소 판결했다고 23일 밝혔다.

성씨는 2000년 7월 R사와 자동차판매중개계약을 맺고 서울 모 지점에서 판매중개인으로 일하게 됐다.

판매중개인은 기본급 없이 순전히 판매실적에 따라 중개수수료와 인센티브를 받았으며 R사의 각 지점에는 판매중개인이 10~20명씩 근무했다.

회사측은 중개인들의 과당경쟁이 심해지자 9월부터 가격 할인 · 추가용품 제공 · 타사 차량 판매 · 비용 착복 · 리베이트 수수 금지 등 중개인이 판매과정에서 준수해야 할 '정도(正道) 영업방침'을 시행했다.

회사는 영업방침 위반 여부를 적발하기 위해 2002년 조사원이 지점에 들러 할인을 요구하거나 전화상담 중 답변을 녹음해 조사하는 '미스터리 쇼핑(고객으로 가장한 조사원이 매장에서 품질 · 서비스를 확인하는 조사방법)'제도를 도입했다.

이후 성씨는 2004년 11월 매장을 찾은 고객에게 925만 원대 자동차 구입을 권유했고 고객이 다음날 전화로 "900만원을 제외한 나머지는 할인해 달라"고 요청하자 승낙했다.

그러나 이 고객은 회사가 실시한 미스터리 쇼핑의 조사원이었고 결국 성씨는 영업방침 위반으로 적발돼 계약을 해지당했다.

자료 : 연합뉴스, 2006. 7. 23

식기업은 새로운 상품전략을 기획하거나 직원교육의 자료로 활용한다. 또한 미스터리 쇼핑의 결과는 직원의 상벌의 기초자료 또는 인사고과에 상당 부분 중요한 역할을 하거나 가맹사업에 대한 계약을 갱신하는 경우에도 중요한 자료로 활용되고 있다는 것을 알고 책임감 있는 조사를 진행하여야 한다. 따라서 미스터리 쇼퍼는 객관적인 사실에 근거하여 매장에 대한 평가를 하여야 하며 자신의 추측이나 주관적인 측면에서의 평가를 피하도록 한다. 특히 미스터리 쇼핑 프로그램을 진행하다 보면 후광효과로 인하여 첫인상이 이후 평가에 영향을 미치는 경우가 발생될 수 있기 때문에 미스터리 쇼퍼는 평가리스트의 항목별 채점 기준에 근거한 정직한 측정을 해야 한다. 또한 자신의 평가가 해당 직원들의 인사고과에 영향을 미친다는 생각 때문에 실제보다 좋은 점수로 평가하면 회사 차원에서의 더욱 큰 손실 발생과 미스터리 쇼핑 프로그램 운영의 필요성에 반하는 결과를 가져오게 됨을 알아야 한다.

2) 관찰력

매장에 대한 정확한 측정을 위해서는 미스터리 쇼퍼는 제한된 시간 안에 측정의 근거가 될 수 있는 객관적 사실 자료를 최대한 많이 수집하여야 한다. 다량의 객관적 자료는 더욱 명확한 측정결과를 위하여 필요하다. 이러한 측정을 위해서 미스터리 쇼퍼는 날카로운 관찰력으로 점포에 대한 자료를 수집할 수 있어야 한다. 점포를 세세하게 조사 · 분석하기 위해서는 종사원의 행동 하나까지도 놓쳐서는 안 되며, 메뉴의 작은 부분까지도 놓치지 않고 꼼꼼하게 기억하여 점포 체크리스트에 옮겨 적어야 한다.

더 날카로운 관찰을 위해서 미스터리 쇼퍼는 사전에 점검하여야 할 사항이 적혀 있는 점포 체크리스트를 충분히 숙지해야 한다. 또한 점검할 사항에 대한 사전 정보를 가지고 점검에 임하거나 사전에 매장에 대한 정보를 숙지하여 측정사항에 따른 이용 동선이나 메뉴 및 서비스 방식을 알고 측정에 임하여야 더욱 양질의 관찰이 이루어질 수 있다.

3) 표현력

미스터리 쇼핑 프로그램의 결과는 기업의 새로운 정책의 수립 또는 수정에 영향을 미치는 커다란 요소로 작용하기 때문에 미스터리 쇼퍼는 자신이 관찰한 것을 사실 그대로 정확하게 전달할 수 있어야 한다. 즉, 점검 시에 일어난 일에 대해서 세세한 표현을 이용하여 상황을 설명할 수 있어야 한다. 상황에 대한 1차적인 표현은 점검 항목에 따라 정확한 측정결과로 나타나겠지만 지극히 닫힌 질문에 의한 측정결과로 분석과정에서 분석자에 의한 오류가 발생할 수도 있기 때문에 측정 상황에 대한 다양한 설명을 부수적으로 표현해 줄 필요가 있다. 측정 당시의 상황을 더욱 정확하게 표현하기 위해서는 보조적인 방법으로 사진기나 녹음기 등을 사용할 수는 있지만 측정 시 보조적인 방법을 사용하지 못하는 경우가 발생할 수 있기 때문에 미스터리 쇼퍼는 기본적으로 점검 시 상황에 따른 객관적으로 정확하고 풍부한 표현력이 요구된다. 일반적으로 사람들은 자신의 경험을 표현할 경우 자신의 입장을 강조하기 때문에 매우 주관적인 기억으로 표현될 수도 있다. 하지만 자신의 주관적인 기억은 평가에 대한 결과 분석 시에 오류가 발생될 수도 있기 때문에 주의하여야 한다.

4) 연기력

미스터리 쇼퍼는 점포 점검 시 점포에서 자신이 미스터리 쇼퍼란 신분을 노출시켜서는 안 된다. 미스터리 쇼퍼는 자신의 신분은 감추고 점포의 구석구석까지도 점검하여야 하기 때문에 자연스럽지 못한 행동이나 말투 등으로 자신의 신분이 노출시키게 되는 경우가 있기 때문에 주의하여야 한다. 따라서 미스터리 쇼퍼는 고객으로서의 자연스런 연기를 통하여 점검에 임하여야 한다. 간혹 미스터리 쇼퍼 활동이 숙련되지 않은 미스터리 쇼퍼의 경우 점검 사항에 대한 압박감으로 부자연스러운 행동으로 미스터리 쇼퍼라는 자신의 신분을 본의 아니게 노출시키는 경우가 있다. 신분이 노출된 미스터리 쇼퍼의 평가는 의미가 없기 때문에 미스터리 쇼퍼는 이점을 주의하여야 한다. 따라서 미스터리 쇼퍼는 최대한 자연스럽게 행동하여야 하며 종사원과의 대화에서도 어색함이 없어야 한다. 상황 점검을 해야 하는 경우 어설픈 연기력은 정확한 평가를 방해하게 된다. 예를 들어, 불만상황 대처에 대한 항목을 평가하기 위해 불만 상황을 만들어서 연기하여야 하는데 연기가 어설프게 되면 종사원으로부터 미스터리 쇼퍼의 신분을 의심받게 되는 경우가 있다. 자연스러운 점검을 위해서는 사전에 점포 정보와 체크리스트를 통하여 점포 점검의 시나리오를 구상하면 자연스러운 활동과 점검을 할 수 있다.

5) 객관성

계속 강조하지만 미스터리 쇼퍼는 점검 결과에 객관성을 유지하여야 한다. 자신의 감정에 따른 평가나 일정한 기준이 없는 측정은 미스터리 쇼핑 프로그램의 실행 목적을 흐리게 한다. 미스터리 쇼퍼는 측정에 임하기 전에 해당 외식기업의 평가기준을 정확히 숙지하여 해당 상황에 맞는 정확하고 객관적인 점검을 진행하여야 한다. 또한 자신의 개인적인 감정이나 매장의 첫인상, 지극히 개인적인 평가기준을 가지고 측정에 임해서는 안 된다. 점검표는 사전에 해당 외식기업과의 충분히 사전 미팅을 통하여 측정 항목과 측정 기준을 설정하여 측정하여야 한다. 물론 측정 항목과 측정 기준의 설정에 있어서는 외식기업의 주관적인 기준으로 적용되겠지만 측정 시에는 설정된 기준에 의해서 객관적인 측정이 이루어져야 한다.

사례 10

이색 직업 '미스터리 쇼퍼'

장미화(가명 · 39)씨는 암행어사다.

장씨는 일반 소비자로 가장해 불시에 매장을 방문, 청결도, 서비스 상태를 철저하게 체크하고 보고서를 작성해 본사에 제출하는 역할을 하는 미스터리 쇼퍼다. 프리랜서로 활동하고 있는 장씨가 미스터리 쇼퍼로 활동한 것은 3년 전이다.

대학원에서 경영학을 공부한 장씨는 마케팅, 소비자 만족 등에 관심이 많았다. 대학원 이후에는 광고 회사에서 카피라이터, 구성작가, 리서치센터 조사원으로 일했으며 결혼을 하면서 투잡으로 미스터리 쇼퍼의 세계에 뛰어들었다.

장씨는 "철저하게 소비자의 입장에서 기업을 평가하고 소비자들의 만족도를 높이는 데 중요한 자료로 활용될 수 있다"면서 "미스터리 쇼퍼는 기업, 소비자 모두에게 반드시 필요한 직업이라고 생각했다"고 말했다.

최근 장씨는 피자헛 미스터리 쇼퍼로 활동했다. 그는 ○○○라는 미스터리 쇼퍼 운영 회사의 게시판에 뜬 공지사항을 보고 피자헛 미스터리 쇼퍼에 지원했다. 일단 지원을 하고 선발되면 사전에 ○○○에서 보내준 체크 사항을 꼼꼼히 암기하는 것이 미스터리 쇼퍼의 첫 번째 과제다. 장씨는 "체크리스트를 들고 다니면서 청결도, 서비스, 음식 맛 등을 체크하면 직원들이 이상하게 생각한다"고 말했다.

일단 매장에 도착하면 매장 주변의 청결도를 점검한다. 이후 문을 열고 들어갔을 때 직원들의 인삿말, 태도 등을 체크하고 음식 나오는 시간, 음식 맛 등을 철저히 기억한다. 그는 "매장 안에서 일을 대부분 기억하고 있어야 하기 때문에 겉으로는 태연하지만 속으로는 긴장한다"며 "매장을 나온 후 8시간 안에 보고서를 작성해야 한다"고 말했다.

장씨는 미스터리 쇼퍼의 장점을 두 가지로 말한다. 일단 자기 시간을 융통성 있게 쓸 수 있고, 자신이 좋아하는 분야에서 일을 할 수 있다고 강조한다. 장씨는 "패스트푸드, 화장품 등을 좋아하는 사람들은 그 분야의 미스터리 쇼퍼가 되면 최신 상품을 먼저 접할 수 있는 장점이 있다"고 말했다.

그는 또 미스터리 쇼퍼가 되기 위해서는 뛰어난 관찰력과 객관성이 필요하다고 강조한다. 그는 "제가 느낀 결과 때문에 매장이나 상품이 안 좋은 평가를 받을 수 있기 때문"이라고 말했다.

현재 장씨는 ○○○에 미스터리 쇼퍼로 등록돼 있다. 이를 위해 그는 온라인 교육을 받았다. 미스터리 쇼퍼는 대부분 프리랜서로 일하고 있으며 일부는 기업에 소속되기도 한다. 또 사람과 업종에 따라 처우는 매우 다양해 보편화시킬 수는 없지만 장씨는 한때 월 100만 원 정도의 수입을 올렸다.

미스터리 쇼퍼는 백화점, 금융, 병원, 관공서, 화장품, 의류 분야에서 활발하게 활동하고 있다.

자료 : 파이낸셜뉴스, 2009. 7. 24

6. 미스터리 쇼핑의 현황 및 비전

미스터리 쇼핑을 이용한 고객서비스평가 제도는 미국에서는 1970년대를 기점으로, 우리나라에서는 1990년대부터 기업들이 고객서비스 수준을 향상시키기 위해 도입하기 시작하였으며 현재 외식기업, 서비스 관련 기업, 백화점, 관공서, 의류업체, 금융기관 등 다양한 분야의 기업에서 도입하여 실행하고 있다.

미스터리 쇼퍼는 현재 공인된 교육기관이 있는 것은 아니며 미스터리 쇼퍼를 운영하는 전문업체들이 전문적인 미스터리 쇼퍼를 양성하여 해당 업체에 파견하는 형태로 운영하고 있다. 따라서 미스터리 쇼퍼로 활동하려면 먼저 미스터리 쇼퍼 제도를 운영하는 전문기업에서 일정 정도의 교육을 수료해야 한다. 전문기업에서 일정 교육 수료자에 한해 미스터리 쇼퍼 자격을 부여하고 있으며, 수입은 개인의 활동량에 따라 차이가 큰 편이다. 초창기에는 아르바이트 수준의 리서치 프로그램이었다고 한다면 현재는 체계적인 교육을 통하여 전문적인 미스터리 쇼퍼를 양성하고 있다. 미스터리 쇼핑은 더 이상 단순한 모니터링 요원으로서가 아닌 전문조사원이며 보다 많은 기업의 고객만족을 위하여 고객을 진단하는 도구로 사용되고 있는 추세로 중앙 정보고용원에서 발간한 『신생 · 이색직업 50선』에서 주목해야 할 미래 직업군으로 선정되기도 하였다.

사례 11

증권가 '암행어사 출두요'

지난 4일 발효된 「자본시장통합법」으로 투자자 보호가 대폭 강화되면서 증권사들이 펀드 등 금융투자상품의 불완전 판매를 방지하기 위해 자체 '암행감사'를 벌이고 있다. 「자본시장통합법」 시행과 함께 금융당국이 금융상품 판매사들의 불완전 판매를 단속하기 위해 손님을 가장해 벌이는 이른바 '미스터리 쇼핑'을 자체적으로 실시하고 있는 것이다.

8일 증권업계에 따르면 한국투자증권은 지난 4일부터 일선 영업점 직원들이 고객들에게 펀드를 판매할 때 투자권유준칙 등 각종 절차와 규정을 제대로 지키고 있는지에 대한 암행 점검을 하고 있다. 한국투자증권은 내부 임직원이 미스터리 쇼핑을 할 경우 얼굴이 알려져 실효성에 의문이 제기되는 점을 고려해 외부업체에 용역을 의뢰했다. 미스터리 쇼핑을 시행하고 있거나 실시 예정인 증권사들 대부분도 한국투자증권과 같은 이유로 외부 용역을 활용하고 있다.

또 동양종금증권은 매달 일선 영업점 중 10% 정도를 대상으로 미스터리 쇼핑을 실시할 예정이고, 동부증권, SK증권 등도 미스터리 쇼핑 제도를 도입해 완전판매 체제를 강화키로 했다. 현대증권, 대신증권, 굿모닝신한증권 등은 기존에 해왔던 직원 친절도 조사 등 고객만족 서비스에 미스터리 쇼핑을 추가키로 했다.

대우증권과 삼성증권 등은 「자통법」 시행 이전부터 외부기관에 의뢰해 미스터리 쇼핑에 버금가는 자체 암행감사를 벌여왔다. 지난해 12월부터 「자통법」 시행에 대비, 판매교육을 강화해 온 미래에셋증권도 당분간 암행감사를 계속한다는 방침이다.

증권사들이 미스터리 쇼핑과 버금가는 암행감사를 벌이는 것은 금융당국의 미스터리 쇼핑에서 불완전판매가 3회 이상 적발되면 판매자격 자체를 영구적으로 박탈당할 수 있어 자체 단속을 통해 불상사를 미리 막자는 취지다.

자료: 경향신문, 2009. 2. 8

사례 12

프랜차이즈 산업시장에 미스터리 쇼퍼가 뜬다

점심시간 무렵 서울 시내의 한 프랜차이즈 커피전문점. 막 식사를 끝내고 커피 한 잔을 마시려는 20~30대 직장인들로 북적인다. 그 속에 30대 중반으로 보이는 한 여성이 끼어 있었다. 그녀는 은밀히 매장을 살피고, 직원의 행동도 유심히 바라본다. 주문할 때는 처음 온 듯 이것저것 질문이 많다. 자리에 앉아 커피를 마시던 이 여성은 화장실을 다녀온 뒤 매장을 떠났다. 한 달 뒤, 이 점포는 운영에 주의를 기울이라는 개선 경고를 받았다. 본사에서 실시하는 이벤트 내용을 제대로 파악하지 못한 채 제품을 판매했고, 화장실도 깨끗하지 못했다는 것. 한 달 전 무심코 대했던 30대 여성이 프랜차이즈 창업시장의 암행어사, 바로 '미스터리 쇼퍼'였던 것이다.

'미스터리 쇼퍼' 란 일반 고객으로 가장해 매장을 방문, 물건을 사거나 음식을 먹으면서 점원의 친절도, 외모, 판매기술, 사업장의 분위기 등을 평가하여 개선점을 제안하는 일을 하는 사람을 말한다. 상품은 물론 서비스의 질에 대한 소비자의 평가에 따라 매출이 큰 영향을 받게 되면서 생겨난 새로운 직업이다.

"과거에는 (미스터리 쇼핑을) 대형 외식업체와 금융회사, 백화점 등에서 주로 활용하였으나 최근에는 판매업과 중소형 외식 프랜차이즈 등 고객을 대하는 다양한 분야로 확대되고 있는 추세"이다.

미스터리 쇼핑은 우선 업체를 이용하는 주 고객에 해당하는 연령의 미스터리 쇼퍼를 모집하는 일에서 출발한다. 전문 교육을 통해 체크리스트를 숙지한 미스터리 쇼퍼는 영업시간에 매장을 방문, 매장 환경과 서비스, 고객 불만 요소 등을 파악하여 보고서를 작성한다. 업체에서는 취합된 자료를 바탕으로 점포를 평가, 점수를 매겨 우수 점포에는 상금 등을 수여해 사기를 진작하고, 점수가 낮은 점포에는 문제점을 지적하고 개선안을 마련하는 등 매출 향상을 도모하는 것이다.

모든 직영점에 미스터리 쇼핑을 실시하고 있는 '와바'의 여은주 주임은 "미스터리 쇼핑 결과에 따라 시상제도를 마련, 동기 부여를 통해 하위 점포들의 벤치마킹 점포가 될 수 있는 기회를 제공하고 있다"고 설명한다. 그는 또 "미스터리 쇼핑 결과물을 전 매장이 공유해 점포 내 개선사항 및 미스터리 쇼핑 결과에 대한 문제점이나 개선방안, 고객서비스 제고 방안 등을 제안하도록 하는데 이는 '와바' 전 매장의 서비스 질 개선과 고객만족, 브랜드 가치상승 등 다양한 효과로 이어지는 것 같다"고 밝혔다.

그렇다면 미스터리 쇼퍼로 활약하고 있는 사람은 과연 어떤 사람들일까? "전문 교육을 받은 다양한 사람들이 미스터리 쇼퍼로 활동하고 있는데 이들의 80% 정도가 여성"이다. 점포의 문제점을 꼼꼼하고 세심한 눈으로 살펴야 하는 직업 특성상 여성, 그중에서도 주부들의 활약이 두드러진다고.

미스터리 쇼퍼 경력 3년차인 정영미 씨(여 · 39)는 창업을 위해 다양한 교육 프로그램을 이수하던 중 '미스터리 쇼퍼'라는 이색 직업을 접한 뒤 방향을 전환한 사례다. 전문 교육을 이수한 뒤 그는 한 달에 10~15회 미스터리 쇼퍼 활동을 하고 있는데 한 번에 2만 5000~6만 원 정도 활동비를 받는다.

그는 "무엇보다 평소에는 접하기 어려운 고급스러운 음식을 맛볼 수 있고, 남편과 데이트를 할 수 있는 기회가 생겨서 좋다"고 말한다. 그렇다고 미스터리 쇼퍼를 쉽게 생각해서는 안 된다고 충고한다. 단순히 음식을 맛보는 것이 아니라 음식점에 대한 객관적인 평가를 내릴 수 있어야 하고, 또 정확한 내용을 정해진 시간 내에 알려주는 신속성 또한 필요하기 때문이다. 정 씨는 "예비 창업자가 미스터리 쇼퍼 활동을 경험한 뒤 창업을 하면 실패하지 않는 창업이 될 것"이라고 조언했다.

주부 정규영 씨(여 · 43)는 미스터리 쇼퍼로 활동한 지 이제 3개월째 접어드는 '새내기'다. 그는 예전에 항공사에 근무했던 경력을 살릴 수 있을 것 같아 미스터리 쇼퍼에 도전했는데 만족도가 아주 높다고. 최근 유행하는 매장을 방문할 수 있고, 스스로도 서비스에 대한 인식이 달라져 도움이 되기 때문이란다.

정 씨는 미스터리 쇼퍼의 필요충분조건으로 '연기력과 순발력'을 꼽았다. 종사원을 비롯, 운영자에게 신분이 노출되면 안 되기 때문이다. 이를 위해서 다른 일행을 데려가는 것도 좋은 방법이라고.

그는 "모두가 알고 있는 내용으로 미스터리 쇼핑을 하는 것은 경쟁력이 떨어진다"며 "서비스와 관련한 다양한 지식을 쌓아야 실력 있는 미스터리 쇼퍼로 살아남을 수 있을 것"이라고 말했다.

자료: 일요신문 895호(2009. 7. 12)

Chapter 02

미스터리 쇼핑 평가대상의 이해

Chapter 02

미스터리 쇼핑 평가대상의 이해

1. 서비스 품질의 이해

1) 서비스의 중요성

서비스 기업의 품질 평가는 서비스 전달과정에서 일어나는 것으로 알려져 있다. 일반적으로 고객들은 서비스 본질을 느끼게 되는 진실의 순간(MOT)에 만족 또는 불만족을 즉각적으로 평가한다. 진실의 순간이란 원래 스페인의 투우에서 유래된 용어로 투우사가 소와 일대일로 대결하는 최후의 순간을 의미하며 이 짧은 순간이 투우경기의 승패를 결정하는 최후의 순간이 된다고 한다. 외식기업의 경우에 다수의 서비스 접점의 순간 중에서 단 1회라도 실수할 경우 그 전·후의 모든 서비스는 무의미해지는 일명 '곱셈의 법칙'이라는 것을 따르기 때문에 고객이 레스토랑의 광고를 접하거나 레스토랑의 건물이나 외관을 접할 때, 주차장에 차를 세울 때, 레스토랑 입구에 들어설 때와 같이 직원과의 접촉하는 모든 순간이 서비스가 평가되는 중요한 순간이라는 것을 알아야 한다. 따라서 외식기업은 모든 MOT에 긍정적인 평가를 받기 위해서 적절한 서비스 프로세스를 설계하고 서비스 교육 · 훈련을 통하여 서비스 품질을 개선하기 위해서 노력하여야 한다.

고객이 느끼는 만족은 서비스를 제공받기 전의 기대 수준을 초과하는 서비스를 제공받았을 경우 얻게 되는 심리적 상태이며, 제공된 서비스가 기대수준에 미치지 못하는 경우 고객은 불만족을 느끼게 된다. 여기서 고객만족에 결정적 영향을 미치는 중요한 요인인 기대 수준은 구전, 개인적 욕구, 과거 경험 등에 의하여 결정된다.

서비스를 제공하는 외식기업에서 서비스 품질이 중요한 이유는 고객만족 또는 불만족에 영향을 미침으로써 결과적으로 고객행동에 영향을 미치기 때문이다. 서비스 품질에 만족을 느낀 고객은 재방문의 의사가 생겨나고 점포에 대한 충성도도 높을 것이며, 이후 다른 사람에게 긍정적인 소문을 전파하는 등 매출 증가나 마케팅 비용 절감의 긍정적인 효과를 초래한다. 반면, 서비스 품질에 불만족을 느낀 고객은 다른 레스토랑으로 교체하거나 다른 사람들에게 부정적인 소문을 전파하여 매출 감소 및 잠정고객에 대한 상실이라는 부정적인 결과를 가져온다.

2) 서비스 품질 측정 도구

서비스 품질은 일반적으로 서브퀄(SERVQUAL)이라고 하는 측정 방법을 사용하여 측정하는데 이는 서비스 품질이 서비스의 고유한 특성으로 인해 객관적으로 측정하기 어려운 추상적인 개념이므로, 기업이 서비스 품질을 평가하는 적절한 접근 방법은 소비자의 지각을 측정해야 한다는 개념에서 만들어졌다. 자세히 살펴보면 고객은 서비스 품질을 평가하는 데 신뢰성, 대응성, 확신성, 공감성, 유형성과 같은 다섯 가지 요인을 활용하는 것으로 연구되었으며, 다섯 가지 요인을 기준으로 고객은 자신이 기대한 서비스와 실제 제공된 서비스를 비교하여 서비스 품질을 결정한다. 즉, 고객의 만족도를 높이기 위해서는 다음의 평가 기준에 따른 행동이 필요한 것이다.

SERVQUAL은 고객이 서비스에 대한 기대와 실제로 제공 받은 서비스 인지의 차이로 서비스 품질을 측정하기 위해 개발한 도구이다. 연구가 지속됨에 따라 많은 학자들은 SERVQUAL이 하위 구성차원이 중복되고 불명확하여 실무적 시사점을 제공하는 데 한계가 있다는 비판을 제기하였다. 이러한 한계를 극복하고 레스토랑의 서비스 품질 측정을 위해 스티븐스 등(Stevens, P. et al., 1995)에 의해 개발된 것이 다인서브(DINESERV)이다. DINSERV는 SERVQUAL을 기초로 하여 유형성, 신뢰성, 반응성, 확신성, 공감성 등 다섯 가지 요인의 29개 항목으로 이루어져 있다. 다시 설명하면 고객의 서비스 만족도를 향상시키기 위해서는 다음의 29개 항목에 충실하여야 한다는 것이다.

서비스 품질 평가 항목

서비스 품질 기준	정 의
신뢰성(reliability)	약속한 서비스를 믿을 만하게 수행하는 능력
대응성(responsiveness)	고객을 돕고 신속한 서비스를 제공하겠다는 의지
확신성(assurance)	확신을 주는 직원의 자세와 지식 및 예의바른 태도
공감성(empathy)	고객에 대한 배려와 개별적 관심을 보일 자세
유형성(tangibles)	시설, 장비, 인력 등 물리적 환경의 상태는 서비스 제공자의 마음을 나타내는 유형적 증거

자료: Parasuraman, Zeithaml, & Berry(1985). p. 48

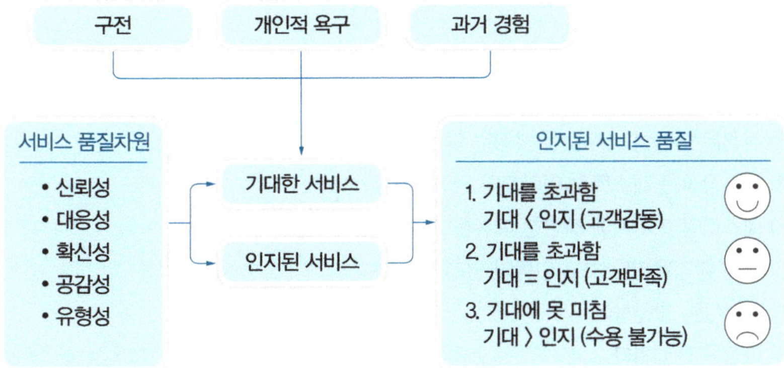

서비스 품질의 결정 요인
자료: Parasuraman, Zeithaml, & Berry(1985). p. 48

많은 학자들이 서비스 품질과 고객만족 간에는 서로 높은 상관관계가 있음을 입증하고 있으며, 이를 통하여 고객들이 인지하는 서비스 품질이 높으면 고객만족도 역시 증가하면서 다른 기업과 비교하여 경쟁우위 요소로 작용한다는 것을 알았다.

앞서 소비자의 서비스 품질 평가는 서비스 전달과정에서 이루어진다고 하였다. 따라서 서비스 전달은 서비스가 이루어지는 모든 과정에서 고객의 기대에 부응하여야 한다. 특히 서비스 산업은 서비스의 특성상 서비스 제공과정에 고객이 반드시 참여하게 된다. 고객은 서비스 과정을 직접 경험하고 자신이 확인하게 되므로 서비스 품질 평가에 그러한 내용이 반영되는 것이다. 피츠시몬즈 등(Fitzsimmons, J. & Mauver, G., 1991)은 서비스 전달과정에 대한 고객의 의견을 평가하는 WtA(Walk-through Audit)라는 도구를 개발하였다. 이것은 레스토랑에서 서비스의 개선이 필요한 부분을 파악하기 위하여 고객의 입장에 맞도록 만들어진 조사방법이다. 미스터리 쇼핑은 전문가가 고객으로 가장하여 서비스 전달과정을 평가한다면, WtA는 고객에게 직접 설문조사를 실시한다는 차이가 있다.

개념 정리

DINESERV의 29가지 측정 항목

1) 건물의 외관은 매력적이다.
2) 매장환경은 매력적이다.
3) 직원은 단정하고 적절한 복장을 갖추고 있다.
4) 내부장식은 레스토랑 이미지와 가격대에 적합하다.
5) 레스토랑 이미지에 적합한 메뉴를 가지고 있다.
6) 매장 환경은 편안하고 이동이 편리하다.
7) 화장실은 청결하다.
8) 매장은 청결하다.
9) 좌석은 편안하다.
10) 예정된 시간에 음식을 제공한다.
11) 잘못된 부분은 신속하게 대응한다.
12) 일관성이 있으며 신뢰할 수 있다.
13) 가격 계산 시 착오가 없다.
14) 주문한 음식이 정확하게 제공된다.
15) 메뉴는 주문하기 쉽다.
16) 규정에 얽매이지 않고 유연하게 대처한다.
17) 고객이 특별한 사람이라는 느낌이 들게 한다.
18) 고객이 요청하기 전에 미리 처리한다.
19) 직원이 잘못이 있으면 인정하고 즉시 시정한다.
20) 고객을 진심으로 대하고 있다는 생각이 든다.
21) 나의 질문에 대하여 정확하게 답변한다.
22) 직원은 신뢰할 수 있는 느낌을 준다.
23) 직원은 메뉴에 대한 정보를 잘 설명해 준다.
24) 직원은 내가 안전하다는 느낌을 갖게 해준다.
25) 직원은 숙련되고 완벽하며 능숙하다.
26) 직원은 자신이 맡은 직무를 매우 잘 처리한다.
27) 바쁜 시간에 품질향상을 위해 더 많은 직원을 배치한다.
28) 즉각적이고 빠른 서비스를 제공한다.
29) 고객의 특별한 요구사항에도 신속하게 대응하여 처리해 준다.

자료: Stevens, P. et al., 1995

VIPS

Steak & Salad Restaurant

VIPS는 "Very Important Person's Society"의 약자로
"고객 한 분 한 분을 귀한 손님으로 모시겠다." 는 VIPS의 마음가짐을 담고 있습니다.
고객님의 소중한 의견에 귀 기울이는 빕스가 되겠습니다.

수집하는 개인정보 항목 : 성명, 연락처, 주소
개인정보 수집 목적 : 추첨을 통한 식사권 발송 / **보유 및 이용기간 :** 작성후 1달 후
본인은 위의 개인정보 취급 방침에 동의합니다. ☐ Yes ☐ No

| 방문일자 : | 성명 :

| 연락처 :

| 주소 :

Quality

- **샐러드 바의 음식들은 신선했나요?** ☐ Yes ☐ No
- **샐러드 바의 메뉴 보충은 신속했나요?** ☐ Yes ☐ No
- **샐러드 바 메뉴는 전반적으로 만족하셨나요?** ☐ Yes ☐ No

개선이 필요한 부분에 대해 소중한 의견 부탁드립니다.

- **주문하신 요리는 만족스러우셨습니까?** ☐ Yes ☐ No
- **만족하지 못하셨다면 어떤 이유로 만족하지 못하셨습니까?**

☐ 제공시간 ☐ 뜨겁기 ☐ 맛 ☐ 모양 **(복수응답 가능)**

개선이 필요한 부분에 대해 소중한 의견 부탁드립니다.

Service

- **신속한 안내를 받으셨나요?** ☐ Yes ☐ No
- **어떻게 메뉴선택을 하셨나요?**

☐ 메뉴북을 보고 직접 ☐ 담당서버 추천으로

개선이 필요한 부분에 대해 소중한 의견 부탁드립니다.

Cleanliness

- **매장은 전반적으로 청결한 느낌인가요?** ☐ Yes ☐ No

개선이 필요한 부분에 대해 소중한 의견 부탁드립니다.

- **다시 방문하실 의향이 있습니까?** ☐ Yes ☐ No
- **기억에 남는 친절한 직원의 이름을 적어주세요.**

빕스를 위한 기타 소중한 의견 부탁 드립니다.

간이 고객만족도 조사표

기업들이 일반적으로 고객의 소리와 같이 간편하게 실시하는 간이고객만족도 조사는 간단하게 고객만족도를 조사하는 데 목적을 두고 있지만, WtA는 전체 서비스 전달과정을 대상으로 실질적인 서비스 개선을 위해 필요한 항목을 찾아내는 데 목적이 있다.

피츠시몬즈 등이 만든 레스토랑의 WtA는 고객이 주차장에서 레스토랑 입구까지, 레스토랑으로 입장하여 직원의 인사를 받기까지, 대기를 하다가 식탁에 앉을 때까지, 메뉴를 주문하고 음식을 받아 식사를 하기까지, 이후 계산서를 받아 음식값을 지불할 때까지 등 레스토랑에서의 전체과정에 대한 질문들로 구성되어 있다. 이러한 과정을 평가하는 질문은 아홉 가지의 범주로 구분되는데 이를 구체적으로 살펴보면 다음과 같다.

개념 정리

WtA(Walk-through Audit) 평가 질문

1) 유지보수와 관련된 사항
2) 대면서비스와 관련된 사항
3) 대기시간의 서비스에 관련된 사항
4) 식탁과 자리 배치에 관한 사항
5) 분위기에 관한 사항
6) 제공된 음식의 스타일링과 관련된 사항
7) 계산서 제시와 관련된 사항
8) 광고 및 묵시적인 권유판매에 관한 사항
9) 봉사료에 관한 사항

사례 13

손님은 왕? 패밀리다!

고객 앞에 무릎 꿇는 극친절에서 편안함, 맞춤형으로 변해가는 레스토랑 서비스

레스토랑에서 손님을 대하는 태도, 몸짓, 시선 하나까지 모두 치밀하게 배려된 행동이다. 심지어 직원들도 임무에 따라 동선이 구분된다.

식당은 밥만 팔지 않는다. 어떤 분위기에서 누구와 먹느냐가 밥맛의 절반 이상이다. 패밀리 레스토랑이나 특급 호텔 레스토랑 직원들은 웃음과 배려를 함께 제공하기 위해 고군분투한다. 시선과 몸짓조차 계산하고 학습하고 교육하는 이유다. 손님을 기분 좋게 만들기 위한 '작전'이다. 감정노동이라 불리기도 한다. 무릎 꿇고 앉아 주문받는 '퍼피독(puppy dog)' 서비스를 요새 찾기 어려운 이유부터 시대마다 손님이 원하는 서비스가 어떻게 변하는지 취재했다. 썬앳푸드, 티지아이 프라이데이스, 더블유서울워커힐호텔, 밀레니엄서울힐튼으로부터 도움말을 얻어, 가상의 패밀리 레스토랑에서 일하는 2년차 남성 서비스 직원의 일상을 재구성했다.

손님이 외려 불편한 퍼피독 서비스

점심부터 40대 아주머니 손님 4명이 레스토랑 문을 열고 들어옵니다. 가만있자, 가운데 계신 분은 제가 몸담고 있는 패밀리 레스토랑의 다른 지점 동기가 저희 서비스 직원들이 정보를 공유하는 커뮤니티에서 소개한 분이네요. 교육받은 대로 얼른 가서 팔짱을 껴드렸습니다. 웬 팔짱이냐고요? 손님에 따라 제 표정과 말투도 달라집니다.

중년 여성 손님들이나 아주머님들은 얘기를 들어주면 굉장히 좋아하십니다. 저희 교육팀장님 말씀으로는 자식들이 자라면서 외로움을 점점 느끼신다더군요. 하긴 군대 있을 땐 매주 "보고 싶다"는 낯간지러운 편지를 보내더니 정작 제대한 뒤 전화도, 문자도 안 하는 저 같은 아들을 둔 어머니를 생각하면, 그럴 만도 합니다만. 그래서 팔짱을 낀 뒤 "오시느라 고생하셨죠?"라는 말씀을 일부러 하는 게 좋다고 교육받았습니다.

요샌 레스토랑이건 호텔이건 표준이 아닌 맞춤형이 서비스의 대세죠. 더블유호텔에 있는 친구 말로는 거기 레스토랑에는 '시크릿 세븐(Secret 7)' 프로그램이 있대요. 스마일 & 아이 콘택트(웃으며 눈 마주보기), 웜 웰컴(따뜻한 환영), 프렌들리 앤 어프로프리엇, 10–5 룰 등등이 있대요. 이 중 프렌들리 서비스는 가령 40~50대 동창회 모임이 있는 단체 테이블엔 미리 어머님들이 좋아하실 만한 '키친' 레스토랑의 최고 꽃미남들로 서버(서비스 직원)를 구성해 서비스하는 거죠.

레스토랑 〈메드 포 갈릭〉의 직원 서비스.

테이블로 모시고 갔습니다. "요새 날씨가 추워서 어깨가 결리는데 한남동의 ○○정형외과가 좋다"는 말씀을 5분 정도 들어드린 뒤 주문을 받습니다. 1990년대 중반에 패밀리 레스토랑을 중심으로 무릎 꿇고 주문받는 '퍼피독' 서비스가 유행합니다. 1992년 저의 경쟁업체인 티지아이 프라이데이스 1호점이 그때부터 현재까지 퍼피독 서비스를 하고 있습니다. 퍼피독 서비스는 주문 때 손님과 서버가 눈높이를 맞추기 위해 무릎을 꿇고 응대하는 거죠.

지금 10년차이신 업장 선배는 입이 닳도록 퍼피독 서비스 얘기를 하시죠. 1990년대 당시 이 서비스가 다른 패밀리 레스토랑과 호텔로 대유행처럼 번졌죠. 선배 말씀으로는 1990년대 후반에 저희 패밀리 레스토랑을 찾은 손님이 선배에게 "왜 여기서는 무릎 꿇고 주문 안 받으세요?"라고 직접 묻기도 했다는군요. 아, 이 얘기 벌써 열다섯 번 들었습니다.

그런데 선배 말로는 손님들이 원하는 서비스가 시대마다 달라진대요. 퍼피독 서비스라는 게 직원은 서 있고 손님은 앉아 있으니까 손님이 서버를 쳐다봐야 하는 데서 출발하거든요. 제가 있는 레스토랑은 오히려 손님이 불편해해서 안 하고 있죠. 저희 경쟁 레스토랑인 토니로마스도 퍼피독 서비스가 유행일 때 잠시 도입한 적이 있었는데 금세 없앴다더군요.

'손님이 왕'이라는 건 좀 예전 콘셉트이고 대세는 편안함이라는 게 그쪽 생각인가 봐요. 저희랑 생각이 비슷하네요. 하긴 어느 신문에서 밀레니엄서울힐튼의 홍석일 총괄부장님이 하신 말씀도 기억나요. "예전엔 손님이 왕이고 직원이 시종이었다면, 지금은 손님과 직원은 패밀리다." 힐튼 호텔도 5년 전쯤 로비라운지에서 실험적으로 실시하다가 중단했답니다. 손님이 외려 불편해하더라면서요.

그래서 저는 상반신을 적당히 굽히고 주문을 받습니다. 주문을 받은 뒤 주방으로 들어갑니다. 저 같은 서버(서비스 직원)는 러너(음식을 나르는 직원)와 부딪히지 않게 미리 짜인 동선대로 움직여야 합니다. 주방에서 음식을 내는 러너와 빈 접시를 치우는 서버가 충돌했다간 상상하기 끔찍한 일이 벌어집니다. 이처럼 직원의 동선은 지뢰라도 깔린 것처럼 엄격하게 구분돼 있죠. 웬만한 패밀리 레스토랑이 다 그렇습니다.

주문한 음식을 갖다 드린 뒤 필요한 게 없느냐고 조심스레 여쭤봅니다. 다행히 흡족하신 모양이군요. 대부분의 한국 손님은 급한데 이분들은 느긋합니다. 토니로마스에서 일하는 제 친구가 지난 주말 술자리에서 해준 말이 떠오르네요. 토니로마스가 다국적 프랜차이즈잖아요? 서비스에 관한 보편 매뉴얼이 있는데 한국에 도입하려다 못한 게 딱 한 가지 있대요. 한식의 한상차림과 달리 양식은 코스로 서비스하죠. 그래서 처음 토니로마스가 문 열었을 때 전채 주문받아 서비스한 뒤 손님이 전채를 다 드시면 느낌을 묻고 주요리 주문을 차례로 받는 '에프엠'에 따랐답니다. 그런데 한국 손님들이 좀 급하시잖아요? "왜 한꺼번에 주문하면 안 되죠?"라는 반응이 많았대요. 결국 처음에 한꺼번에 전채에서 디저트까지 주문받는 '한국 스타일'로 바꿨다더군요, 하하.

조금 있으면 프리버싱을 해야 합니다. 접시 치우는 걸 '버싱'이라고 불러요. 중간에 접시 치우는 게 프리버싱이죠. 이것도 치밀하게 계산해서 해야 합니다. 정장을 입고 심각한 표정으로 말씀 나누는 손님이 있는 테이블엔 손님이 직접 부르기 전에는 섣불리 가지 않는 게 좋죠. 토니로마스에서는 이런 손님을 위해서 호텔의 '두 낫 디스터브' 비슷한 문구가 있는 쪽지를 테이블에 둔 적도 있었대요. 테이블과 의자 높이도 최적의 높이를 실험을 거쳐 산출한 것이란 사실을 손님들은 잘 모르죠. 그저 무의식적으로 '편하다'고 느낄 뿐이죠. 밀레니엄서울힐튼호텔 레스토랑의 의자 높이는 약 50cm, 테이블 높이는 약 75cm라는 군요.

코스별 서비스가 속터지는 한국 손님들

레스토랑마다, 호텔마다 서비스 철학이 조금씩 다르죠. 어쨌든 대세는 '맞춤형'과 '편안함'인 것 같습니다. 서비스 차별화는 쉽지 않죠. 어느 외국계 호텔의 경우 공항에 VIP 손님을 마중 나갈 일이 있으면 마중 나간 직원이 손님 얼굴을 프런트에 알려준대요. 그리고 호텔 로비에 손님이 오면 프런트에서 반갑게 인사하는 거죠. 서프라이즈 서비스라고 할 수 있죠. 티지아이 프라이데이스는 아이들에게 테이블 안내할 땐 아이들 보폭에 맞추기까지 한다니 이 직업도 쉽지는 않습니다. 저는 오늘도 웃음을 연습합니다. 그러니까 혹시 실수해도 좀 귀엽게 봐주세요.

자료: 한겨레신문, 2010. 1. 20

대부분의 서비스 품질은 고객을 대상으로 서비스가 이루어진 직후 측정하는 것이 가장 이상적이라고 알려져 있다. 하지만 고객을 대상으로 한 측정은 시간 및 비용면에서 효율적이지 못하다는 단점이 있다. 또한 고객의 기대와 서비스 성과를 동시에 측정하다 보면 후광효과가 발생하기도 하여 서비스 품질 측정의 타당성에 문제가 발생하기도 한다. 이와 같은 단점을 극복하기 위하여 서비스 기업들은 미스터리 쇼핑과 같이 전문적으로 훈련 받은 조사원을 활용하여야 하며, 서비스 산업이 발전한 선진국일수록 미스터리 쇼핑을 활용한 서비스 품질 측정이 대중화 되어있음을 발견 할 수 있다.

무형적 성향이 강한 서비스 품질을 관리한다는 것은 매우 어려운 일이다. 또한 서비스 상품은 다양한 고객층에 따라 다양한 기준에 따라 평가되기도 한다. 따라서 모든 고객들에게 만족스러운 서비스를 제공한다는 것은 일관성 있는 기준에 의해 관리되는 서비스가 기본이어야 한다. 일정한 기준을 가지고 관리한다는 것은 다양한 고객의 욕구를 충족시킬 수 있는 방법을 찾아낼 수가 있다는 것을 의미한다.

3) 외식기업 접객 서비스의 이해

서비스 직원의 태도와 서비스는 외식기업의 이미지와 영업에 직접적인 영향을 미치고 있다. 따라서 서비스 직원은 업무 수행을 잘할 수 있도록 서비스 기법을 숙지하여 고객이 만족할 수 있는 서비스를 제공하여야 한다. 직원은 외식기업에서 고려하고 있는 서비스의 기준을 정확히 숙지하여 고객에게 제공하여야 한다. 이러한 경우 외식기업에서는 직원들에게 서비스의 기준이 되는 서비스 매뉴얼과 서비스 교육을 실시하여 외식기업에 따라 다르게 표현되는 서비스 형태를 인식해야 한다.

다음은 외식기업에서 일반적으로 사용되는 고객만족 서비스의 매우 기본적인 부분을 설명하고 있다. 성공적인 외식기업을 만들기 위해서는 이러한 기본적인 서비스에 자사의 콘셉트를 결합한 독특한 서비스를 창출해야 한다.

TIP

외식기업에서 첫인상의 중요성

고객에게 만족감을 주어 지속적인 구매와 신뢰감을 쌓기 위해서는 직원들의 첫인상이 매우 중요하다. 첫인상은 대면 후 4초에 80%가 결정되며 늦어도 7초 이내에 확정된다. 또한 이렇게 형성된 첫인상을 바꾸는 데는 적어도 40시간 이상이 걸린다. 고객은 나에게 그러한 첫인상을 바꾸게 하기 위해서 40시간을 기다려주지 않는다.

사람이 느끼는 첫인상을 다음의 세 가지 요인에 의해서 결정된다.

첫째, 시각적인 요인(55%)으로 표정(시선처리, 미소), 메이크업, 헤어스타일, 복장, 자세 등이다.

둘째, 청각적인 요인(38%)으로 말하는 것, 말의 톤, 성량, 어투 등이다

셋째, 언어적인 요인(7%)으로 말, 말씨, 경어, 정중어 등이 이에 속한다.

서비스 직원의 기본 정신

타인에게 서비스를 제공하는 직원은 첫째로 고객에게 부담을 주지 않는 진심에서 우러나오는 서비스를 제공할 수 있어야 한다. 외식기업의 고객들은 외식기업의 뛰어난 시설보다는 서비스 직원이 봉사정신을 가지고 제공하는 서비스를 더 선호하기 때문이다. 서비스 정신이 결여된 상태에서 사무적이고 기계적인 서비스만을 제공한다면 고객들은 만족을 느낄 수 없을 것이다.

둘째, 외식기업의 직원들은 자기 자신을 포함한 모든 시설에 대하여 청결성을 유지하여야 한다. 특히 고객들은 건강과 직결되는 매우 중요한 요인으로서 작용하기 때문에 청결은 매우 중요인 요인이다.

셋째, 외식기업의 직원들은 업무 중 매우 다양한 업무를 수행하여야 하기 때문에 효율적인 업무의 진행이 필요하다. 훌륭한 서비스 직원은 이를 위해서는 능동

적인 업무 처리와 적극적으로 직무를 수행을 통한 일의 능률을 향상시켜야 한다.

넷째, 외식기업의 직원은 기업의 기물 및 장비를 사용함에 있어 절약정신이 필요하다. 고가의 기물이나 장비의 파손으로 인해 발생하는 비용과 전기, 수도와 같은 소모품의 절약을 통하여 외식기업의 이익을 증대시켜야 한다.

다섯째, 고객에 대한 환대성을 가지고 있어야 한다. 다수의 고객을 상대하는 직무를 가지고 있지만 모든 고객들에게 친절함이 묻어 있는 서비스를 제공하여야 한다.

여섯째, 외식기업의 직원들은 회사와 직원, 직원과 직원, 직원과 고객의 관계에 있어 신뢰와 협동이 필요하다. 따라서 외식기업의 직원들은 정직한 마음을 바탕으로 진정한 서비스를 고객에게 제공하며 동료들과 협조할 수 있어야 한다.

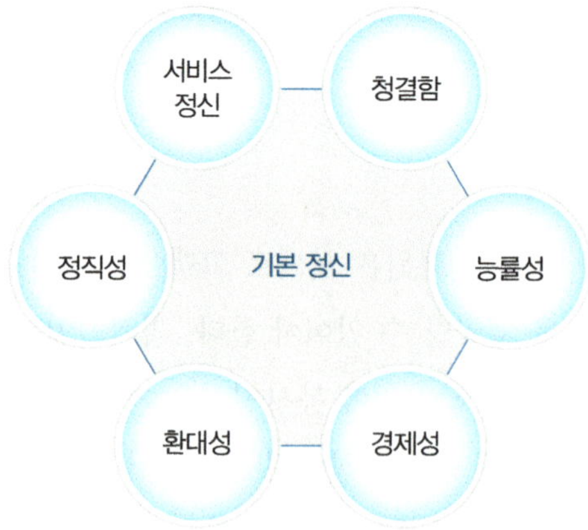

서비스 직원의 기본 자세

서비스 직원의 태도

서비스를 제공하는 직원은 매장 내에서는 항상 고객에게 서비스를 제공할 수 있도록 준비하는 자세를 취하고 있어야 한다. 고객은 항상 직원을 볼 수 있으며 그

때의 직원 태도를 통해서 외식기업의 서비스 수준을 평가할 수도 있기 때문이다. 따라서 외식기업의 직원은 어느 순간에도 고객으로 하여금 대접받고 있고 그를 위해 준비하고 있다는 인식을 주어야 한다. 이를 위해서 대기시에는 가슴을 펴서 바른 자세를 취하며 의자나 벽 등에 기대어 서 있거나 양손을 뒤로 하는 행동은 하지 않는다. 두 다리는 붙여서 앞이 45°가량 벌려야 하며, 휴식 시에는 한쪽 다리에 중심을 두고 다른 한쪽의 다리는 앞으로 자연스럽게 내민 자세를 취하는 것이 좋다. 매장 안을 돌아다닐 때에도 시선은 항상 고객을 주시하며 가슴을 펴고 등을 곧게 하여 걸어야 한다. 매장 내에서 고객과 서로 지나칠 때에는 손님의 행동반경을 피해서 가볍게 목례로 인사하며 지나쳐야 한다. 인사는 예절의 기본이며 인간관계의 시작으로 공손하고 예의바르게 인사하여야 한다. 일반적인 인사를 할 때에는 가벼운 미소를 띠고 양손은 자연스럽게 곧바로 내린 자세로 30°가량 허리를 숙여 인사를 한다. 허리를 숙이는 각도도 상황에 따라 다르며, 복도를 지나가는 고객과 만났을 경우에는 15°가량 숙여 인사하며 VIP 고객이나 마음을 담은 감사나 미안함을 표현할 때에는 45° 정도를 숙여 인사하여야 한다.

서비스 직원의 용모와 복장

직원의 용모 중에서 가장 중요한 것은 미소와 몸가짐입니다. 서비스 직원은 항상 근무 시작 전에 거울 앞에서 웃는 모습을 연습하고 몸가짐을 확인하여야 한다. 여성의 경우 자연스러운 화장으로 건강한 느낌을 주어야 하며, 립스틱은 반드시 붉은 색을 사용하고 진한 향의 향수나 화장품은 사용을 금한다.

남자는 수염은 깎고, 머리는 짧게 잘라서 셔츠에 닿지 않도록 한다. 유니폼과 앞치마는 잘 세탁하여 구겨짐 없이 다림질되어 깨끗한 상태로 입어야 하며, 손톱은 짧게, 구두는 잘 닦아 검은색 양말과 함께 신는다. 액세서리는 위생적인 문제로 시계 외의 것은 금하며, 명찰은 좌측 상의 주머니에 달아 전면을 향해야 한다. 머리는 뒷머리카락이 옷깃에 닿지 않도록 자르거나 여자의 경우 머리망을 하여 서비스 시 머리가 흘러내리지 않도록 고정한다. 염색은 자연스러운 갈색 또는 진한 색에 한하며 혐오감을 주는 원색의 염색 및 탈색 등은 금한다.

상황별 접객 서비스 방법

외식기업은 다양한 업종과 업태에 따라 고객에게 제공해야 하는 서비스의 방법도 다양화되고 있다. 외식기업은 직원들이 상황과 장소에 맞는 행동할 수 있도록 상황별 접객 서비스 기준을 마련함으로써 고객은 서비스에 대한 만족도를 향상시키고 직원들에게는 올바른 행동의 기준을 제시하여 접객할 수 있도록 하여야 한다.

다음은 일반적인 외식기업에서 고객만족을 위하여 준수해야 할 일반적인 사항에 대해서 소개하고 있다.

고객 대기 상황

- 정해진 장소에서 바른 자세로 대기하여야 한다.
- 고객 앞에서뿐만 아니라 고객을 기다릴 때에도 항상 자세가 흐트러지지 않도록 하여야 한다. 대기 자세는 고객에게 있어 첫인상이 될 수도 있기 때문에 매우 주의하여야 한다.
- 대기 시 턱은 당기고 시선은 정면을 향한다. 등은 굽히지 말고 가슴과 함께 곧게 편다.
- 입가엔 미소를 짓고 시선은 고객이 오는 입구 방향을 주시한다.
- 목 주변을 만지거나 신문 · 잡지를 읽고 있어서는 안 된다.
- 손님이 없더라도 벽에 기대어 동료들과 대화를 나누거나 주머니에 손을 넣고 있거나 다리나 발 등의 피부와의 접촉을 피한다.
- 팔짱을 끼거나 하품, 담배를 피우는 행위는 해서는 안 된다.
- 사이드 업무 및 휴식을 취할 시에는 정해진 장소를 이용하여 정숙하게 진행한다.

고객 환영 및 자리 안내 상황

- 고객을 환영할 때에는 고객이 '환영받았다'고 느낄 수 있도록 인사해야 한다. 모든 인사는 허리를 30° 정도 숙여 정중하게 인사한다. 캐주얼한 외식기업의 경우에는 15°

정도 가볍게 숙여 인사하여도 좋다.

- 고객이 내점 즉시 "안녕하세요, 어서 오세요."라고 인사하며 외식기업의 브랜드를 알리며 환영인사를 한다.
- 다음으로 예약 여부를 확인할 시에는 "예약하셨습니까?"라고 말한다.
- 예약 고객이 아니라면 "몇 분이십니까?"라며 동행 고객수를 확인한다.
- 고객의 입장을 처음 발견한 직원이라면 누구든 고객을 향해 환영인사를 한다.
- 고객과 눈을 응시하면서 활기차게 인사를 한다.
- 매장에 빈 자리가 없는 경우 "죄송하지만 잠시만 기다려 주시겠습니까?"라며 공손하게 웨이팅 좌석으로 안내한다. 대기 고객은 우리 매장에 대한 충성도가 매우 높은 고객임을 명시하고 그에 대한 감사를 표현한다.
- 대기 고객에 대해서는 지속적인 관심과 빠르게 좌석을 마련하고 있다는 것을 보여주어야 한다.
- 고객의 자리를 안내할 때에는 "제가 안내해 드리겠습니다"라고 말하며 고객의 순서가 틀리지 않도록 주의한다.
- 기다린 고객을 안내할 시에는 "기다려 주셔서 감사합니다"라고 기다린 것에 대한 감사를 표시한다.
- 고객이 특별히 선호하는 자리가 있는지 물어보고 안내한다. 흡연석이나 금연석 혹은 창가나 구석 자리 등에 대한 선호도를 물어보아야 한다.
- 고객을 자리로 안내할 때에는 "이쪽으로 안내해드리겠습니다"라고 하며 손을 가지런히 모아 이동하려는 방향을 향하며 고객보다 2~3걸음 앞서 걸어간다.
- 홀 직원에게 고객을 인도할 시에는 정확한 인원수를 담당 서버에게 전달하며 고객에게 "즐거운 시간되십시오"라고 말한다.
- 담당 홀 직원은 "안녕하세요. 어서오세요. 자리에 앉아계시면 물과 메뉴북 가져다 드리겠습니다. 잠시만 기다려 주세요"라고 말하고 메뉴북과 물을 가져다 드린다. 제공될 서비스에 대한 예시는 고객의 서비스에 대한 신속성과 이후 진행될 사항에 대한 공지로 고객으로 하여금 편안한 마음을 가질 수 있도록 한다.

물과 메뉴북 제공하는 상황

- 담당 서버는 "물과 메뉴북 여기 있습니다"라고 말하며 메뉴북과 물을 제공한다.

- 메뉴북과 물을 테이블에 내려놓을 때 소리가 나지 않도록 주의한다.
- 메뉴북은 외관이 위생적으로 관리되어야 한다.
- 메뉴북의 서빙이 끝나면 간단히 목례 후 물러서서 대기한다. 대기 시에는 고객에게 빠른 메뉴 선택을 강요하는 느낌을 주어서는 안 되며, 반대로 고객에 대한 무관심이 표현되어서도 안 된다.
- 홀 직원은 메뉴에 대한 상식을 가지고 고객의 질문에 정확히 답해야 한다.
- 컵은 세팅 시 이물질이나 이가 나간 컵이 세팅되지 않도록 주의한다.

주문 받는 상황

- 주문을 받고 전표를 작성 시 고객에게 재촉하는 인상을 주지 않도록 하여야 한다.
- 고객이 메뉴 선택을 하였다고 판단되면 다가서서 "주문 도와드리겠습니다"라고 말하고 주문을 받아야 한다.
- 품절 및 문제가 되는 제품이 없는지는 확인해야 하며 대신 권유할 메뉴를 기억하여 두어야 한다.
- 주문을 받은 후에는 "주문하신 메뉴, 확인해 드리겠습니다"라고 말하고 고객과 눈을 맞추고 반드시 고객에게 주문 내용을 정확히 복창하여야 한다.
- 주문을 받을 시 "음료나 술은 필요하지 않으십니까?"라고 말하며 음료나 주류의 추가 주문을 유도하여야 한다.
- 추천 메뉴 권유 시는 무조건 비싸거나 간편한 음식을 권유하여서는 안 되며 고객의 입장을 고려한 올바른 메뉴를 추천하여야 한다.
- 잘못된 주문이라고 판단될 시 고객에게 메뉴에 대한 자세한 정보를 제공하여 불필요한 불만을 없애도록 한다.
- 주방 전달 시 고객의 특별한 요청은 가능한 부분을 확인하여 정확히 전달하여야 한다.

메뉴 예비 세팅 상황

- 홀 직원은 음식을 주문 받고 나서, 5분 안에 기본적인 찬류와 주류를 세팅하여야 한다.
- "잠시만 실례하겠습니다. 반찬 준비해 드리겠습니다"라고 말하며 음식을 세팅한다.
- 음식이 나오면 우선 그릇 주변이 깨끗한지, 이물질은 없는지 등을 점검하여야 한다.

- 그릇을 테이블에 올릴 때에는 큰 소리가 나지 않도록 하며, 정해진 위치에 정확히 두어야 한다.
- 다른 테이블의 고객과 순서가 바뀌지 않도록 주의해야 한다.
- 고객이 주문한 음식이 제대로 나왔는지 확인하고 제공하여야 한다.
- 음식을 제공할 때에는 음식물에 손이 닿지 않도록 한다.
- 음식을 제공한 후에는 "더 필요한 것은 없으십니까?", "감사합니다. 맛있게 드세요"라고 말하며 고객 테이블에서 물러난다.

메뉴의 제공 상황

- 고객에게 찬류를 제공한 후 메인 메뉴는 15분 안에 제공하여야 한다. 메뉴에 따라 그 차이는 있겠지만 15분이 경과하게 되면 고객은 자신에 대한 무관심에 대한 불안감을 갖게 되기 때문이다. 시간이 오래 걸리는 메뉴라면 주문을 받을 때에 조리시간을 알려 고객의 불안감을 없애야 하며, 주방의 문제로 메뉴가 예정된 시간보다 늦을 경우에는 고객에게 상황을 알리고 메뉴 제공시간에 대한 공지가 있어야 한다.
- 음식이 나오면 우선 그릇 주변이 깨끗한지, 이물질은 없는지 등을 점검한다.
- 다른 테이블의 고객과 순서가 바뀌어 제공해서는 안 된다.
- 고객이 주문한 음식이 제대로 나왔는지 확인하고 "잠시 실례하겠습니다. 주문하신 메뉴 나왔습니다"라고 말하며 제공하여야 한다.
- 음식을 제공할 시에는 음식물에 손이 닿지 않도록 한다.
- 코스로 제공되는 메뉴의 경우 메뉴의 이름과 순서에 대해서 정확히 설명해야 한다.
- 코스 메뉴가 모두 나왔을 경우 주문한 것이 모두 나왔다는 것을 알려야 한다.
- 음식을 제공할 때마다 "감사합니다. 맛있게 드세요"라고 말하며 고객에게 인사를 한다.
- 고객에게 더 필요한 것은 없는지 물어보며 필요한 것이 있으면 확인하여 제공한다.
- 테이블에서 물러날 때에는 간단한 눈인사를 한다.

중간 서비스 상황

- 고객이 식사를 하는 중간에 지속적으로 테이블을 방문하여 고객의 만족도 및 필요사항에 대하여 확인하고 제공한다.

- 고객이 직원을 호출하여 필요함을 호소하기 전에 다가서는 것이 고객의 만족도를 올릴 수 있다는 것을 알아야 한다.
- 홀 직원은 항상 고객의 행동에 주의하여 고객의 필요한 것, 부족한 것이 없는지 확인하여 서비스를 제공한다.
- 다 드신 그릇은 고객에게 "빈그릇은 치워 드릴까요?"라고 동의를 구하여 치우거나 리필 가능한 것이라면 고객에게 필요 여부를 물어 리필해 주어야 한다.
- 접객 시에는 항상 "잠시 실례하겠습니다", "감사합니다. 맛있게 드세요" 등의 접객 용어를 사용한다.

계산 상황

- 계산은 항상 정확하게 이루어져야 하며 만족도에 대한 체크를 한다.
- 계산을 할 때에는 "감사합니다. 오늘 식사는 맛있게 하셨습니까?"라고 말하며, 고객에게 드신 메뉴와 합계 금액을 정확히 알려 주어야 한다. "오늘 드신 메뉴는 (　　　), (　　　) 맞으십니까?"라고 말한다.
- 고객에게 계산 방법에 대해서 물어보아야 하며, 현금일 경우 현금영수증의 발행 여부를 물어보아야 한다. "계산은 현금, 카드 어느 것으로 하시겠습니까?"
- 서비스권, 할인권 등 쿠폰을 사용하는 경우 사용 혜택에 대해서 다시금 확인하여 합계금액을 알려주어야 한다.
- 현금으로 받을 시에는 받은 금액을 정확히 고객에게 알려야 한다. 예를 들어, "고객님, 000만 원 받았습니다"
- 카드 결제 시는 "카드 받았습니다. 서명 부탁드립니다"라는 용어를 사용한다.
- 잔돈은 항상 넉넉히 보관하여 부족한 일이 없도록 하며 되도록 깨끗한 신권을 준비하는 것이 좋다.
- 마지막으로 "영수증 여기 있습니다", "영수증과 잔돈 000원 여기 있습니다"라고 말하며 항상 감사를 표현하여야 한다.
- 고객과 이야기할 때에는 신뢰감을 줄 수 있도록 눈을 맞추고 이야기해야 한다.
- 식사에 대해 불만족하시는 고객에 대해서는 "말씀해 주셔서 감사합니다. 오늘 식사가 만족스럽지 못하여 죄송합니다. 오늘 말씀해 주신 내용은 꼭 담당자에게 전달하여 개선하도록 하겠습니다"라고 말하여 고객에게 꼭 시정할 것을 약속드리는 표현을 하여야 한다.

고객 배웅 상황

- 고객의 배웅은 고객 접객의 마지막 단계로 계산과 연결되어 중요한 역할을 한다.
- 모든 직원은 나가는 고객에게 감사의 표현으로 "감사합니다. 안녕히 가십시오"라고 말하며, 재방문을 유도하는 말로 "다음에 또 뵙겠습니다"라고 말한다.
- 허리는 30°가량 숙여 인사합니다.
- 불만족 고객이라면 더욱 정중하게 인사해야 한다.

테이블 마무리 및 세팅 상황

- 고객의 동작에 주의하여 식사가 완전히 끝난 것으로 확인된 후 식기를 치워야 한다.
- 식사를 마친 고객이 디저트와 함께 대화하고 있다면, 고객의 의사를 물어 빈 그릇을 치우는 편이 좋다. 다만 고객으로 하여금 빨리 나가라고 하는 것처럼 느끼게 해서는 안 된다.
- 고객이 나가신 후에는 다음 고객을 위해 최대한 빠르게 테이블을 정리하여야 한다.
- 고객이 드신 후 남은 음식은 한 곳에 모아 음식을 재사용을 하지 않는다는 것을 보여주어야 한다.
- 식기를 치울 시에는 가능하면 카트를 사용하여 동선을 줄이도록 한다.
- 테이블은 위생제를 사용하여 위생적으로 닦아낸다.
- 테이블에 세팅되어 있는 냅킨, 수저 등의 양을 확인하여 부족하지 않도록 채워 두어야 한다.
- 테이블, 의자, 방석 등에 이물질이 묻었는지 확인 후 깨끗하면 정리하여 제자리에 두어야 한다.
- 정리가 끝나지 않은 좌석에는 고객을 절대 앉혀서는 안 된다.
- 분실물이 발생하였을 경우에는 고객의 위치를 확인하고 나가신 경우에는 계산대에 습득일자, 시간 등을 기록하여 임시로 보관하고 마감 후 정해진 곳에 보관한다.

전화 응대 상황

- 전화는 가능한 벨이 세 번 울리기 전에 받아야 하며 "감사합니다. ㅇㅇㅇ입니다."라고 말한다.

- 세 번 이상 울려 늦게 전화를 받았다면 늦은 것에 대한 사과를 하여야 한다. "늦게 받아 죄송합니다. ○○○입니다"라고 말한다.
- 목소리는 또박또박 명료하게 말하며 전화 받을 시에 자세도 바르게 하여야 한다.
- 전화기 주변에는 메모를 위한 메모지와 예약고객을 위한 예약노트를 필기구와 함께 준비한다.
- 예약 전화라면 성함(단체명), 날짜, 인원수, 연락처, 메뉴, 원하는 자리 등을 필히 확인하여야 한다. 실제 예약할 필요가 없는 시간대라 하더라도 예약전화는 친절히 응대하여 예약을 받도록 해야 한다.
- 경영자는 점포의 위치를 명확하게 알릴 수 있는 멘트를 준비하여야 한다. "지하철 ○○역 ○번 출구로 나와 ○○방향으로 ○○미터 가량 오시면 오른편에 위치해 있습니다" 자가용 이용고객에게는 주차장의 위치를 명확히 알려야 한다.
- 전화를 끊을 시에는 "전화해 주셔서 감사합니다. 좋은 하루 되십시오"라고 상냥하고 밝은 음성으로 인사하여야 한다.

주차장에서의 접객 상황

- 주차장은 고객 방문의 첫 단계이자 마무리 단계이므로 항상 친절한 서비스를 제공하여야 한다.
- 입구를 통해 들어오는 차량에게는 먼저 방문에 대한 감사의 인사를 하여야 한다. "안녕하세요. 어서 오세요"라고 한다.
- 입차 차량에게는 "이쪽으로 주차하십시오"라고 말하고 수신호로 서행 운전을 지시하고 주차시킬 수 있는 위치와 경로를 정확히 알려주어야 한다.
- 주차가 완료되고 시동이 꺼지는 것을 확인한 후 "감사합니다. 어서오세요"라고 방문해 주신 것에 대한 감사의 인사를 드려야 한다.
- 주차장은 기본적으로 고객과의 의사소통이 어려운 관계로 큰소리와 수신호로 고객과 소통하여야 한다.
- 주차 차량의 키를 보관하여야 한다면 고객으로 하여금 안전하게 보관하고 있다는 것을 알려야 한다.
- 주차가 완료된 고객에게는 "입구는 이쪽입니다"라고 매장 입구의 위치를 안내하며 "즐거운 시간되세요"라고 말한다.
- 식사를 마치시고 나가는 고객에게는 먼저 "감사합니다. 식사는 맛있게 하셨나요?"

라고 물어보아야 한다.

- 차량 열쇠를 맡긴 고객이라면 "고객님 차량 번호를 무엇인지요?"라고 물어 차량열쇠를 찾아드리고 안전하게 운행할 수 있도록 안내하여야 한다.
- 나가는 차량과 고객에게는 "감사합니다. 안녕하가세요. 또 뵙겠습니다"라고 말하여 재방문을 유도하여야 한다.
- 주차장은 항상 깨끗한 상태를 유지할 수 있도록 하여야 하며, 주차 담당자는 항상 깨끗한 유니폼과 함께 밝은 인상을 주도록 한다.

서비스 불만 고객 응대 상황

매장에서 아무리 고객만족을 위해서 서비스를 제공한다고 하더라도 불만 고객의 발생은 사전에 예방하기는 매우 어려운 일이다. 요즘의 고객은 다양한 취향과 요구 사항을 가지고 있기 때문에 이를 만족시키는 것이 무척 어려운 일이다. 또한 아무리 주의를 기울여 근무하더라도 실수는 발생하기 때문이다. 하지만 고객의 불만사항은 단순한 불만사항 또는 자사에 부정적인 요소로만 생각해서는 안된다. 고객이 말씀해 주는 불만사항은 우리 회사의 발전을 위해서 소중하게 쓰이게 될 정보임을 알고 불만사항을 말씀해 주신 고객에게 감사하는 마음을 가지고 있어야 한다.

고객의 불만사항을 고객의 입장에서 생각하는 우리 회사의 이미지를 알 수 있으며 불만사항을 해결하는 과정에서 이미지를 향상시킬 수도 있기 때문이다.

직원의 서비스에 불만족을 느끼는 고객이 발생하였을 경우에는 다음의 단계에 따라 문제를 해결하여야 한다. 불만족을 느낀 고객이라 할지라도 적절한 고객 응대를 통하여 만족감을 느낄 수 있도록 서비스를 제공할 경우 충성도가 높은 고객을 창출할 수도 있으며, 이러한 고객의 다양한 불만사항을 통하여 외식기업은 서비스의 품질을 향상시킬 수 있는 방안을 모색하거나 새로운 고객의 욕구를 파악하여 새로운 틈새시장을 발견할 수도 있다. 고객의 욕구는 계속해서 변화하며 이러한 변화의 욕구가 서비스 불만족의 형태로 표현될 수 있기 때문에 외식기업의 관리자는 이러한 고객의 변화에 항상 주의를 기울여야 한다.

불만 고객을 처음 접하는 서비스 직원은 불만 고객의 다소 격양된 감정을 추슬러야 하기 때문에 제일 먼저 자신의 감정을 추슬러야 한다. 고객이 보이지 않도록 심호흡을 하거나 마인드 컨트롤을 통하여 자신의 감정을 다스린 후 안정된 마음으로 고객을 접대하여야 한다.

두 번째 단계로는 불만 고객의 말을 주의 깊게 들어 주며, 주의 깊게 듣고 있다는 의미로 고객의 말을 반복하거나 고객의 말을 정리하거나 고객의 감정을 반영하는 감탄사를 곁들이는 등 고객과 공감하고 있음을 보여주어야 한다. 반대로 웃거나 고객을 외면하면서 중얼거리는 행동, 다른 직원에게 책임을 넘기는 행동은 고객에게 신뢰감을 잃을 수 있으므로 주의하여야 한다. 고객과의 공감대를 형성하여 접객하고 있는 직원이 적이 아니라 불만사항을 해결해 줄 수 있는 동지라는 느낌을 가질 수 있도록 하는 것이 중요하다.

세 번째 단계로는 고객의 불만족한 사항에 대한 사실을 인정하여야 한다. 이 경우 절대 회사의 규정, 고객의 무지, 담당자를 언급하는 행위는 고객으로 하여금 더 큰 불만을 가지고 되므로 고객의 기분이 상한 것에 대한 책임을 공감하는 말을 하여야 한다. 설령 고객의 불만사항이 회사의 규정에 어긋나는 것을 요구하는 것이라도 회사의 규정을 알려 고객의 잘못을 알려드리는 것보다는 사전에 고객에게 회사의 규정을 알리지 못해 발생한 상황에 대한 사과를 하여야 한다.

네 번째 단계는 고객에게 불편함을 제공한 것에 대한 사실을 인정한 후에는 정확한 상황 판단을 위한 진상조사를 하여야 한다. 고객에게 정확한 상황에 대해서 물어보아야 빠른 문제해결을 모색하여야 한다. 이때 고객을 심문하거나 믿지 못하겠다는 느낌을 주지 않도록 주의하여야 한다.

다섯 번째 단계로 진상 조사가 되었다면 고객의 불만사항을 해결할 수 있는 해결책을 고객에게 제시하여야 한다. 만일 해결할 수 있는 권한이 없는 직원이라면

TIP

고객 불평사항 Best 8

1. 일관성이 없고 때를 놓치는 흐름
2. 음식의 질이 떨어지고 음식의 온도가 부적당한 경우
3. 낙후된 위생과 지저분한 편의 시설
4. 친절하지 않고 음식에 대한 지식이 부족한 직원
5. 자리를 잡고 식사하고 계산하는 데 시간이 오래 걸리는 경우
6. 식기류 및 서비스 용품과 용구 · 비품이 청결하지 않은 경우
7. 분위기와 장식의 특색이 결여되는 경우
8. 주차장과의 접근성, 위치의 불편함을 느끼는 경우

고객 접대 시 발생되는 문제 예방법

1. 고객을 무시하지 말 것
2. 지체하는 고객들에게 눈치를 주어 몰아내지 말 것
3. 아무런 사전 얘기도 없이 고객을 기다리게 하지 말 것
4. 수준 이하의 음식을 서비스하지 말 것
5. 치우지 않은 테이블에 고객을 안내하지 말 것
6. 식당의 어느 곳도 비위생적인 환경을 허용하지 말 것
7. 고객에게 무관심하거나 무례하게 행동하지 말 것

책임자를 불러 신속한 문제해결을 할 수 있도록 한다.

여섯 번째 단계로 고객의 불만이 해결된 후 또 다른 불편한 점이나 고객으로 하여금 저희가 모르는 고객의 욕구를 알게 되었다는 점에서 감사인사를 드리면서 고객과의 관계를 긍정적으로 마무리하여야 한다.

일곱 번째 단계로 외식기업 내부적으로 재발방지책 수립하여야 한다. 고객의 불만사항이 지속적으로 발생되는 상황에 대해서는 사내 이슈화를 하여 예방책을 강구하여 재발되지 않도록 하여 이를 매뉴얼화하는 것이 필요하다.

1단계 : 감정 다스리기

2단계 : 공감적 경청

3단계 : 사실 인정

4단계 : 진상 조사

5단계 : 신속한 문제해결

6단계 : 긍정적 마무리

7단계 : 재발방지책 수립

8단계 : 악용고객에 대한 대책 수립

불만 고객 응대 절차

마지막 단계로 악용고객에 대한 응대 방안을 모색하여야 한다. 고객 중 불만상황을 고의로 연출하여 이익을 얻으려하는 고객을 악용고객 또는 불량고객이라고 하는데 이러한 악용 고객에 대한 정의와 행동지침은 관리자에 의해서 이루어지면 일반 직원들은 모든 고객들에게 동일한 서비스를 제공할 수 있어야 한다.

2. 레스토랑 메뉴 평가의 이해

메뉴(menu)라는 용어는 실제 현장이나 관련 도서 등에서 두 가지 의미가 혼용되어 사용되는 것이 현실이다. 레스토랑에서 취급하는 음식(아이템)을 의미하는 경우가 있고 레스토랑에서 취급하는 음식(아이템)의 리스트인 메뉴북을 칭하는 경우도 있다. 지금 우리가 다룰 메뉴의 품질 평가는 음식의 품질을 뜻하는 경우가 주 대상이므로 메뉴라는 용어는 메뉴북이 아닌 음식을 뜻하는 것으로 이해하기 바란다. 물론 미스터리 쇼핑의 평가대상에 물리적 환경 요소에 메뉴북도 포함되어 있다.

1) 메뉴경영

외식기업이나 레스토랑에서 메뉴는 매우 중요한 의미를 갖는다. 고객이 외식업체를 방문하는 근본적인 이유는 메뉴이기 때문이다. 또한 외식창업 시 사업가들은 메뉴를 먼저 선택하는 경우가 많다. 메뉴는 외식업체의 주 상품으로서 외식업체를 대표하는 얼굴과 같으며, 외식업체를 구성하는 콘셉트는 메뉴로부터 표현되기도 한다. 특히 메뉴의 선택은 목표고객과 수익성의 선택이라는 사실도 메뉴의 중요성을 보여주는 사례이다.

이와 같은 이유로 외식기업에서는 메뉴 부문을 별도로 관리하는 것이 필요하다. 일반적으로 메뉴경영으로 불리는 이 과정은 다음 그림과 같다.

메뉴경영의 프로세스에서 메뉴평가 부문이 있음을 알 수 있다. 개발을 중심으로 한 프로세스에서는 메뉴의 평가가 메뉴계획 및 개발 단계 다음에 위치하지만 개발이 완료된 메뉴의 품질 평가는 상시적으로 이루어지는 것이 올바른 고객만족경영의 수단임에 틀림없다.

메뉴평가와 구별되는 메뉴분석은 메뉴계획, 메뉴개발, 메뉴판매가 모두 이루

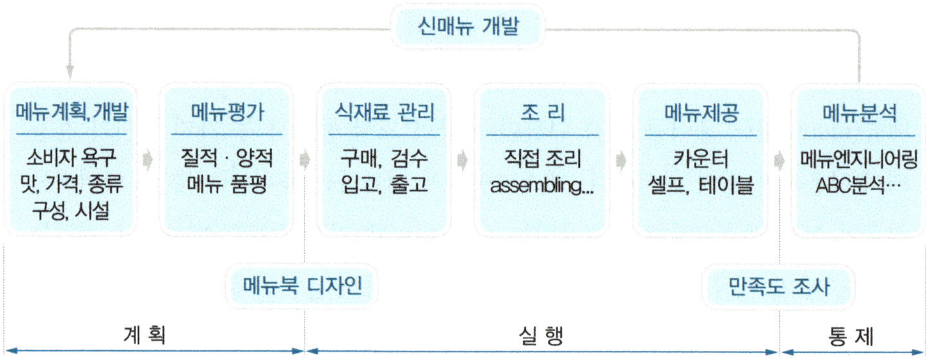

메뉴경영 프로세스

어진 후 사후적으로 메뉴의 만족도와 수익성 등을 평가하는 사후적 개념의 객관적 평가를 의미한다. 특히 중요하게 고려하여야 할 고객만족도의 경우에도 판매량이라는 2차적인 자료에 의존하여 판단할 수밖에 없기 때문에 실제 소비자의 만족도에 대한 조사가 필요하다.

이에 반하여 메뉴평가는 메뉴계획, 메뉴개발이 이루어진 후 메뉴판매 이전에 선호도, 맛, 수용가격 등을 평가하는 사전적 개념의 주관적 평가로 개념화될 수 있다.

2) 메뉴 품질 평가

미스터리 쇼핑에서의 메뉴평가는 고객에게 제공되기 전에 이루어지는 메뉴평가에 대한 확장된 개념으로 이해할 수 있다. 즉, 고객만족도를 유지, 향상시키기 위해서 품질을 평가하는 것으로 평가자가 누구냐에 따라서 외부평가와 내부평가로 구분되는데, 외부평가는 전문가집단에 의한 평가와 소비자집단의 평가로 나누어 실시할 수 있다. 미스터리 쇼핑에 의한 평가는 전문가집단에 의한 외부평가로 구분되며 평가의 시점 또한 계획단계가 아닌 실행단계의 평가 형태로 고객만족도에 대한 직접적인 자료를 수집하는 방식이다. 외식업체 내부적인 평가는 가격수준의 평가와 조리 및 서비스의 편의성 평가가 있는데, 가격수준의 평가는 낮은 가격과 높은 가격대의 상품은 최소, 적정가격대의 상품은 최대가 되도록 가격대 구성이 산 모양이 되는가를 평가하는 것이다.

기본적으로 메뉴의 품질 평가는 고객의 인지 정도를 측정하는 것으로 매우 주관적인 개념이다. 따라서 학자들 간의 메뉴 품질 평가에 대한 차원도 매우 다양하게 제시되고 있다. 예를 들면 브라운 등은 위생, 영양, 자연적 풍미를 품질의 평가 요인으로 보았으며, 모나(Monar)는 감각적 · 영양학적 요인, 편리성, 위생 요인 등으로 보았다.

메뉴의 품질 모델

구분	내용
위생 요인	음식의 신선도, 음식의 청결성, 식기의 청결성 등
감각적 요인	맛, 온도, 양, 외관, 색, 냄새 등
영양학적 요인	음식의 영양 성분, 식용유 사용량, 조미료 사용량 등
편리성	먹기 쉬운 정도, 제공된 정보량, 음식을 기다리는 시간 등

외식기업이 메뉴의 품질을 높이는 것은 시장에서의 경쟁우위를 확보하기 위한 기본적 전략이다. 외식기업이 고객만족을 달성하기 위한 노력의 일환으로서 지속적인 메뉴 개발 및 품질관리에 주력하는 것은 곧 차별화의 수단이기 때문이다. 종종 외식기업이나 레스토랑에서 수익성의 개선을 위한 메뉴분석에만 주력하는 경우를 발견하게 되는데 고객만족을 위해서는 메뉴평가를 위한 투자가 우선되어야 할 것이다.

3) 메뉴평가 요소

메뉴평가는 고객이 구매한 메뉴를 소비하면서 만족감을 느끼는 요소와 불만족을 느끼는 요소가 무엇인지 알아내기 위한 방법으로 사람의 감각과 심리적 작용을 사용하여 평가하여야 한다. 앞서 언급한 대로 메뉴의 품질을 평가하는 요소로 많이 사용되고 있는 감각적인 요인, 위생적인 요인, 영양적인 요인, 편리성으로 생각할 수 있다. 미스터리 쇼핑의 평가대상으로서의 메뉴는 여기에서 감각적인 요인에 대한 것이 주된 평가의 대상이라 말할 수 있으며 다른 요인들은 위생 및 청결, 서비스 평가 대상에 포함되어 평가될 수 있다.

개념 정리

메뉴평가 항목

제공된 음식은 맛있게 조리되었는가?
제공된 음식 중 뜨거운 메뉴는 뜨겁게, 차가운 메뉴는 차갑게 제공되었는가?
제공된 음식의 신선해 보였는가?
제공된 음식의 양은 적당하였는가?
제공된 음식의 색감은 선명하였는가?
제공된 음식은 접시에 먹음직스럽게 담았는가?
제공된 음식이 담긴 그릇은 음식과 조화가 이루어졌는가?

3. 레스토랑 위생 및 청결의 이해

경제 성장과 외식산업의 발달로 고객들은 외식업소를 찾을 때에는 많은 것을 기대한다. 따라서 외식업체는 맛있는 음식, 친절한 서비스, 분위기 있는 물리적 환경, 청결과 위생을 고객에게 제공하여야 한다. 그러므로 외식업체의 경영자는 체계적이고 합리적인 방법으로 신선하고 안전한 식재료를 구입하여 맛있는 메뉴를 만들고 친절한 접객 서비스를 실시하여 품위가 있고 수준 높은 서비스를 제공할 때 성공할 수 있을 것이다. 요즘 고객들은 음식의 안전성에 매우 큰 관심을 가지고 있기 때문에 고객의 기대에 부응하기 위해서는 위생적이며 안전한 음식을 제공한다는 인식을 주는 것이 매우 중요하다. 물론 많은 경영자들은 안전한 음식을 고객에게 제공하기 위하여 많은 노력을 하고 있지만 관리 체계의 미흡과 전문 인력의 부족으로 체계적이고 합리적인 위생적인 처리기준을 세우지 못하고 있다.

1) 위생의 의의

위생(sanitation)이란 건강을 뜻하는 라틴어 'sanitas'에서 유래된 말로 건강한 상태를 조성하고 유지하는 것을 말한다. 식품 위생은 식품에 의해서 발생되는 건강상의 위해를 방지하는 일이다. 세계보건기구(WHO)는 "식품위생이란 식품의 재배, 생산, 제조로부터 최종적으로 사람에게 섭취될 때까지의 모든 단계에서 식품의 안전성, 건전성, 악화방지를 확보하기 위한 모든 수단"이라고 정의하고 있으며, 우리나라 「식품위생법」에서는 식품, 첨가물, 기구 또는 용기, 포장을 대상으로 하는 음식물에 관한 위생을 말한다.

이러한 식품위생은 식품으로 인한 위생상의 위해를 방지하고 식품 · 영양의 질적 향상을 도모함으로써 국민보건의 향상과 증진에 기여함을 목적으로 한다. 식품의 위생적인 관리를 위해서는 생산과정에서부터 소비에 이르는 다양하고 복잡한 과정에서 식품의 안전성을 위협할 수 있는 요인들을 파악하여 이에 대응하는 적절한 관리 대책을 수립하여야 한다. 식품의 위생관리가 부주의할 때 식중독이 발생할 수 있으며 식중독은 영업 및 이미지 손실도 크기 때문에 식중독에 대한 예방과 교육을 철저히 받아야 한다. 식중독은 인체에 유해한 미생물(세균, 바이러스) 또는 유독물질(자연독, 화학적 유해물질)에 오염된 식품을 섭취하고 발생하였거나 발생한 것으로 판단되는 감염성 또는 독소형 질환으로 섭취 후 몇 시간 또는 며칠 이내에 구토, 설사, 복통, 발열 등의 증상이 나타난다. 최근에는 사람과 사람 간의 2차 감염을 일으키는 바이러스 식중독이 증가하고 있어 여름철뿐만 아니라 겨울철에도 지속적으로 식중독이 발생하고 있다. 우리나라의 경우 연간 1만여 명 수준의 식중독 환자가 발생하고 있으며, 보고되지 않은 식중독까지 포함하면 식중독으로 인한 사회 · 경제적 손실 비용이 연간 1조 3천억 원에 이르는 것으로 알려져 있다.

개념 정리

식품위생의 정의

우리나라 「식품위생법」에서는 식품위생을 "식품, 첨가물, 기구 및 용기와 포장을 대상으로 하는 음식물에 관한 위생"이라고 정의한다. 식품위생의 목적은 식품으로 인한 각종 위해를 방지하고 식품영양의 질적 향상을 꾀하기 위하여 식품 그 자체의 변질, 오염, 유해, 유독, 물질의 혼입 등을 방지하고 식품의 제조, 가공, 저장, 유통과 소비에 이르기까지의 전 과정을 위생적으로 확보하기 위하여 음식물과 관련이 있는 첨가물, 기구, 용기와 포장에 대해서도 비위생적인 요소를 제거하는 데 있다.

2) 외식업체의 위생관리 범위

외식업체의 철저한 위생관리를 위해서는 다음의 세 가지를 집중적으로 관리하여야 한다.

종사원

안전한 음식물의 가장 위험한 장애물은 사람이다. 음식물을 관리하는 사람 개개인의 위생관념과 개인의 청결이 선행되지 않는다면 제공하는 음식은 오염 가능성이 높아진다. 그러므로 위생은 종사원의 가장 기본적인 실천사항이라 할 수 있다. 따라서 종사자에게 체계적인 위생교육을 실시하며 항상 관리하여야 한다. 종사원과 관리자들에게 청결에 대한 좋은 개인위생 습관을 위해서는 반드시 기준과 규정, 그리고 절차를 만들어 시행하여야 한다. 또한 종사원들이 규정과 절차를 준수할 수 있도록 시설과 장비를 마련해야 한다. 위생적인 음식물의 제공을 위해서는 종사원들은 다음의 개인위생을 준수하기 위해 노력하여야 한다.

식재료

외식업체에 공급되는 식자재들은 모두 안전하게 사용할 수 있는 것은 아니다. 모든 식자재들은 생산단계에서 고객이 섭취하는 단계에 이르기까지 모든 단계에서 세균에 의해 오염될 수 있기 때문에 단계별로 체계적인 관리가 필요하다. 식자재의 품질과 안전성은 외식업체에 있어서 매우 중요한 요소이다. 맛이 변질된 음식이나 건조된 음식물, 오래되어 신선해 보이지 않은 음식물은 고객에게 만족을 줄 수 없다. 식자재에 대한 위생관리를 위해서는 구매, 검수, 보관, 완성음식의 서브 단계별로 특별한 관리를 하여야 한다. 특히 준비된 음식물의 보관 및 냉각, 재가열의 단계에서 오염될 수 있으므로 주의하여야 한다.

시설과 장비

외식업체의 설비는 안전하고 위생적으로 운영될 수 있도록 설계해야 한다. 청소하기 어려운 곳, 고장난 장비나 식품이 많이 저장된 냉장고, 비위생적인 환경, 해충들이 생길 수 있는 상황은 비위생적이므로 고쳐야 한다. 또한 모든 주방설비, 벽, 마루, 천장, 작업표면은 물로 씻을 수 있는 재료로 만들어야 한다. 외식업체에서는 장비, 식탁용기 그리고 시설 청소에 필요한 도구와 적절한 브러쉬류, 청소세제 및 화학소독제를 선택하고, 청소의 방법과 소독상황을 매일 점검하여 실행할 수 있도록 하여야 한다.

일반적으로 외식업체의 시설은 「식품위생법」에 따라 규정하고 있다. 창업자는 위생에 필요한 조건을 건축가나 실내장식가 또는 공사업자를 상대로 위생법규에 적합한 기준이 설계도와 조건에 맞는가를 먼저 검토하여야 한다.

3) 종사원의 위생관리

공교롭게도 식중독의 원인은 사람이며 피해자 역시 사람이다. 음식이 외식업체에 도착하여 고객에게 제공되기까지 종사원들은 음식을 다루는 모든 단계에서 음식물을 오염시킬 수 있다. 따라서 종사원은 교육과 관리를 통하여 위생적인 음식물을 제공할 수 있어야 한다. 또한 위생관리자는 모든 종사원들로 하여금 위생과 안전에 대한 요구사항을 규정하여 지킬 수 있도록 하여야 한다. 위생에 관련된 사항은 우선순위 없이 똑같이 중요하게 생각하여야 한다.

두발

종사원의 머리는 항상 단정하여야 하며 긴 머리의 경우는 머리망을 사용하여 머리카락이 음식물에 혼입되지 않도록 주의하여야 한다. 또한 조리사의 경우에는 위생모를 착용하여 머리카락이 바깥으로 나오지 않도록 한다. 종사자의 머리를 머리망이나 위생모를 이용하지 않으면 머리카락을 자유롭게 만질 수 있어 손에 의한 교차오염도 발생될 수 있다. 홀 직원의 경우에도 단정한 머리의 유지가 필요사항으로 평가되어야 한다. 홀 직원에 의해 음식에 머리카락 등의 이물질이 들어가는 경우가 발생할 수도 있기 때문이다. 또한 홀 직원은 조리사보다 고객에게 노출빈도가 높기 때문에 단정한 두발의 관리가 필요하다.

손톱

외식업체의 종사자의 손톱은 항상 짧고 청결하게 관리되어야 한다. 손톱은 세균이 살 수 있는 공간이며 고객들에게 제공될 음식과 접촉하여 교차오염이 될 수 있기 때문에 주의하여야 한다. 매니큐어나 광택제, 인조손톱을 사용해서는 안 된다. 이는 화학성분에 의한 음식물을 오염과 떨어지거나 벗겨져서 음식물에 혼입되는 경우 음식물을 오염시킬 수 있기 때문에 하지 말아야 한다.

상 처

치료되지 않은 상처는 병을 유발하는 박테리아에 의해 감염이 예상되기 때문에 염증이나 상처가 있는 종사원의 경우는 음식물과 접촉하는 직무에서 배제되어야 한다. 조리사의 경우에는 밴드 등을 이용하여 상처를 차단하고 고무 소재의 골무, 라텍스 소재의 장갑 등을 착용하여 음식물과의 접촉을 막아야 하며, 홀 직원의 경우에도 밴드 등을 이용하여 상처를 차단하여 고객에게 혐오감을 주지 않도록 주의하여야 한다. 상처 부위가 커서 상처 부위를 가리지 못하거나 붕대 등에 의해 처리된 부위가 고객에게 혐오감을 제공할 수 있다면 서빙 외의 다른 업무에 투입되어야 한다.

유니폼

종사원의 유니폼은 항상 청결하게 유지해야 한다. 더러운 작업복은 병을 유발하는 미생물이 감염되어 있을 확률이 높기 때문에 교차오염의 위험이 있다. 또한 작업복과 외출복은 구분되어야 하며 종사자가 옷을 갈아입고 소지품을 보관할 수 있는 장소를 제공하여야 한다. 조리사의 경우 조리 시 익히지 않은 육류나 가금류, 어패류, 계란 등을 취급할 때에는 음식물로부터 앞치마가 오염되어 교차오염이 일어날 수 있으므로 전용 앞치마를 착용하는 것이 위생적이다. 홀 직원의 경우에도 항상 깨끗한 유니폼의 상태를 유지하여야 한다. 조리사에 비해 유니폼의 오염 정도가 심하지는 않겠지만 외관상 청결해 보일 수 있도록 구겨짐 없이 잘 다림질하여 착용하며 명찰, 필기도구 등을 소진한 경우에도 청결한 이미지를 줄 수 있도록 한다.

장신구

시계, 팔찌, 반지 등의 장신구는 더러운 것이 잘 묻어 청결하게 관리하는 것이 어렵기 때문에 착용하지 않는 것이 좋다. 장신구는 세균이 생존·생장하기에 매우 좋은 조건을 갖추고 있어 외식업 종사자는 장신구를 착용해서는 안된다. 목걸이나 귀걸이의 경우에는 근무 중 이러한 장신구에 손을 만져서 교차오염이 일어나거나 장신구가 떨어져 음식물에 혼입되는 경우가 발생되기 때문에 착용해서는 안 된다.

음식물의 섭취

음식물을 조리하거나 서브하는 직원은 근무 중 음식물을 섭취하거나 흡연을 해서는 안 된다. 이는 섭취 중 자신의 타액이 손을 통하여 교차오염이 일어날 수 있기 때문이다. 담배의 경우에도 흡연 중 손으로 얼굴을 만지거나 타액이 손에 묻어 오염될 수 있기 때문에 주의하여야 한다. 재채기나 콧물 등의 경우에는 휴지 등으로 입과 코를 막아 손과 음식물, 조리장이 오염되는 것을 방지하여야 한다. 또한 음식물의 섭취나 흡연, 재채기, 콧물 등의 행동을 한 후에 조리나 음식물의 제공과 같은 업무를 진행하려면 먼저 손을 깨끗이 씻은 후 진행하여야 한다.

4) 식재료의 위생관리

식중독을 유발하는 위해요소는 질병 또는 상해를 유발하는 물리적·화학적·생물학적 위해요소를 말하며 대부분의 식중독은 생물학적 위해에 의해 유발된다.

물리적 위해요소

음식물에 포함된 유리조각, 쇳조각 등 물리적 이물을 삼켰을 경우 상해를 가져올 수도 있다. 대부분의 물리적 위해요소는 비위생적인 음식물 관리 또는 종사자의 부주의한 취급에서 비의도적으로 혼입된다. 물리적 위해로 인한 상해를 예방

물리적 위해 요소

구 분	이물의 예
동물성 이물	바퀴벌레, 곤충, 파리의 성충, 번데기, 유충, 알 및 이들의 파편, 지렁이, 머리카락(동물의 털), 기생충 및 그 알, 쥐, 뼛조각, 어류 가시 등
식물성 이물	곰팡이류, 나무조각, 지푸라기, 종이류, 씨앗 등
광물성 이물	유리조각, 쇳가루(쇳조각, 철사), 도자기 파편, 모래, 토사, 은박지 등
기타 이물	합성섬유, 비닐, 고무, 플라스틱, 벨트조각, 탄화물 등

하기 위해서는 첫째, 바로 먹을 수 있는 과일이나 채소를 씻을 경우 돌이나 포장끈 등 이물질을 제거하고 깨끗이 씻어야 한다. 둘째, 종사자의 장신구가 혼입되지 않도록 주의하여야 한다. 셋째, 조리 시 음식에 이물질이 떨어지지 않도록 조리장 주변의 정리정돈을 잘하여야 한다.

화학적 위해요소

화학물질이 음식물에 들어가 섭취하는 경우 화학적 식중독이 발생될 수 있다. 따라서 세척제, 살균 · 소독제 그리고 살충제 등의 모든 화학물질은 음식물 취급지역에서 별도로 분리하여 환풍이 잘 되는 곳에 보관하여야 한다. 만일 세척제 등 화학물질 일부를 음식물 취급장소에서 사용할 경우 혼입되지 않도록 가능한 밑부분에 보관하고 용기에는 쉽게 읽을 수 있는 화학물질명과 사용법을 표시하여야 한다.

생물학적 위해요소

사람은 일상생활에서 세균과 함께 공존하여 살아가고 있다. 일반적으로 대부분의 세균은 사람에게 유익하나 일부 세균은 식중독을 유발하기도 한다. 일반적으로 생물학적 위해를 일으키는 것으로는 기생충, 바이러스, 세균 등이 있다. 기생충의 경우는 대부분 돼지고기, 소고기 등 육류와 생선류 등에 기생하는 것을 말한다. 이는 올바른 온도로 가열하거나 냉동할 경우 사멸한다. 생물학적 위해요소 중 식중독을 일으키는 세균은 흙이나 동물, 생고기에 존재하고 이러한 세균이 많이 존재할 수 있는 식품을 잠재적 위험식품이라 한다. 마지막을 음식물을 통해 감염되는 바이러스는 비위생적인 식품 취급자로부터 전염되기 때문에 설사, 구토 또는 발열의 증상이 있는 종사자는 음식물을 취급하여서는 안된다.

5) 시설과 장비의 위생관리

음식점의 모든 시설물은 위생적이고 청결하게 관리해야 한다. 많은 고객이 음식점의 화장실을 보고 그 음식점의 위생 상태를 판단한다고 한다. 즉, 화장실이 지저분한 음식점은 왠지 모르게 비위생적일 것 같은 느낌이 들기 때문이며 그 느낌은 사실일 가능성이 매우 높다고 할 수 있다. 따라서 음식점에서의 위생 및 청결관리는 음식점이 가지고 있는 모든 물리적 시설물과 종사원의 개인위생을 모두 관리하여야 한다.

레스토랑 외부 공간

음식점의 외부 공간에 해당되는 물리적 시설물로는 매장의 간판, 주차장, 외부 유리창, 주변 환경 등이 있다. 고객들은 레스토랑의 외관을 보면 그 레스토랑에서의 경험에 대한 기대 수준이 형성될 것이며 경험 후 그에 따라 고객은 레스토랑을 선택하는 기준이 된다. 따라서 고객의 선택에 더욱 긍정적인 요인을 제공하며 고객의 만족도 향상을 위해서 외부 공간에 대한 철저한 위생관리가 필요하다. 외부 공간의 시설물의 노후 상태나 청결 및 위생 관리 상태는 고객들 레스토랑을 선택하는 중요한 요인 중의 하나이기 때문이다.

또한 외관을 위생적으로 관리하지 않으면 해충의 침입이 쉽거나 침입할 확률이 높기 때문에 위생 관리를 위해서라도 레스토랑의 외부 공간을 청결하고 위생적으로 관리하여야 한다. 이를 위해서는 외부 공간에 시설물 중에서도 외부 공간에 있는 쓰레기 처리 시설이나 음식물 쓰레기 처리 시설에 대한 관리가 이루어져야 한다. 쓰레기 처리 시설은 파리나 바퀴벌레와 같은 해충이 기생하기에 좋은 환경을 가지고 있으며 이를 통하여 내부로 침입할 수 있기 때문에 주의하여야 한다.

고객의 외식 공간의 위생관리

고객이 생각하는 레스토랑의 위생 상태는 고객의 레스토랑 입장에서부터 나갈 때까지의 모든 시설물과 종사원의 개인위생과 위생적인 마인드가 작용하겠지만 가장 많은 부분을 차지하는 판단요소로는 고객의 외식 공간에서의 위생 상태이다. 즉, 고객이 식사하면서 보이는 홀 바닥의 상태에 따라서 고객은 레스토랑의 위생 상태를 파악할 수 있을 것이다. 또한 의자와 테이블이 청결하지 못하다면 고객은 매우 비위생적인 공간에서의 식사로 기억될 것이며, 수저의 위생상태, 종사원이 사용하는 행주, 양념통, 벽면에 붙어 있는 메뉴판의 청결 상태에 따라 고객은 그 레스토랑의 위생 관리 상태를 판단하게 될 것이다. 따라서 레스토랑 관리자는 이러한 요인들을 위생적으로 관리할 수 있는 관리도구를 이용하고, 빠짐없이 관리하여야 한다.

조리 공간의 위생관리

요즘은 고객의 위생에 대한 관심으로 주방을 모두 개방하거나 최소한 일부분을 개방하는 추세이기 때문에 조리 공간에 대한 위생관리는 철저하여야 한다. 물론 고객에게 개방된 부분은 전체 중에서 일부이기는 하지만 그 일부에 의해서 전체가 평가되기 때문에 매우 신중한 주의가 필요하다. 조리 공간의 위생 관리는 식중독으로 직결되기 때문에 조리 공간에서의 위생관리는 중요하다. 더욱 위생적인 관리를 위해 조리 공간에서 조리에 사용하는 조리장비는 조리되는 식재료가 직접적으로 닿기 때문에 항상 위생적으로 유지되어야 한다. 모든 장비는 청소가

용이하여야 하며 음식물이 닿는 부분은 식품위생상 안전한 재질을 사용하여야 한다. 또한 음식물 찌꺼기나 이물질에 오염되었을 경우 도구나 장비 없이 간단하게 내부까지 청소할 수 있도록 설계되어야 한다.

그 외 공간의 위생 관리

레스토랑에서 위생관리는 외부 공간, 조리 공간, 고객의 외식 공간이외에도 화장실, 입·출입구, 계산대, 놀이방 등의 위생 관리가 이루어져야 한다. 고객이 판단하는 위생 관리란 그 레스토랑에 포함된 모든 것을 통하여 이루어지기 때문이다. 많은 여성고객은 화장실이 지저분하고 이용하기 불편한 레스토랑을 선택하거나 위생적인 레스토랑이라 생각하지 않는다. 많은 고객들은 화장실의 청결상태와 업장 주방의 청결 상태와 연결되어 생각하는 경우가 많으므로 화장실의 청소 상태는 항상 주의하여야 한다. 비위생적으로 관리되는 화장실의 경우는 고객으로 하여금 불쾌감을 줄 뿐만 아니라 세균오염의 원인으로 작용한다. 따라서 항상 화장실의 청결에 주의하며 매시간 청결 상태, 위생 필수품에 대한 비치 여부에 대한 점검을 실시하여야 한다.

또한 어린이 놀이방의 위생 상태가 불결한 곳, 계산대가 정리되지 않은 곳 등도 고객에게는 레스토랑의 위생 관리 상태를 파악할 수 있는 지표로 작용된다는 점을 인식하고 철저한 위생 관리를 하여야 한다.

4. 물리적 환경의 이해

서비스 기업에서의 고객만족은 단일차원이 아닌 다차원적인 변수들에 의하여 영향을 받는다. 일반적으로 소비자들은 구매활동에 앞서 제품이나 서비스에 대한 정보적 단서를 찾으려고 노력한다. 즉, 이러한 정보탐색과정에서 소비자들이 겪는 애로사항은 서비스의 무형성에 기인한다. 서비스의 구매는 제품의 구매와 달리 구매 전에 정보를 파악하기 곤란하다는 것이다. 이러한 문제점을 극복하기 위해 소비자들은 유형성이 강한 서비스 기업의 물리적 환경을 통해 사전적으로 서비스를 평가한다.

또한 서비스의 구매 과정에서 이루어지는 평가에서도 물리적 환경은 다른 요인에 비하여 큰 영향을 미친다는 연구결과가 다수 존재한다. 따라서 물리적 환경은 서비스 평가에 영향을 미치고 이러한 평가는 곧 고객만족으로 연결된다고 볼 수 있으므로 물리적 환경의 설계 및 초기 투자 그리고 차별화 노력이 요구되는

개념 정리

레스토랑의 물리적 증거

서비스가 전달되고 서비스 기업과 고객의 상호작용이 이루어지는 환경을 말하며, 마케팅 도구의 하나로 무형적인 서비스를 전달하는 데 동원되는 모든 유형적 요소를 포함한다. 이는 서비스 상품을 차별화시켜주는 역할을 하며, 고객의 구매의사결정에 영향을 미쳐 서비스 품질에 대한 단서로서 고객의 기대와 평가에 영향을 준다. 뿐만 아니라 서비스 종사원의 태도와 생산성에 영향을 주는 유형의 요소로도 작용한다. 이러한 물리적 증거는 크게 물리적 환경과 기타 유형적 요소로 구성되며, 물리적 환경은 다시 외부 환경과 내부 환경으로 나누어 볼 수 있다. 다만, 상황에 따라서는 물리적 증거와 물리적 환경이 동의어로 쓰이기도 한다.

물리적 환경

- 외부 환경: 시설의 외형, 간판 등의 안내표지판, 주차 공간, 풍경, 주변 환경 등
- 내부 환경: 내부 장식과 벽의 색상, 가구, 장비와 시설물, 공기의 질/온도, 냄새 등

기타 유형적 요소

종사원의 외모 및 유니폼, 광고 팜플렛, 메모지, 입장 티켓, 영수증, 명함, 문구, 웹사이트, 사이버 공간 등

것이다.

물리적 환경은 고객뿐만 아니라 종사원의 서비스 인식과 행동에도 영향을 미친다. 독자들이 아르바이트를 한 경험이 있다면 자신이 근무했던 기업의 물리적 환경이 자신의 행동에 어떠한 영향을 미쳤는지 상기해 본다면 우리는 쉽게 물리적 환경이 종사원의 인식과 행동에 어떠한 영향을 미치고 있는지 상상할 수 있을 것이다.

이와 같이 고객 및 종사원의 긍정적인 태도와 행동을 유발하는 데 필요한 물리적 환경은 서비스 경영 분야에서 다양한 용어로 표현되고 있다. 예를 들면, '분위기', '유형재', '증거', '서비스 스케이프', '상황', '유형적 단서' 등이 그것이며 표현이 어떻게 이루어지든 물리적 환경이 고객의 인식과 태도에 영향을 미쳐서 구매를 유발하고 결과적으로 고객만족으로 연결된다는 것에는 대부분의 학자들이 일치된 의견을 내고 있다.

현대 마케팅의 대가로 잘 알려진 필립 코틀러(P. Kotler)는 소비자들이 구매의사결정을 위하여 활용하는 환경적 단서로서 '시각, 후각, 청각, 촉각을 포함한 분위기'라는 개념을 제시한 바 있다. 그 외에 물리적 환경을 구성하는 요인에 대한 연구가 다수 이루어졌다.

물리적 환경은 고객 및 종사원의 인식과 태도 그리고 행동에 영향을 미치기 때문에 서비스 기업은 비전, 미션, 전략 수립 시 설정한 서비스 개념과 물리적 환경이 일치하도록 설계하고 시공하여야 한다. 예를 들어 셀프 서비스가 주를 이루는 기업의 경우 서비스를 제공하는 종사원을 대신하여 직관적인 디자인을 많이 활용해야 한다. 직관적인 디자인을 통해 고객이 스스로 어떻게 행동해야 하는지를 쉽게 전달할 수 있기 때문이다. 그와는 반대로 풀 서비스를 제공하는 레스토랑의 경우는 고객이 프라이버시를 존중받으면서 권위를 느낄 수 있도록 설계되어야 한다.

물리적 환경을 구성하는 요인에 대한 연구들

학 자	내 용
베이커	• 주변 환경 • 디자인 환경 • 사회적 환경
비트너	• 주변 환경(온도, 공기 상태, 소음, 음악, 향기 등) • 공간의 배치 및 기능성(설비 배치, 설비 장치, 가구 등) • 사인 · 심볼 · 조형물(도형/기호, 개인적 조형물, 장식의 스타일 등)
이유재 등	• 공간의 접근성 • 미적 매력성 • 시설물의 청결성 • 편의성

물리적 환경 속에서 고객과 종사원은 사회적 상호작용을 하게 되므로 물리적 환경의 설계 시 이를 고려할 필요가 있다. 물리적 환경에서 만족을 느끼게 되면 고객은 마음껏 즐기고 돈을 지불하려는 욕망이 생기게 되고 종사원은 지속적으로 열심히 근무하면서 기업에 남으려는 욕망이 생기므로 고객과 종사원 모두 상호 교환적인 행동을 활성화하게 된다.

물리적 환경이 인식과 태도를 통해 구매행동에 직접적인 영향을 미치기 때문에 서비스 기업은 물리적 환경의 설계에 집중하게 된다. 외식기업은 설계를 통해 만들어진 물리적 환경은 지속적으로 관리되어야 하며, 이를 위해 미스터리 쇼핑과 같은 제도를 활용할 필요가 있다. 특히 고객에게 관심을 끌기 위하여 만들어진 물리적 환경이 오히려 고객들에게 불편함을 주고 있지는 않는지 파악하기 위해 미스터리 쇼핑은 필수불가결한 관리수단임에 틀림없다.

외식기업은 1차적으로 시공된 물리적인 환경의 관리와 시간의 지남에 따라 노후되는 시설물, 고객의 이용을 고려하지 못한 시설물에 대한 지속적인 관심을 가지고 수정하여야 변화하는 고객의 욕구를 충족하여 고객만족도를 향상시킬 수 있다.

외식기업의 상품은 과거와 달리 단순한 식사 메뉴에 국한되지 않는다. 요즘의 고객들은 인적 서비스와 더불어 물리적 환경에서 느끼는 분위기와 같은 것도 외식기업에서 제공하는 상품의 일부로 인식하여 구매행동 시 고려 대상으로 작용하게 된다. 특히 레스토랑의 분위기와 경험을 강조하는 여성고객이나 트렌디한 외식문화를 즐기려는 고객층에게는 이러한 부분이 더욱 중요한 요인으로 작용한다.

Chapter 03

미스터리 쇼핑 프로그램의 실행 절차

Chapter 03

미스터리 쇼핑 프로그램의 실행 절차

1990년에 국내에서도 시행되기 시작한 미스터리 쇼핑은 요즘에 와서는 다양한 기업과 관공서를 중심으로 빠르게 확대, 시행되고 있다. 서비스 산업과 같이 고객과의 접객 관리가 중요한 산업에서는 물론 외식기업에서도 미스터리 쇼핑 프로그램의 시행은 매우 보편화되고 있다. 많은 외식기업은 미스터리 쇼핑 프로그램을 통하여 고객의 만족도를 향상하고, 고객 중심 사업의 경영 전략을 계획하기 위해 노력하고 있다. 미스터리 쇼핑 프로그램은 기업의 실행 목적에 맞게 계획, 시행하여야 하며 좋은 결과를 얻기 위해서는 올바른 절차를 따라야 한다. 미스터리 쇼핑 프로그램의 실행 절차를 살펴보면 다음과 같다.

점포 자료 수집

↓

조사의 목적 및 목표 확정

↓

점포 체크리스트의 설계

↓

미스터리 쇼퍼의 선정

↓

미스터리 쇼핑 실시

↓

쇼핑 결과에 따른 점포 평가

↓

보고서 작성

↓

고객만족도 향상을 위한 전략 수행

미스터리 쇼핑 실행 절차

1. 점포 자료 수집

미스터리 쇼핑 프로그램은 고객의 입장에서 점포 경험을 통하여 점포의 장·단점을 파악하여 고객만족도를 향상시키는 데 목적이 있다. 많은 고객들은 자신의 기대 수준과 실제 경험한 서비스 수준과의 차이를 느낄 때 만족도가 낮게 나타난다. 따라서 미스터리 쇼핑 프로그램을 설계하는 첫 번째 단계에서 점포에 대한 고객들의 기대 수준에 대한 정확한 정보의 수집이 필요하다. 점포에 대한 고객의 기대 수준은 외식기업의 매뉴얼을 참고하여 알 수 있다. 즉, 외식기업의 매뉴얼은 외식기업에서 고객에게 제공하고자 하는 상품의 표준적인 수준을 확인할 수 있으며 이를 점포 평가 시에 반영하여야 한다.

매뉴얼(manual)이란 기업을 효율적으로 운영 및 관리하기 위해 직원의 업무와 언행들을 표준화한 지침서를 말한다. 외식기업이 채택하고 사용하는 매뉴얼은 각 기업의 특성에 따라 항목에도 차이가 있고 기업에서 생각하는 업무의 중요도에도 차이를 나타내고 있다. 외식기업의 매뉴얼은 고객의 불만사항이 발생되지 않도록 직원을 교육하는 용도로 활용되기도 하며, 다점포 동일 브랜드 기업의 QSC + V(Quality, Service, Cleaniness, Value)의 지속적인 유지 전략으로 활용되고 있다.

하지만 외식기업의 매뉴얼은 직원이 지켜야 하는 최소한의 수준을 정리한 사항들로 최상의 고객 서비스를 위한 방법이 될 수 없으며, 고객의 정확한 기대 수준을 반영하기에는 부족하기 때문에 고객의 정확한 기대 수준을 파악하기 위해서는 고객 조사를 병행하는 것이 필요하다.

TIP

연구자들은 고객의 기대 수준을 해당 항목의 '중요도'로 측정한다. 고객만족과 관련된 연구에서 IPA분석(Importance-Performance Analysis)을 이용한 경우가 소비자의 기대와 만족을 비교함으로써 문제점을 찾는 과정을 보여주고 있다.

고객 조사는 점포를 이용하는 고객들이 생각하는 기대 수준을 직접 조사하는 방법으로 고객 설문조사 방법을 사용할 수 있다. 고객 설문조사는 서비스, 메뉴, 위생, 분위기가 고객의 만족도에 어떤 영향을 주는지를 조사하고, 만족도에 영향

개념 정리

점포에 대한 기본 자료 수집

① 점포 매뉴얼 분석을 통한 기업의 서비스 수준에 관한 정보 수집

② 고객 설문조사를 통한 고객 서비스 기대 수준에 관한 정보 수집

③ 사전 점포 점검을 통한 서비스 수준에 관한 정보 수집

④ 고객들에 의해 형성된 점포 이미지에 관한 정보 수집(인터넷, 점포 주변 거주자 등)

을 미치는 요인의 중요도에 따라 점검 결과에 가중치를 부여할 수 있다. 이는 미스터리 쇼핑 평가 결과를 더욱 고객의 입장에서 분석할 수 있으며, 고객만족도 향상을 위한 전략 계획 시 고객의 입장을 충분히 반영할 수 있어 한층 효과적인 전략을 계획할 수 있다.

2. 조사의 목적 및 목표 설정

외식기업은 기업의 고객만족을 위한 경영전략을 구상하고 있으며 이를 실천하고 있다. 미스터리 쇼핑 프로그램은 기업의 경영 전략에 따른 목적 달성을 위하여 도움을 줄 수 있는 프로그램이다. 미스터리 쇼핑 프로그램의 목적과 목표를 설정하는 이 단계에서는 사전 점포 자료 수집 결과를 통하여 기업의 현황을 파악하고, 기업의 방향을 제시하며, 실제로 실천할 수 있는 해결 방안이 있어야 한다. 또한 미스터리 쇼핑 프로그램이 어떤 도움을 줄 수 있는지에 대한 정확한 목적과 목표를 제시하여야 한다.

미스터리 쇼핑의 결과는 기업으로 하여금 직원 관리, 매장 관리, 직원 교육, 직원 상벌, 매장 직원의 인사고과 정책 활용, 프랜차이즈에서의 가맹점 동질성 강

화 등 다양하게 활용될 수 있다. 기업은 미스터리 쇼핑 프로그램을 통하여 경쟁 기업과 외식 시장에서의 자신의 위치를 파악할 수 있으며 기업의 방향성을 제시할 수 있다. 그리고 그 목적을 달성할 수 있도록 도움을 줄 수 있다. 따라서 미스터리 쇼핑은 기업이 미스터리 쇼핑 프로그램을 통하여 무엇을 얻고자 하는지에 대한 정확한 설정과 그것을 달성할 수 있는지에 대한 것을 제안하여야 하며 이후 단계에 그 내용을 적용하여야 한다.

3. 점포 체크리스트 설계

미스터리 쇼핑은 직원에 대한 불신으로 직원을 감시하는 것이 아니라 기업의 정확한 현황을 파악하기 위하여 시작되어야 한다. 기업의 현황을 정확하게 파악하기 위해서는 정확한 측정도구를 이용하여 기업을 점검하여야 정확한 결과를 얻을 수 있을 것이다. 미스터리 쇼핑에 사용되는 점검 도구로는 일반적으로 체크리스트를 활용하여 점검하는 방식을 활용하고 있다. 따라서 미스터리 쇼핑 프로그램의 목적과 목표에 부합하는 체크리스트를 설계하여 사용하여야 한다. 외식기업을 점검하는 체크리스트는 외식기업이 판매하는 상품이 서비스, 메뉴, 위생, 분위기가 포함되어야 할 것이다. 점검할 사항에 따라서 평가대상별로 고려하여야 할 사항은 다음 그림과 같다.

구분	평가대상
서비스 관련	• 종업원의 태도나 사용 언어 • 행동, 용모
메뉴 관련	• 음식의 맛 • 그릇에 담긴 형태 • 음식의 적절한 온도
위생 관련	• 음식점의 모든 시설 • 종사원의 개인 위생
물리적 환경	• 음식점의 분위기 • 편의성

미스터리 쇼핑의 평가대상

점포 점검 시 고려하여야 할 평가대상의 첫 번째는 서비스 항목으로 고객을 접객하는 인적 자원의 태도나 사용언어, 행동, 용모 등을 점검할 수 있도록 설계되어야 한다. 서비스의 경우 입구부터 나가는 계산대까지의 모든 과정에서 고객과 접점하는 모든 지점에서 체크가 이루어질 수 있도록 설계되어야 한다. 서비스는 100가지 항목에서 만족하여도 그중 하나의 요인으로 전체가 평가되기 때문에 고객과의 모든 접점을 고려하여야 한다. 또한 해당 점포의 업종과 업태에 맞는 서비스 형태와 수준을 고려하여 설계한다.

점포 점검 시 고려하여야 할 두 번째 평사대상은 메뉴로서 음식의 맛, 그릇에 담긴 형태, 음식의 적절한 온도, 담긴 그릇과의 어울림 등을 확인하여야 한다. 외식기업에서 메뉴는 고객이 상품을 평가하는 가장 중요한 요소이기 때문에 주의하여야 한다. 또한 메뉴 체크리스트는 평가자 자신의 주관적인 판단에 의한 것이 아니라 객관적인 평가가 이루어질 수 있도록 체크리스트를 설계하여야 한다. 이를 위한 정확한 기준의 제시가 필요할 것이다.

점포 점검 시 고려하여야 할 세 번째 평가 대상은 위생 및 청결 부분으로 요즘 들어 고객들이 중요하게 생각하는 부분이며 음식점의 모든 시설과 종사원의 개인 위생을 점검하는 것이다. 음식점을 방문한 고객은 음식점의 모든 시설물의 위

사례 14

음식점 위생등급 A · B · C 매긴다

서울시내 음식점의 위생상태를 A · B · C 3가지 등급으로 평가해 공개하는 '위생등급 평가제'가 올해부터 시범도입된다.

시는 음식점의 위생상태에 대해 시민들에게 정확한 정보를 제공하기 위해 음식재료의 보관상태 및 조리행위 등을 객관적 기준에 따라 평가하고 이에 따라 음식점에 A · B · C 세 가지 등급을 부여할 계획이라고 13일 밝혔다.

시는 우선 주요 20개국(G20) 정상회담이 개최될 강남구 삼성동 일대 음식점 300곳을 대상으로 평가제를 시범운영하고 종로구와 중구 · 용산구 내 관광특구 지역 음식점 450곳으로 확대할 계획이다.

시는 고객이 음식을 먹는 식탁과 음식을 만드는 조리장, 화장실, 종사원 위생관리 등 5개 분야 18개 영역에 대해서 평가를 할 방침이다. 평가결과 90점 이상이면 A(우수), 80점 이상 B(보통), 70점 이상 C(미흡)로 등급을 나눈 뒤 음식점 앞에 등급이 씌어진 로고를 부착토록 할 방침이다. 시는 70점 미만(평가 제외)의 경우 등급을 주지 않을 계획이다.

외국의 경우 미국과 영국, 뉴질랜드 등에서 음식점 위생등급 평가제를 실시하고 있다. 지난 1997년 6월부터 '위생등급 평가제'를 실시하고 있는 미국 로스앤젤레스의 경우 제도 시행 초기인 1997~1998년 A 등급을 받은 업소가 57.5%였으나 2006~2007년에는 A 등급 업소가 83.5%로 늘어났다.

방우달 서울시 위생과장은 "평가는 식품위생 전문기관에 위탁해 객관적인 기준으로 실시할 계획"이라며 "식품안전과 한국음식의 세계화를 위한 홍보에도 도움이 될 것"이라고 말했다.

자료: 문화일보, 2010. 1. 13

생 및 청결 상태와 종사원의 개인 위생 상태로 음식점의 위생을 평가하고 있다. 즉, 화장실이 지저분한 음식점은 주방 및 시설이 아무리 위생적이고 청결하게 관리하더라도 고객의 눈에는 비위생적이고 청결하지 못하다 판단하게 한다는 것이다. 고객이 눈에 비친 음식점의 위생 및 청결 상태를 확인하는 것으로 고객의 입장에서 점포의 위생 상태를 확인할 수 있는 시설물과 종사원의 개인 위생을 점검할 수 있도록 체크리스트를 설계하여야 한다.

점포 점검 시 고려하여야 할 마지막 평가 대상은 음식점의 시설에 의한 분위기 부분이다. 요즘의 고객들은 음식의 질보다는 음식점의 분위기를 더 중요하게 생각하고 있다. 이는 외식기업의 음식의 맛이 표준화되면서 음식의 맛에 의한 점포 선택 또는 높은 선호도보다는 분위기 좋은 곳에서의 좋은 경험을 구매하는 고객들이 증가하고 있다는 것을 말하는 것이다. 특히 주 타깃이 젊은 여성인 외식기업의 경우라면 더욱 그러할 것이다. 미스터리 쇼핑에서의 평가하는 시설에 의한 점포의 분위기란 음식점의 분위기를 창출하는 물리적인 시설물의 관리 상태, 고객이 사용하는 데 있어서 느끼는 편리성 등을 점검하는 것을 말한다. 미스터리 쇼핑에서 음식점의 시설물을 점검하기 위해서는 고객의 시각에서 볼 수 있는 음식점의 모든 물리적 시설에 대한 노후성, 파손 여부, 편리성 등을 고려하여 체크리스트에 설계 시 반영하여야 한다.

하지만 미스터리 쇼핑 체크리스트를 구성할 시에는 점검자인 미스터리 쇼퍼의 상황을 고려하지 않는다면 좋은 평가 결과를 얻을 수 없다. 너무 많은 점검 항목을 기억할 수 있는 미스터리 쇼퍼는 그리 많지 않을 것이기 때문이다. 따라서 체크리스트는 미스터리 쇼퍼가 평가하기에 어려움이 없도록 점검 항목의 수와 평가의 기준을 제시하여야 한다.

서비스 및 외식산업에서는 고객의 만족도를 향상시키기 위해서는 고객과의 접점에서의 관리가 매우 중요하다. 고객이 서비스의 품질을 평가하는 것은 서비스 전달과정에서 일어나는 것으로 알려져 있다. 즉 일반적으로 고객들이 서비스 본질을 느끼고 평가하게 되는 접점의 순간, 결정적 순간(MOT)을 관리하여 고객만족도를 향상시켜야 한다. 따라서 외식산업에서의 결정적 순간을 찾아 미스터리 쇼핑 프로그램의 평가 포인트로 활용하여야 하며 이를 중심으로 체크리스트를 설계하여야 한다.

4. 미스터리 쇼퍼의 선정

외식기업에서 구매를 할 수 있는 모든 사람은 미스터리 쇼퍼가 될 수 있다. 다만 기업에서 원하는 방향을 더욱 명확하게 제시하기 위한 정확한 평가 결과를 얻기 위해서는 전문가적인 시각을 보유하고 있는 전문 미스터리 쇼퍼를 활용하는 것이 좋다. 전문 미스터리 쇼퍼란 교육을 통하여 미스터리 쇼핑 프로그램에 대한 전반적인 지식을 가지고 해당 프로그램을 통해서 얻으려 하는 기업의 목적을 알고 정확한 기준에 맞는 평가를 실시할 수 있는 검증된 사람을 말한다. 또한 교육된 전문 미스터리 쇼퍼는 현장에서 발생할 수 있는 예기치 못한 상황에 대해서도

TIP

미스터리 쇼퍼에게 필요한 자질

1. 미스터리 쇼퍼는 점포 점검을 진행함에 있어 정직한 마음으로 임해야 한다.
2. 미스터리 쇼퍼는 날카로운 관찰력을 가지고 점포를 세세하게 점검하여야 한다.
3. 미스터리 쇼퍼는 자신의 체험을 정확하고 구체적으로 표현할 수 있어야 한다.
4. 미스터리 쇼퍼는 자신의 신분이 노출되지 않도록 자연스럽게 행동하여야 한다.
5. 미스터리 쇼퍼는 객관성 있는 평가를 할 수 있어야 한다.

적절하게 대처할 수 있기 때문에 전문 미스터리 쇼퍼를 활용하는 것이 좋다. 또한 미스터리 쇼핑의 정확한 평가 결과를 얻기 위해서 미스터리 쇼퍼로서의 자질을 충분히 가지고 있는 미스터리 쇼퍼를 선정하여야 한다.

여기서 미스터리 쇼핑 프로그램 운영이 1인 창조기업의 형태라면 본인이 미스터리 쇼퍼로 활용될 것이며, 기업형의 미스터리 쇼핑 기업이라면 소속된 전문 미스터리 쇼퍼 중에서 선정하여 미스터리 쇼퍼 프로그램을 운영하게 된다.

5. 미스터리 쇼핑 실시

검증된 미스터리 쇼퍼를 선정하였다면 이제는 미스터리 쇼핑을 실시하여야 한다. 미스터리 쇼퍼는 미스터리 쇼핑 프로그램 목적에 맞게 계획된 일정을 준수하여 미스터리 쇼핑을 실시하여야 한다. 미스터리 쇼핑이 계획된 일자와 시간도 정확한 평가를 위하여 계획하여야 한다. 서비스 상품의 특성상 서비스 상품은 이질성을 가지고 있기 때문에 직원의 응대태도가 요일, 시간에 따라 다르게 나타날 수 있다. 따라서 미스터리 쇼핑은 직원의 서비스 태도를 대표할 수 있도록 일정을 계획하여야 한다. 또한 미스터리 쇼핑을 실시하는 미스터리 쇼퍼는 해당 점포의 체크리스트와 조사에 따른 명확한 조사지침서와 조사에 따른 시나리오를 구상하여야 한다. 미스터리 쇼퍼는 자신이 점검해야 할 대상의 기초자료와 점검 항목에 대한 내용을 점검 실시 전에 숙지하여야 현장에서 일어날 수 있는 모든 일에 능동적으로 대처할 수 있어야 한다. 사전 숙지가 되어 있지 않은 미스터리 쇼퍼는 부자연스러운 행동으로 자신의 신분을 노출시키거나 평가 항목을 누락할 가능성도 높아 평가의 신뢰도가 떨어질 수 있기 때문에 사전에 계획한 시나리오에 따라 모든 점검사항을 점검하여야 한다.

미스터리 쇼퍼는 미스터리 쇼핑을 진행하는 동안 점검사항이 많아 기억하기 어려운 경우가 발생할 수도 있기 때문에 중간 중간에 내용을 기록하는 것이 좋다. 중간 기록 시에는 녹음기나 사진 촬영 등을 활용할 수 있다. 또한 평가의 근거가 될 수 있는 사항에 대해서는 최대한 은밀하게 촬영하여 근거를 남기는 것이 필요하다.

6. 미스터리 쇼핑 결과에 따른 점포 평가

미스터리 쇼퍼가 기록한 체크리스트의 결과는 1차적으로 평가 시트 검증 작업을 거쳐야 한다. 1차 검증은 미스터리 쇼핑을 실행 날짜가 프로그램 계획상의 계획한 날짜에 정확한 점포를 평가하였고, 평가한 결과가 정확한 평가 기준에 따라 평가하였는지를 점검하여 평가 결과 자체에 대한 검증을 하여야 한다. 간혹 미스터리 쇼핑이 서툰 미스터리 쇼퍼의 경우 평가의 내용에 부족하고 그로 인하여 보고서 작성 내용이 무용지물이 되는 경우가 있기 때문에 주의하여야 한다. 미스터리 쇼퍼는 정확한 근거에 의해 점검하고 평가하였는지, 일관성 있는 점검을 하였는지, 1차적 검증에 통과한 평가 결과가 미스터리 쇼핑 프로그램의 실행 목적에 따라 점포의 현 위치를 알려줄 수 있는 근거와 현 단계에서의 문제점이 들어나는 현상 등을 정확하게 제시하고 있는지에 대한 검증이 필요하다. 미스터리 쇼퍼의 주관적인 판단에 의한 평가는 외식기업을 평가하는 데 혼선을 야기할 수 있기 때문에 체크리스트 설계자의 의도에 따라서 평가가 이루어졌는지에 대한 검증을 진행하여야 한다.

7. 미스터리 쇼핑 결과 보고서 작성

미스터리 쇼핑의 평가결과 보고서는 미스터리 쇼퍼에 의하여 조사기간 중에 조사 대상 점포를 점검한 평가의 결과로 점포에 대한 객관적인 지표이다. 따라서 보고서의 작성은 미스터리 쇼핑의 점포 평가결과를 근거로 해당 점포의 향후 경영전략 수립의 근거가 될 수 있어야 한다. 미스터리 쇼핑을 통하여 알게 된 점포의 점검 사항을 정리하여 고객 불만이 발생될 수 있는 사항을 지적하여야 하며 낮은 평가를 받은 내용에 대해서는 원인을 규명하여야 한다. 또한 시기적으로나 순차적으로 시정되거나 지속적으로 악순환되는 요인들에 대한 원인 규명을 하여 경영전략에 반영될 수 있도록 하여야 할 것이다. 결과 보고서는 숙련된 미스터리 쇼퍼에 의하여 작성되어야 하며 고객만족도 향상을 위한 전략 제안까지도 포함될 수 있다.

8. 미스터리 쇼핑을 통한 고객만족도 향상 전략 수행

미스터리 쇼핑의 마무리 단계는 미스터리 쇼핑의 평가결과를 통하여 미스터리 쇼핑 실행 목적에 따라 해당 점포 고객의 만족도 향상의 전략을 계획하고 실행하는 일이다. 평가 항목에서 고객이 느끼는 점을 고려하여 고객만족도 향상을 위해서는 어떠한 전략을 계획하여 진행하여야 할 것인지에 대한 계획과 실행이다. 고객만족도에 대한 전략을 실행하기 위해서는 미스터리 쇼핑 평가결과에 따른 해당 종사원의 상벌, 관련 교육 및 훈련, 회사 내의 제도 개선 등이 필요하다.

평가 기준에 따른 업무 수행으로 고객만족도에 긍정적인 영향을 준 직원에게는 이에 충분한 보상을 하고, 반대의 경우에는 교육 및 부정적인 인사고과 평가로 긴장감을 주어야 한다. 이에 해당 기업은 미스터리 쇼핑을 통한 직원 교육, 해당 직원 상벌을 통한 직원 동기 유발 등의 효과를 얻어야 한다.

미스터리 쇼핑을 통한 고객만족도를 향상하기 위해서는 회사 내의 제도를 개선할 필요가 발생하기도 한다. 이는 외식기업의 매뉴얼에 고객의 변화하는 요구를 반영해야 할 경우가 발생된다. 고객의 요구를 반영하여 외식기업의 매뉴얼 및 회사의 제도를 개선하는 경우에는 해당 외식기업의 정체성에 대한 신중한 고려가 있어야 할 것이다.

Chapter 04

미스터리 쇼핑의 실행

Chapter 04

미스터리 쇼핑의 실행

사례 12

미스터리 다이너스 – 내 귀속의 도청장치

와가마마(Wagamama)만의 색깔을 안밖으로 꾸준히 지켜갈 수 있었던 힘은 미스터리 다이너(mystery diners)라는 제도 때문이었습니다. 디자인 콘셉트야 본사에서 정해서 전세계로 송고하면 그만이겠지만 개별 레스토랑이 와가마마의 취지를 잘 지키고 있는지 확인할 방법은 찾기 쉽지 않습니다. 그런 점을 보완하기 위해 만들어진 제도가 바로 미스터리 다이너입니다. 매달 초 2명의 미스터리 다이너가 각 레스토랑을 방문합니다. 비밀스럽게 초청받은 손님이기에 이런 이름을 얻었겠죠? 아무튼 스텝들에게는 악마로 불리는 손님들은 와가마마를 처음 방문한 사람들도, 그렇지 않은 사람들도 있습니다. 손님과 똑같이 행세하면서 음식은 몇 분 안에 나왔는지, 음식의 데코레이션은 어땠는지, 맛은 어땠는지, 서버는 웃으면 친절하게 설명을 했는지, 새로운 메뉴를 몇 번 권유했는지, 화장실은 깨끗했는지 등을 체크합니다. 모든 내용은 본사에 접수되고 점수화하며 순위화됩니다. 제가 마지막으로 일하는 달에 이 분들을 직접 만났는데 매니저는 사무실에서 놀고 있고, 서버는 저 혼자여서 아주 엉망으로 서비스한 적이 있습니다. 레스토랑 오픈 이후 최하 점수를 받았다고 합니다. 물론 사장님께 끌려갔구요 ^^ 매니저의 실수가 큰 것으로 일단락되었지만 이런 제도가 레스토랑을 더 완벽하게 유지시키고 있었습니다.

자료: 개인 블로그(http://www.monghee.com/blog/521)

1. 미스터리 쇼핑 사전 준비 사항

매장의 위치를 정확히 확인한다

쇼퍼는 자신에게 배정된 매장을 방문하여 정확히 조사에 임하도록 한다. 회원사 중 다점포로 운영되는 프랜차이즈나 체인점의 경우에는 같은 상호로 근거리에서 영업을 영위하는 경우가 발생하므로 배정된 점포의 상호와 지점명까지도 확인하여야 한다. 또한 지점명이 행정구역과 다르게 표기되는 경우와 지역점은 같아도 1호점 2호점으로 나뉜 곳도 있으므로 본사 홈페이지를 통하여 정확한 위치를 확인한다.

예) 건대 1호점 vs 건대 2호점, 신촌점 vs 신촌걷고싶은거리점, 신림점 vs 신림2호점

정해진 조사 일정에 맞도록 진행하여야 한다

미스터리 쇼퍼는 자신에게 정해진 일정을 준수하여 쇼핑을 진행하여야 한다. 외식산업에서 제공하는 상품은 타 산업과는 다르게 이질성이라는 특성을 가지고 있다. 이질성이란 고객에게 제공되는 상품이 생산되어 고객에게 제공되는 과정에서 다양한 요소들에 의해 변하기 때문에 한 고객에 대한 서비스가 다음 고객에

대한 서비스와 다를 가능성이 있는 것을 말하는 것이다. 외식산업에서 제공하는 상품의 변화에 영향을 주는 요인들은 매우 다양하기 때문에 평가의 대표성을 부여하기 위한 시간대, 요일 등을 고려하여 조사일정을 계획하여야 한다. 예를 들면, 점심시간대에 방문하는 스케줄은 모든 점포에 동일하게 적용해야 한다. A 점포는 점심시간에, B 점포는 저녁시간에 점검한 것을 비교하면 대표성에 문제가 생길 수 있다. 요일별로도 비슷한 상황이 발생할 수 있으므로 주의가 필요한다.
물론 미스터리 쇼핑을 여러 번 진행하는 것이 점포를 점검하는 데 더 효과적이겠지만 그런 경우 비용이 많이 발생하므로 미스터리 쇼퍼들에게 최소한의 점검으로 가장 효율적으로 점검할 수 있는 일정을 배정하고 있다. 즉, 미스터리 쇼퍼들이 일정을 지키지 않으면 계획에 의한 결과를 얻을 수 없기 때문에 정해진 조사일정을 꼭 준수하여야 한다. 만약 정해진 일정을 지키지 못할 경우에는 사전에 계획을 수정하여 평가의 대표성을 확보할 수 있는 일정을 다시 계획하여야 한다.

체크리스트의 조사 항목에 대해서 완전히 숙지한다

미스터리 쇼핑을 진행하기 전 미스터리 쇼퍼는 체크리스트의 전 항목을 정확하게 숙지하여 점검 시 누락되는 항목이 없도록 주의하여야 한다. 체크리스트는 평가 업체에 특성에 맞게 제작되었기 때문에 점검 전에 체크리스트의 특성 및 점검 점포의 특성에 대하여 알 수 있다. 체크리스트의 항목 중 평가에서 누락되는 항목이 발생하게 되면 정확한 평가가 이루어지기 어렵기 때문에 미스터리 쇼퍼는 항목을 꼭 숙지해야 한다. 또한 점검 시 누락된 내용을 보고서 작성 시에 정확하지 않는 점검 사항을 추측으로 기재하는 것은 기재하지 않는 것보다 더 좋지 않은 결과를 가져온다는 것도 알아야 한다. 미스터리 쇼퍼의 평가로 발생될 수 있는 여러 상황을 고려하였을 때 미스터리 쇼퍼는 추측에 의한 평가, 체크리스트 설계 기준과 다른 주관적인 기준에 의한 평가 행동은 절대 삼가해야 한다.

TIP

미스터리 쇼핑 결과의 영향

① 외식기업의 향후 경영 전략에 변화
② 점포의 종사원에 대한 상벌, 인사고과 반영
③ 프랜차이즈 점주의 상벌, 로열티 및 재계약 여부
④ 점포의 직원들의 직무 능력
⑤ 점포 고객의 만족도

매장의 기초 자료를 통하여 평가의 동선을 구상한다

미스터리 쇼핑을 진행하기에 앞서 미스터리 쇼퍼는 해당 매장 내에서의 자신의 동선을 체크리스트에 따라 계획하는 것이 좋다. 입 · 출구, 외식공간, 화장실, 주차장, 놀이방 등이 있는 매장의 경우 미스터리 쇼퍼가 방문하여 식사를 마치고 나가는 순간까지를 시나리오로 작성하여 각 공간별로 점검해야 할 것들에 대해서 숙지하는 것이 좋다. 동선을 사전에 점검하지 않으면 점검사항이 누락되거나 부자연스러운 모습을 보여 줄 수도 있기 때문에 미스터리 쇼퍼의 신분이 드러나는 경우가 있으므로 주의하여야 한다.

점검 시 활용할 수 있는 기기(사진기, 녹음기 등)에 대한 사용법을 숙지한다

미스터리 쇼핑을 진행하면서 점검사항의 근거가 될 것을 남겨야 한다. 이때 활용할 수 있는 기기로는 녹음기, 사진기, 캠코더, 휴대전화 등이 있다. 녹음기의 경우 종사원과의 대화를 녹취함으로써 그 상황을 설명할 수 있으며 사진기나 캠코더는 점검의 내용을 정확하게 이미지로 남길 수 있을 것이다. 다만 이를 종사원이 있는 자리에서 사진을 찍거나 녹취하거나 동영상을 찍는 행동을 하게 되면 미스터리 쇼퍼의 신분이 드러날 수 있으며 신분이 노출되는 이후로는 공정한 점검이 이루어 질 수 없다. 따라서 사전에 기기의 정확한 사용법을 알고 종사원에게 미스터리 쇼퍼의 신분이 노출되지 않게 자연스럽거나 보이지 않게 활용하여야 한다.

미스터리 쇼퍼는 미스터리 쇼핑 사전에 기기 점검을 통하여 사용법, 고장 여부, 사용 용도를 알고 점검하여야 하며, 특히 요즘의 디지털 기기들의 경우 배터리 충전 상태와 메모리 용량을 체크하여 중요한 순간에 사용하지 못하는 일이 있어서는 안 되겠다. 또한 만약의 경우 종사원에게 미스터리 쇼퍼로 의심 받을 경우에 대한 상황 대처도 준비하여야 사진촬영에 대한 질문 시 당황하지 말고 준비한 대답을 하여야 미스터리 쇼퍼의 신분이 노출되는 것을 막을 수 있을 것이다.

2. 미스터리 쇼핑 시 주의사항

① 미스터리 쇼퍼의 신분이 노출하지 않아야 한다

점검 중에 미스터리 쇼퍼의 신분이 노출되는 경우 올바른 점검이 이루어지지 않기 때문에 미스터리 쇼퍼의 신분은 점검이 끝날 때까지 감추어야 한다. 노련한 종사원들 중에는 미스터리 쇼퍼가 하는 부자연스러운 행동으로 미스터리 쇼퍼를 감지해 내는 경우도 있기 때문에 주의하여야 한다. 미스터리 쇼퍼가 하는 자연스럽지 못한 행동으로는 다음과 같다.

TIP

- 짜여진 질문을 하는 경우(프로모션, 메뉴 등)
- 바쁘지 않은 날 전화로 예약 상황 점검
- 자리 배석 시 자리 어필 등
- 어색한 연기로 불만족 상황 연출
- 누가 봐도 분명한 점검 사진 촬영(종사원 인물사진, 쓰레기 등)
- 평가시트를 꺼내서 보는 경우
- 동행자와 쇼퍼 관련 대화
- 자연스럽지 못한 동선

충분한 시간을 두고 점검하여야 한다

미스터리 쇼핑 점검을 하는 미스터리 쇼퍼는 점검 대상의 정확한 평가를 위해서 충분한 시간을 가지고 점검에 임해야 한다. 외식기업 미스터리 쇼퍼의 경우 식사를 하는 시간을 포함하여 최소 1시간은 점포에 머물면서 점검을 하여야 한다. 시간에 비례하여 점검 결과가 나타나는 것은 아니지만 충분한 점검의 시간을 가지고 점검을 하여야 더욱 정확한 결과를 얻어낼 수 있다. 점검 사항 하나 하나을 정확한 근거와 관찰력을 가지고 평가하는 것이 중요하다.

정확한 평가의 근거를 남기도록 한다

자신이 점검한 내용에 대하여 평가의 근거가 될 수 있는 것을 남겨야 한다. 물론 체크리스트에 문장으로 정확하게 표현하여야 한다. 자신의 평가 사항에 대하여 전후 상황 및 해당하는 종원업의 이름, 이름을 알 수 없는 경우 개인 용모에 대한 서술로 평가의 근거를 남겨야 한다. 미스터리 쇼퍼는 점검 시 이러한 내용을 모두 기억하여 체크리스트 작성 시 참고하여야 한다. 하지만 사람의 기억력은 한계가 있기 때문에 기구를 활용하면 더욱 효율적이다. 자신이 평가한 내용에 적합한 사진, 음성, 동영상 등을 남김으로써 평가에 대한 근거를 제시할 수 있다. 하지만 어설픈 기구 사용으로 자신의 신분을 노출하게 되는 경우가 있으므로 주의하여야 한다.

신분을 노출시키지 않고 촬영 및 녹취를 하기 위해서는 다음의 방법을 사용하여야 한다.

첫째, 휴대전화 통화를 가장하여 당시의 상황을 기록한다. 미스터리 쇼핑이 장시간 이어지면 점검의 사항에 대한 기억이 정확하지 않기 때문에 중간중간 점검의 내용을 기록해 둘 필요가 있다. 이런 경우 휴대전화의 녹음 기능을 활용하여 통화를 가장하여 당시의 상황을 중간중간 녹음해 두면 보고서 작성 시 도움이 될 수 있다. 메모지를 이용할 경우 종사원이 의심할 수 있으므로 사용하지 않는 것이 좋다.

둘째, 사진 촬영의 경우에는 함께 온 동료의 사진을 찍으면서 주변의 사물이나 종사원들을 촬영할 수 있다. 촬영 시 동료를 배경으로 촬영을 하게 되면 의심 받지 않고도 원하는 사진을 촬영할 수 있다.

셋째, 메뉴, 인테리어 등과 같은 사물에 관련된 사진은 자신의 블로그를 위한 사진 촬영으로 가장하여 사진을 촬영하는 방법이다. 단, 중요한 것은 사진의 포커스는 미스터리 쇼퍼로서의 목적을 가지고 촬영해야 할 것이다. 또한 일반 고객과는 다르게 필요 이상으로 꼼꼼한 사진을 촬영한다면 종사원으로 하여금 의심받을 수 있기 때문에 주의하여야 한다.

또한 미스터리 쇼퍼의 신분을 노출하지 않으면서 상황에 맞는 사진을 얻기 위해서는 자리에 앉을 때에도 시야가 넓게 확보되는 자리를 찾아 앉는 것도 중요하다. 벽을 등지고 앉아서 자신의 테이블 담당 종사원뿐만 아니라 다른 종사원의 근무 활동을 살펴보아야 한다.

계획한 평가 동선에 따라 관찰력을 동원하여 평가에 임한다

점포의 기본적인 정보를 확인한 후 점검 사항에 맞게 계획한 점검 동선에 따라 움직이는 것이 좋다. 이는 자신이 계획한 동선에 따라 점검할 경우 점검 항목이 누락되는 경우가 적기 때문이다. 매장 구성에 대한 기본적인 정보가 부족한 경우에는 점검목록에 따라 동선을 계획할 수 있다.

주차장 → 출입구 → 테이블 → 식사 → 화장실 → 계산대

레스토랑 이용 동선

공간별 평가 항목

공 간	평가 항목
주차장	주차장 편리성, 주차직원 서비스, 주차장 청결사항 점검
출입구	직원의 환영인사, 좌석 안내 시의 서비스, 시설물의 청결도
테이블	직원 서비스, 메뉴북 청결, 테이블 청결, 세팅 기물의 청결 등 점검
식 사	메뉴평가, 메뉴 제공 직원 평가, 테이블 서비스, 위생 등
화장실	화장실 시설 부분, 매장 전체적인 청결, 서비스 점검 등
계산대	계산 직원의 서비스 부분, 데스크의 청결, 노후도 등

3. 미스터리 쇼핑 후 보고서 작성

1) 평가서 구성

미스터리 쇼핑을 위한 평가서는 미스터리 쇼핑의 목적에 따라 다양하게 설계할 수 있다. 다만 평가서에는 기본적으로 다음의 사항들이 포함되어야 한다.

첫째, 평가를 하고자 하는 대상에 대한 사항이 포함되어야 한다. 평가한 대상에 대한 정확한 상호 및 점포명을 명시하여 평가의 대상을 알린다.

둘째, 미스터리 쇼핑 평가 시의 점포의 상황을 알려야 한다. 정확한 방문일자와 퇴점일자를 포함하여 정확한 시간으로 표기하여야 미스터리 쇼핑 결과에 따른 정확한 진단과 그에 따른 해결책을 제시할 수 있다. 또한 더욱 정확한 상황 판단을 위해서 미스터리 쇼퍼 입점 시와 퇴점 시의 좌석 점유율을 기록하여 점검 당시의 매장의 상황을 가름할 수 있도록 한다.

TIP

미스터리 쇼핑의 평가 항목

① 서비스 품질 평가: 고객의 동선에 따른 종사원들의 접객 능력 점검(위치, 동작, 표정, 언어, 말투, 외모)

② 메뉴 품질 평가: 메뉴에 객관적인 평가(맛, 가격, 스타일링, 온도, 제공시간, 신선도 등)

③ 위생관리 평가: 음식점을 구성하고 있는 모든 물리적인 시설에 대한 청결과 종사원의 위생상태 점검

④ 물리적 환경 평가: 음식점을 구성하고 있는 모든 물리적인 시설의 대한 점검(편의성, 노후도, 파손여부 등)

셋째, 정확한 평가의 대상을 정의한다. 미스터리 쇼핑에서 평가하는 대상은 고객의 만족도에 영향을 주는 모든 요인으로 작용할 수 있다. 즉, 점포의 서비스 품질, 메뉴의 품질, 위생 관리 상태, 물리적 환경 관리 상태 등을 평가의 대상으로 하여야 한다.

넷째, 평가 측정의 방법을 정의한다. 미스터리 쇼핑의 평가 사항을 측정하는 방법으로 정량적 방법와 정성적 방법을 동시에 수집하여야 한다. 정량적 자료란 수치화된 평가자료로 평가결과에 따른 비교가 가능하며 객관적인 위치에서의 평가가 가능하게 해준다. 이에 비해 정성적인 자료 서술적인 진술로 미스터리 쇼핑 상황에 대한 묘사로 평가결과에 신뢰도를 높일 수 있다.

다섯째, 전체적인 결과에 대한 소비자 입장으로서의 평가를 측정하여야 한다. 미스터리 쇼퍼로서의 평가도 중요하지만 일반 고객으로서 느끼는 점포에 대한 전반적인 평가를 통하여 고객의 입장에서의 요구를 정확히 측정하여야 더욱 좋은 결과를 가져올 수 있다.

고객 점포 평가 리스트

점포명 :

방문일시 :

방문 시 좌석 찬 비율: (   )%   퇴점 시 좌석 찬 비율: (   )%

A. 서비스 부문			
평가 항목		평 가	평가 의견
A1	고객이 입점 시 인사하고 자리를 안내하였는가?		
A2	물과 메뉴북은 친절하게 제공되었는가?		
A3	메뉴나 이용방식에 대한 질문에 자세한 설명을 하여 주었는가?		
A4	직원들이 업무 중에 사적인 일이나 잡담을 하지 않는가?		
A5	테이블에 방문하여 만족도 또는 필요한 것에 여부를 물어보았는가?		
A6	메뉴 제공 시 바른자세로 친절하게 제공하며 적절한 인사말을 하는가?		
총 평			

B. 메뉴 부문			
평가 항목		평 가	평가 의견
B1	주문한 메뉴가 제공되는 시간은 적절하였는가?		
B2	메뉴 제공 시 뜨거운 것에 대한 주지를 잘 하는가?		
B3	메뉴는 적절한 온도에 제공되는가?		
B4	제공된 메뉴들은 신선해 보이는가?		
B5	제공된 메뉴들은 위생적으로 관리되고 있는가?		
B6	제공된 그릇에 얼룩이 있거나 이가 나간 그릇을 사용하지는 않았는가?		
B7	부족한 메뉴에 대한 리필이 친절하게 이루어졌는가?		
총 평			

C. 위생 청결			
평가 항목		평 가	평가 의견
C1	매장 주변(주차장, 출입계단) 청결상태가 유지되고 있는가?		
C2	매장 바닥은 청결한가?		
C3	테이블은 깨끗하게 유지되고 있었는가?		
C4	고객사용 기물 보관함(서랍, 컵, 세팅 기물)은 청결하게 유지되고 있는가?		
C5	시설물들(액자, 메뉴북 등)은 청결하게 유지되고 있는가?		
C6	직원들의 개인위생(유니폼, 손톱, 액세서리 등)은 위생적으로 관리되고 있는가?		
총 평			
D. 계산 및 배웅			
평가 항목		평 가	평가 의견
D1	계산 시 음식에 대한 만족도를 확인하였는가?		
D2	제공 메뉴, 계산 금액을 정확히 알려 주고 계산 방법(현금, 카드)에 대한 언급을 하였는가?		
D3	계산 후 잔돈과 영수증은 정확하고 공손하게 제공하였는가?		
D4	회원카드 소지 여부에 대한 언급이 있었는가?		
D5	퇴점 시 감사인사와 재방문에 대한 언급을 하였는가?		
총 평			
E. 시설관리부문			
평가 항목		평 가	평가 의견
E1	주차장은 사용하기 편리하였는가?		
E2	매장 내부의 소음으로 식사에 방해가 되었는가?		
E3	매장 내부의 온도와 환기 상태는 적정하였는가?		
E4	조명시설이 고장으로 인해서 꺼져 있는 것은 없었는가?		
E5	화장실의 시설은 청결히 유지되며 부족한 소모품은 없었는가?		
E6	어린이 놀이방은 청결히 유지되고 있는가?		
총 평			

F. 위기 상황 대처 능력 평가			
평가 항목		평 가	평가 의견
F1	고객의 불만사항 접수 시 고객의 불만사항에 대하여 경청하였는가?		
F2	고객의 불만사항을 듣고 즉시 죄송하다는 사과는 하였는가?		
F3	고객의 불만사항에 대해서 공감하는 반응을 보였는가?		
F4	고객의 불만사항에 대하여 대안을 제안하였는가?		
F5	고객의 불만사항에 대해서 적절한 조치가 취해졌는가?		
F6	고객의 불만사항 해결 후 문제해결에 대한 만족도를 확인하였는가?		
총 평			
G. 전반적인 평가			
평가 항목		평 가	평가 의견
G1	전반적으로 평가할 경우 가격은 만족스러운가?		
G2	전반적으로 평가할 경우 서비스는 만족스러운가?		
G3	전반적으로 평가할 경우 메뉴의 맛은 만족스러운가?		
G4	전반적으로 평가할 경우 메뉴의 양은 만족스러운가?		
G5	타인에게 추천할 의사가 있는가?		
G6	업체를 전체적으로 평가할 경우 어느 정도나 만족스러운가?		
총 평			

2) 평가서 작성 시 주의사항

미스터리 쇼핑의 평가서를 작성할 경우에는 정확한 객관적인 평가 기준에 따라 정확하게 평가·기록하여야 한다. 미스터리 쇼핑을 진행하는 미스터리 쇼퍼는 잘못된 미스터리 쇼핑의 결과에 따른 외식기업의 피해가 가지 않도록 정직하게 평가를 기록하여야 한다. 또한 자신이 관찰한 내용을 정확하게 전달하기 위하여 당시의 상황을 정확하고 구체적으로 표현할 줄도 알아야 한다. 평가 사항에 대한 정확하고 구체적이지 못한 표현은 평가의 결과를 무용지물이 되게 할 수도 있다는 점을 명심하고 자신의 평가 상황을 구체적으로 표현한다. 따라서 미스터리 쇼핑의 평가서를 작성할 때에는 다음의 상황에 유의하여 작성한다.

첫째, 정량적 방법에 의한 평가는 정확한 평가 기준에 입각하여 객관적인 평가를 하여야 한다. 정확한 평가의 기준이란 점포 체크리스트 설계 시 고려한 점포의 수준, 고객의 기대 수준을 고려한 기준을 의미한다. 정확한 평가를 위해서는 미스터리 쇼퍼에게 정확한 평가의 기준을 공지하여 정확한 평가가 될 수 있도록 하여야 한다. 미스터리 쇼퍼 중에는 자신의 평가결과로 인해서 피해자가 발생할 것을 우려하여 높은 점수를 주는 경우가 있는데 이 또한 정확한 평가가 되지 않기 때문에 또 다른 피해자가 발생할 수 있다는 것을 알고 정확한 기준에 의하여 평가하여야 한다.

둘째, 정성적 방법에 의한 평가는 정량적 방법에 의한 평가의 근거자료가 될 수 있어야 한다. 즉, 정량적 방법에 의한 평가로 얻어진 평가 결과에 대한 정확한 평가 사유로 기술되어야 한다. 평가의 사유가 되는 상황을 정확히 표현하여 평가의 근거를 마련하고 평가의 객관성 및 신뢰도를 높여야 한다. 또한 정량적 평가에서의 평가 대상이 아니지만 고객으로서의 느낌을 주관적으로 서술하여 일반 고객의 입장에서의 의견을 제시할 수도 있어야 한다.

셋째, 미스터리 쇼퍼는 미스터리 쇼핑 체크리스트에 있는 모든 항목을 평가하여 기록하여야 한다. 평가의 항목이 누락되어 평가되면 평가를 통한 타 점포와의 비교 분석의 신뢰도가 낮아지며 평가서 자체의 신뢰도도 떨어지기 때문이다. 따라서 미스터리 쇼퍼는 미스터리 쇼핑을 실시하기에 앞서 평가의 항목과 평가의 기준을 숙지하여 미스터리 쇼핑에 임해야 한다.

넷째, 미스터리 쇼핑 체크리스트 항목의 기록 기준에 맞게 평가 결과를 기록하여야 한다. 예를 들어 정량적 방법에 의한 평가의 결과 기록은 1~5점으로 표기하거나 상 · 중 · 하 등으로 기록하여야 한다. 또한 평가가 불가한 항목에 대해서는 평가 불가를 기록하여 평가 누락과 구분되게 표시하여야 한다. 또한 정성적인 방법에 의한 평가 결과는 육하원칙에 의거하여 구체적인 기술을 하여야 한다.

마지막으로는 평가 의견 기술 시에는 다음의 사항을 유의하여야 한다.

개념 정리

- 상황에 대한 기술은 전후 상황을 고려하여 자세하게 기술한다.
- 맞춤법/띄어쓰기/오타를 주의하며 기술한다.
- 컴퓨터 채팅체나 특수기호를 이용한 이모티콘을 사용하지 않는다.
- 신조어, 은어 등은 사용하지 않는다.
- 주관적이거나 극단적인 표현을 삼가야 한다.
- 평가 의견에 대해서는 구체적으로 서술한다.

"음식은 대체적으로 모두 맛있었음", "종사원들은 모든 친절하였음." (X)

→ "처음 제공된 샐러드는 신선한 채소를 사용하여 색이 살아 있었고 아삭한 채소의 맛을 느낄 수 있어서 좋았다." (O)

"자리를 안내한 키 170cm 정도의 긴 머리의 남자 직원이 매우 바쁜 시간임에도 불구하고 자리 안내와 메뉴 선택에 대한 소개를 친절히 해주었음." (O)

Chapter 05

고객만족도 향상을 위한 개선 전략

Chapter 05

고객만족도 향상을 위한 개선 전략

미스터리 쇼핑을 이용한 상품 품질의 측정은 그 목적이 궁극적으로 측정 자체에 있는 것이 아니라 측정을 통한 개선에 있다고 할 수 있다. 그렇다면 측정된 문제점만을 찾아내고 그것을 개선하려는 노력이 단편적으로만 이루어진다면 미스터리 쇼핑의 효과는 매우 단기적인 효익만을 가져다주고 말 것이다. 측정 결과에 따른 개선 방향이 고객의 경험을 바탕으로 전체적인 흐름을 파악하고 기업의 제품 생산과정을 정확히 파악하고 그에 따른 개선책을 제안하여야 지속적이고 장기적인 효익을 가져다 줄 것이다.

1. 고객만족도 향상을 위한 외식기업 품질 개선 전략

외식기업 상품의 품질 개선을 위한 근본적인 수단은 프로세스의 개선에 근거해야 한다. 즉, 미스터리 쇼핑을 통해 나타난 문제점을 기초로 프로세스라는 관점에서 원인을 찾고 근본적인 해결책을 제시하려는 노력이 있을 때 고객이 느끼는 품질의 다차원적이고 장기적인 개선이 가능할 것이다. 외식기업의 제품의 생산이란 단순히 메뉴를 제공하는 주방에서만 이루어지는 것이 아니라 고객이 방문하는 순간부터 고객의 만족도에 영향을 미치고 있기 때문에 고객이 업체에서 경험하는 모든 것과 그것을 만들어서 제공하는 직원의 업무 흐름을 파악하여야 한다. 여기에서는 미스터리 쇼핑 결과에 따른 품질 개선을 위한 전략을 제공하기 위해서는 프로세스의 이해와 고객만족도 향상을 위한 근본적인 문제점 해결을 위해 구체적인 방안을 프로세스의 개선을 중심으로 보아야 한다.

1) 프로세스의 개념

1960년대 Multics 시스템을 개발하면서 최초로 프로세스(process)라는 용어가 사용되었다. 이후 경영활동의 구체적 단위에서 프로세스라는 개념이 사용되기 시작하였다. 프로세스는 진행이나 과정 등의 의미로 다양한 학문분야에서 매우 광범위하게 사용되고 있어서 한 마디로 정의를 내리기는 어렵다. 다만 프로세스는 경영학의 측면에서 1980년대부터 다음과 같이 정의되었다.

개념 정리

- 프로세스는 내 · 외부 고객에게 서비스를 제공하기 위한 내부활동의 총체이다. 프로세스의 목적은 개별고객에게 비용, 기간, 서비스 수준 등으로 측정할 수 있는 제품이나 서비스를 제공하는 것이다(Jacobson et al., 1995).
- 프로세스는 시작과 끝 그리고 명확하게 정의된 입력과 출력을 가지고 시간과 공간을 거쳐 수행하는 활동의 순서이다(Davenpor, 1993).
- 프로세스는 하나 이상의 입력을 이용하여 고객에게 가치 있는 출력을 생성하기 위한 활동들의 집합이다(Hammer & Champy, 1993).

이외에도 프로세스는 측정 가능한 입력을 측정 가능한 결과로 전환하는 부가가치가 있는 일련의 활동 등으로 정의되고 있다.

이상의 정의를 종합해 보면, "프로세스(process)는 하나 이상의 입력(input)을 이용하여 고객에게 가치 있는 출력(output)을 만들어 내는 부가가치 있는 행동의 총합"으로 정리할 수 있다. 따라서 그 핵심 구성요소는 '입력', '부가가치가 있는 행동', '출력'이다.

2) 프로세스의 정의

앞서 살펴본 프로세스의 개념을 외식기업에서 제공하는 상품에 대응하여 생산품에 대한 프로세스로 이해할 필요가 있다. 외식기업에서 고객이 구매하는 제품 생산의 프로세스는 왜 중요한 것일까?

제조업에서는 과정보다는 최종 제품이 더 중요한 의미를 갖는다. 물론 제조공정으로서의 프로세스 관리가 최종 제품의 품질을 좌우하기는 하지만 결과적으로 소비자는 제품의 생산과정보다는 최종 생산물에 집중하게 된다. 그러나 외식기업의 고객 경험은 고객이 구매하는 제품으로 그 과정이 제품에 해당되기 때문에 프로세스가 중요해지는 것이다.

제조업의 최종제품의 생산은 기계와 품질 관리를 통하여 그 동질성을 유지할 수 있지만 외식기업에서 제품은 무형성과 소멸성 그리고 동시성 등과 같은 특성으로 인하여 일관된 생산이 불가능하므로 결국 프로세스 관리를 통해 일관된 서비스를 제공할 수 있다고 본다.

외식기업에서 프로세스란 제품이 고객에게 전달되는 절차나 흐름을 의미한다. 외식기업에서는 프로세스 자체가 상품이며, 한편으로도 유통의 성격도 가지게 된다. 고객들은 이러한 프로세스를 경험함으로써 구매효과를 거두게 되고 그 가치만큼의 금액을 지불하게 된다. 또한 외식기업은 프로세스에 고객이 참여하게 됨으로써 관리의 필요성은 더욱 증가하는 것이다.

3) 프로세스 개선을 위한 조건

프로세스의 개선은 일찍이 BPR이라는 개념으로 특성화되어 왔다. 비즈니스 프로세스 리엔지니어링(BPR: business process reengineering)은 혁신적인 성과 향상을 이루기 위하여 비즈니스 프로세스를 근본적으로 변화시키는 것으로 프로세스 혁신, 비즈니스 리엔지니어링 등으로 언급되기도 하는데 그 정의를 구체적으로 살펴보면 다음과 같다.

비즈니스 리엔지니어링의 권위자인 마이클 해머는 "비즈니스 리엔지니어링이란 비용, 품질, 서비스, 속도와 같은 핵심적인 경영성과지표들의 비약적인 성과를 이룩하기 위해 비즈니스 프로세스를 근본적으로 재고려하고 급진적으로 재설계하는 것" 이라고 정의하였다. 비즈니스 리엔지니어링은 경쟁우위를 확보하기 위하여 비즈니스 프로세스를 재설계하고 정보기술을 결합하여 경영성과를 획기적으로 높이기 위한 경영혁신기법이다. 따라서 프로세스의 개선은 다음과 같이 추진되는 것이 바람직하다.

개념 정리

- 수정이나 개선이 아닌 근본적인 변화여야 한다.
- 정보기술을 전략적으로 활용해야 한다.
- 최고경영자의 강력한 하향식 리더십이 필요하다.
- 하이콘셉트의 시대에 적합하도록 시간과 경험이 중시되어야 한다.

4) 외식기업의 프로세스 개선

외식업체의 제품 제공과정을 효과적 · 효율적으로 관리하는 것은 모든 기업이 추구하는 목표의 하나이다. 이와 같은 효율적인 제품의 제공을 위해서는 프로세스의 분석이 전제되어야 하는데, 외식업체가 프로세스 분석을 수행함으로써 얻게 되는 이점을 살펴보면 다음과 같다. 먼저 모든 작업과정을 프로세스의 형태로 표현할 수 있으며, 프로세스를 검토하기 위한 서류작업이 동시에 이루어진다. 그리고 프로세스를 한눈에 볼 수 있게 만들어 줌과 동시에 전체 시스템의 구조와 기능을 파악할 수 있게 해 준다. 또한 프로세스를 분석한다는 것은 고객이 구매하는 제품의 생산에서 제공까지의 전달 시스템 현황을 파악한다는 점에서 매우 커다란 의의가 있다.

프로세스, 즉 제품 전달 시스템은 외식기업의 제품이 생성되어 고객에게 전달되기까지의 전 과정을 의미하는데, 이러한 전달 시스템을 설계하는 것은 고객만족을 위한 창조적인 과정이다. 실제로 프로세스를 분석하기 위한 다양한 기법이 존재하는데 가장 일반적인 분석도구로서 서비스 청사진(service blueprint)이 이용된다. 서비스 청사진은 외식기업의 제품 중 핵심서비스 프로세스를 그 특성이 나타나도록 알아보기 쉬운 방식의 그림으로 나타낸 것이다. 직원, 고객, 기업 측에서 서비스 전달과정에서 해야 하는 각자의 역할과 서비스 프로세스와 관련된 단계 및 흐름 등 서비스 전반을 이해하도록 묘사해 놓은 것이다.

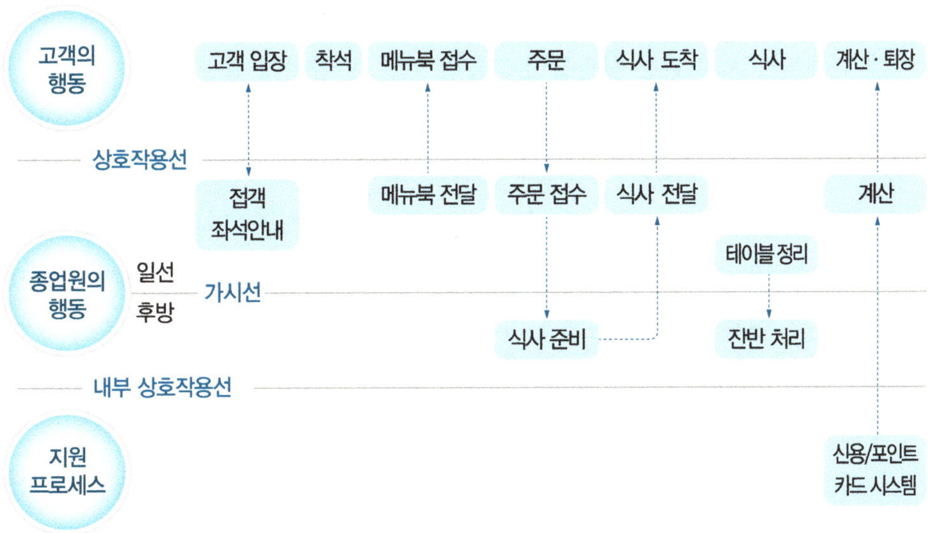

레스토랑 서비스 청사진의 사례

대부분의 외식기업의 제품은 동태적 시스템이기 때문에 미리 정해진 순서대로 전달되어야 한다. 따라서 잘못 설계된 프로세스는 서비스 품질에 나쁜 영향을 미치므로 이러한 과오를 예방할 목적으로 레스토랑과 같은 외식기업에서는 주로 '플로 차트' 와 유사한 서비스 청사진법을 활용한다. 프로세스를 분석하는 기법은 서비스 청사진법 외에도 '서비스 사이클', '서비스 과정도', '시간요소 분석', '요인분석도' 와 같은 다양한 기법들이 존재한다.

건물을 신축하는 경우 설계 내역은 청사진이라는 도면에 표기되는데, 이러한 청사진은 형태와 규격 등이 표기되는 형식으로 작성된다. 주로 건축분야에서 활용되던 청사진이 서비스 부분에 도입된 것은 쇼스텍에 의해서이다. 그는 외식기업의 제품인 서비스 전달 시스템, 즉 서비스 프로세스를 시각적 도표로 표현하는 형식으로 서비스 설계에 적용 가능하다는 점에 착안하여 서비스 청사진을 개발하였다.

서비스 청사진은 "서비스 시스템을 정확하게 묘사해서 그 서비스를 제공하는 데 관계되는 서로 다른 사람들이 그들의 역할 및 관점에 상관없이 그 서비스를 이해하고 객관적으로 처리할 수 있도록 해주는 그림"이라고 할 수 있다. 서비스 청사진은 구체적으로 서비스 상품 개발의 설계와 재설계의 단계에서 유용하다. 이것은 서비스 전달의 프로세스 및 고객과 종사원의 역할, 가시적인 서비스 구성요소 등을 동시에 나타냄으로써 서비스를 시각적으로 볼 수 있게 만들어준다. 또한 서비스 청사진은 서비스를 논리적인 구성요소들로 나누어 프로세스의 각 단계와 과업, 과업이 수행되는 수단, 고객이 경험하는 서비스의 물리적 환경까지도 보여준다.

이와 같이 대표적인 서비스 프로세스의 분석기법인 서비스 청사진을 작성하는 단계는 다음과 같이 3단계로 구성된다.

먼저 1단계는 서비스 프로세스를 구분하는 단계이다. 고객의 눈에 보이는 활동과 눈에 보이지 않는 활동을 가시선으로 구분하여 도표를 작성해 본다. 가시선 아래 보이지 않는 활동은 주방에서 식사를 준비하거나 사무실에서 전화로 주문을 받는 경우 등이 해당된다. 고객의 눈에 보이는 가시선은 고객의 행동과 종사원의 일선 행동으로 구성되고, 고객의 눈에 보이지 않는 선은 종사원의 후방 행동과 지원 프로세스로 구성된다.

2단계는 실수 가능점(fail point)을 제시하는 단계이다. 서비스 기업의 실수 가능점을 제시함으로써 실패를 미연에 예방하고 더욱 높은 서비스 품질을 고객에게 제공하게 된다.

3단계는 성과를 분석하는 단계이다. 각각의 서비스가 수행되는 소요시간을 관측하여 비정상적인 실패나 지연이 있는지 분석한다.

지금까지 살펴본 외식기업의 서비스 프로세스 개선을 위한 활동은 앞서 언급하였던 프로세스 개선을 위한 전제조건인 정보기술의 활용이 포함되지 않았다는

개념 정리

서비스 청사진 기법 활용의 의의

① 관리자가 서비스를 실행하기 전에 도표화함으로써 서비스 개념을 검증하고 시스템의 정의를 내릴 수 있다.
② 서비스 청사진을 이용하여 개선 전 · 후의 시스템을 비교함으로써 추가적인 서비스의 개선기회를 발견할 수 있다.
③ 서비스 청사진을 면밀히 검토함으로써 특정 프로세스의 구체적인 정의가 가능하다.
④ 서비스 청사진의 작성은 실수 가능점을 발견할 수 있는 기회를 제공함으로써 높은 품질의 서비스를 가능케 한다.

점에서 아직은 한계를 가지고 있다. 향후에는 서비스 프로세스 개선이 단순한 활동의 개선에 그치지 않고 또한 정보기술이 프로세스 개선의 도구에 한정되는 것이 아니라 혁신의 출발점이자 재설계의 바탕인 추진 엔진으로 적용되기를 기대해 본다.

5) 서비스 프로세스를 개선하기 위한 고객경험 관리

앞 서 살펴본 서비스 청사진을 통하여 우리는 외식기업이 고객들과 수많은 접점에서 '결정적 순간'을 맞이하고 있음을 이해할 수 있다. 이와 같은 다양한 경험을 통하여 고객들의 외식기업에 대한 충성도는 높아지기도 하고 일순간에 높았던 충성도가 낮아지기도 한다. 따라서 외식기업은 수많은 접점에서 일관성 있는 고객경험을 제공하도록 서비스 품질을 총체적으로 관리할 필요가 있다.

외식기업의 메뉴와 서비스를 경험하기 전부터 경험한 이후까지의 모든 고객접점을 분석하고 개선하는 노력은 고객만족의 관리 측면에서 반드시 필요하며 이는 서비스청사진 기법을 이용해서도 가능하지만 '고객경험관리(CEM: customer experience management)'를 통해서도 가능하며 기왕이면 서비스 청사진을 통해 찾아낸 서비스 접점의 문제점과 개선점을 찾는 데 좀 더 구체적인 전략 방안을 제시해 주기도 한다.

경쟁이 가열되고 있는 외식시장에서 외식기업이 고객에게 가치 있는 경험을 제공하기 위한 방안을 제시하면 다음과 같다.

개념 정리

① 고객의 입장에서 부정적 서비스, 표준 서비스, 긍정적 서비스가 구체적으로 어떤 것인지를 확인할 수 있도록 서비스 표준을 마련한다.
② 고객 접점의 모든 프로세스를 분리하여 문제점을 찾아서 집중적으로 개선한다. 스타벅스의 경우 고객이 매장에 들어와서 커피를 마시고 퇴점할 때까지의 전 고정을 세부적으로 나누어 고객경험지도를 그리고 이를 기초로 문제점에 대한 개선대책을 수립, 시행하고 있다. 이는 서비스 청사진과 유사하지만 각 접점의 고객만족도를 구체화시킴으로써 현재 상태를 알 수 있도록 구성되어 있다.
③ 고객의 경험을 개별적이 아닌 총체적인 극적 경험으로 구성해야 한다.

『하이콘셉트』의 저자 스콧 메케인은 경험관리의 중요성을 다음과 같이 표현하고 있다.

"고객들이 제품과 유대감을 쌓을 때는 '흥미'를 가지게 된다. 서비스와 유대감을 형성하면 '감사함'을 느낀다. 하지만 경험과 유대감을 형성하면 고객은 '놀라움'을 느낀다."

고객들은 제품과 서비스보다는 경험을 반복하는 데 더 관심을 갖는다. 물론 결과적으로 제품과 서비스의 반복구매는 부수적으로 따라오게 된다. 감성적인 측면에서 긍정적 영향을 경험하여 반복구매하고 싶어 하는 속성이 최근 소비자들의 성향이다.

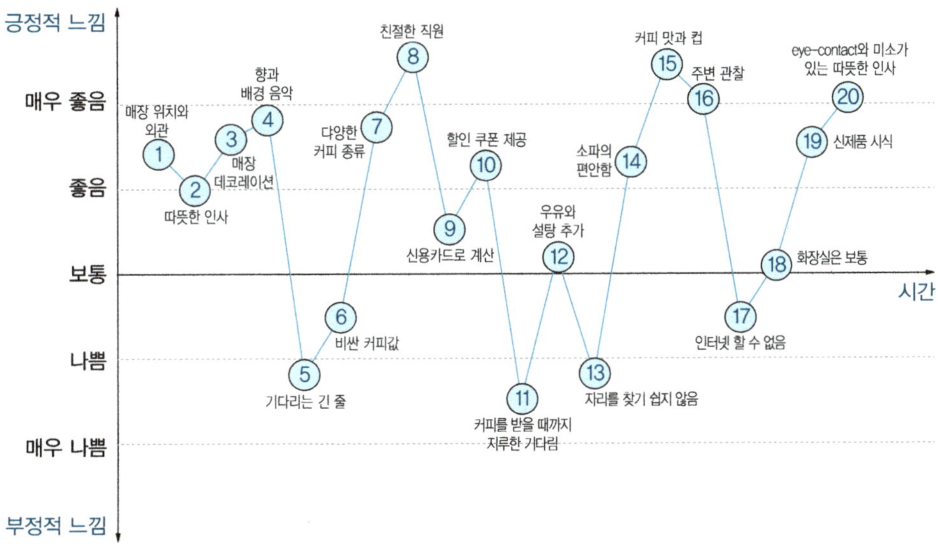

스타벅스의 고객경험지도

자료 : 장정빈(2009), 리마커블 서비스, p. 166

Chapter 06

실전
미스터리 쇼핑

Chapter 06

실전 미스터리 쇼핑

고민의 시작

"자, 오늘도 고객들에게 조금만 친절하자고, 알았지요? 여사님들!"

'마리'의 직원들은 오늘도 분주한 일과를 사장의 잔소리로 시작한다. 벌써 1년이라는 시간 동안 사업을 하고 있지만 마리의 '박진수' 사장은 직원들에게 매일같이 똑같은 잔소리를 하고 있다. 20년 동안 다니던 전자회사를 1년 전 명예퇴직하고 힘들게 다시 찾은 직장이자 가족의 생계를 책임지고 있는 것이 바로 '마리'이다. 먹는 장사는 누구나 할 수 있다는 생각에 시작은 했지만 하루가 다르게 오르는 식재료 비용과 구인난에 하루하루 힘들게 운영하고 있다. 하지만 박진수 사장의 진짜 고민은 이것이 아니다. 박진수 사장은 고객이 점점 줄어드는 것, 그중에서도 개점 초기부터 힘이 된 단골고객이 줄어드는 것이 가장 큰 고민이다. 개점 초기에 개점을 도왔던 컨설턴트가 제안한 홍보 전략인 전단지나 쿠폰과 인터넷 링킹사이트에도 광고를 하고 있음에도 불구하고 고객의 수가 줄어드는 이유를 정확히 알지 못해 답답해 하고 있다.

'마리'는 개점 초기 고기의 종류에 따른 코스요리 구성이라 새로운 아이템으로 주변에 소문난 맛집이었다. 박진수 사장도 성공적인 인생의 전환점이라 생각하며 사업에 매진하였다. 처음 시작하는 외식업이라 메뉴와 서비스에 항상 최선을 다 하였고 직원들에게도 매일 아침 친절한 서비스를 요구하였다. 하지만 시간이 지남에 따라 고객들이 변하기 시작하였고 직원들도 힘들어 하며 그만두기 일쑤였다. 새로 들어온 직원들에게도 고객 서비스를 강조하며 열심히 일할 것을 부탁하였지만 무슨 이유인지 금방 그만 두는 직원들이 많아졌다.

"아, 오늘은 음식도 맛있고 서비스도 좋네. 잘 먹고 갑니다."

개점부터 단골고객인 전 직장동료가 오랜만에 와서 툭 던지는 말이지만 박진수 사장은 정신이 번쩍드는 기분이 든다.

"왜 전에는 뭐가 좀 달랐나?"

"아니. 뭐라 딱히 말하기는 그렇지만 항상 올 때마다 느끼는 건데 올 때마다 음식도 그렇고 직원들 서비스도 그렇고 항상 다르더라고. 오픈할 때는 안 그랬는데. 그러니까 어느 때는 좋고 어느 때는 기분 상해서 가고……."

"그래? 좀 자세히 말해 줄 수 있나?"

전 직장동료의 말을 들은 박진수 사장은 이거구나 싶은 생각이 들었다. 개점 초부터 바쁘게 일만 하다보니 고객들이 뭘 필요로 하는지 서비스는 어떻게 되는지, 음식은 항상 똑같은 맛으로 나가는지 확인하지 못했다. 그저 고객이 주문한 음식이 제대로 나오고 식사하고 가면 그만이라는 생각을 하고 있었던 것이다. 직원들에게 친절하게 서비스하라고는 말했지만 어떻게 하는 것이 친절한 서비스를

제공하는 것인지 본인도 알지 못했다. 결국 고민 끝에 박진수 사장은 외식전문 컨설팅 회사에 문제점 파악과 개선 방안 수립을 위한 컨설팅을 의뢰하였다.

시작점 찾기

김유명씨는 오늘 새로 컨설팅 계약을 맺은 생고기 코스요리 전문점 '마리' 관계자와 사전회의를 갖기로 약속한 날이다. 전문 미스터리 쇼퍼로 활동 중인 김유명은 회의 전에 사전 미팅한 자료와 인터넷에서 수집한 업체 정보를 검토하였다. 그리고 주말에는 점포를 직접 방문하여 점포 사전 조사표[부록 1]로 점포의 콘셉트, 메뉴, 서비스 수준, 입지 등을 파악하였다. 그것은 점포를 방문하는 고객의 기대 수준을 가늠해 보기 위해서였다.

김유명이 생각하기에 '마리'는 주택가 상권에 입지하고 있어서 점심시간의 주 고객층은 30~40대의 주부였다. 저녁에는 회사원들이 회식을 위해 '마리'를 이용한다. 주변에 큰 회사가 없는 것으로 보아 회사원들은 조금 멀리서도 방문하는 것으로 판단된다. 매장은 대로변에서 벗어나 접근성이 떨어지고 건물의 모양이 잘 보이지 않게 생겼지만 내부 인테리어는 고기를 판매하는 매장치고는 매우 고급스러운 느낌을 주는 소재를 많이 사용했다. 그리고 조명은 복도를 어둡게 해서 외식공간과 고객이 움직이는 동선과의 구분을 해두었다. 직원의 수는 업장의 규모에 비해 부족한 것으로 판단하였다.

김유명은 며칠 전 방문한 매장을 생각하며 회의를 통해서 부족한 부분을 채워야겠다는 생각을 가지고 시간에 맞추어 레스토랑 '마리'에 도착하였다.

김유명을 기다리던 '마리'의 관리자는 바로 박진수 사장이다.

"어서오십시오. 기다리고 있었습니다."

김유명은 자신이 수집한 자료를 토대로 박진수 사장과 '마리'에 대해서 이야기하는 것으로 마리에 대한 많은 정보를 알아보고자 했다.

"그럼 '마리'에서 생각하는 가장 중요한 서비스 콘셉트는 무엇이라고 생각하십니까?"

"저희 서비스의 콘셉트는 만족입니다. 여기서 만족이란, 직원의 만족, 고객의 만족, 회사의 만족을 말하는 것으로 회사에 만족하는 직원이 만족스러운 서비스로 고객을 만족시키고, 서비스에 만족한 고객이 회사에 만족스러운 결과를 줄 수 있다는 것입니다."

박진수 사장은 개점하면서 자신이 수립했던 서비스에 대한 생각을 잘 정리하였다. 물론 개점 시 개점을 도운 컨설텐트의 결과물들이 도움이 되기도 하였다.

"저희 매장의 메뉴는 코스요리로 제공되기 때문에 조금은 빠른 서비스로 고객이 기다리는 시간을 줄이고 푸짐한 양으로 고객을 만족시키는 것이 우리 매장의 서비스라 생각합니다. 여기는 지역의 특성상 가격 대비 양에 매우 민감한 고객들이 많이 있습니다."

"예, 그렇군요. 그런데 저번에 제가 기초조사를 위해 방문했을 때 느낀 것으로는 서비스가 조금 서두르는 느낌을 받았는데요. 빨리 먹고 나갔으면 하는 생각이 들 정도로 서두르던데요."

"그랬습니까? 아무래도 음식이 늦으면 불평하는 고객들이 많아서요. 저희 직원들이 좀 서둘러서 일했나 봅니다. 음식이 늦거나 순서가 섞이면 고객들이 매우 불평하시거든요."

"하지만 제가 방문했을 때는 점심시간이 지난 한가한 시간이라 그리 서두를 필요가 없었을 텐데요. 사장님이 생각하실 때 올바른 '마리'에서의 서비스에 대해서 말씀해 주시겠습니까?"

"음, 저희는 개점때부터 서비스 매뉴얼[부록 2]을 만들어 직원들에게 교육하고 있습니다. 그리고 저희가 고기를 판매하는 곳이기는 하지만 분위기에서 보시면 알겠지만 나름 고급스러움을 중요시 하고 있습니다. 따라서 서비스도 일반 음식점보다는 더 정중한 서비스를 제공하려고 합니다."

마리의 서비스 매뉴얼을 살펴 본 김유명은 마리의 서비스 표준에 대해서 다시금 정리할 수 있었고 관리자의 서비스 마인드를 알 수 있었다.

"오늘 좋은 이야기 감사했습니다. 차후에 귀사의 매뉴얼과 면담 내용을 정리해서 고객의 만족도 및 기대감을 점검할 수 있는 설문지[부록 3]를 만들어서 메일로 보내 드리겠습니다. 수고스럽겠지만 점심시간과 저녁시간에 균등하게 그리고 대상 고객도 다양하게 200부가량만 수집하여 주시기 바랍니다."

김유명은 '마리'를 나와 사무실로 향하는 동안 '마리'의 서비스 표준에 대한 서비스 청사진 모형과 지난 번 방문에 자신의 경험을 상기하며 '마리' 직원들의 서비스 접점을 상기하여 본다.

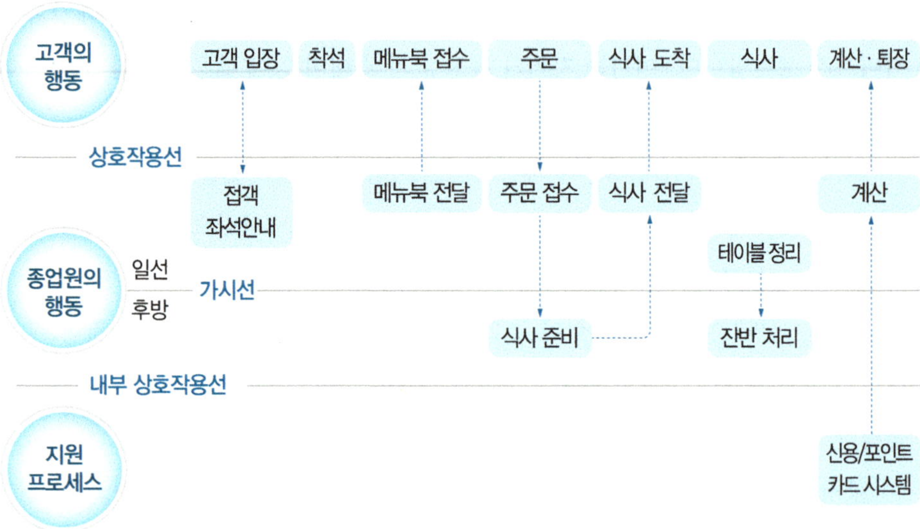

서비스 청사진

'마리'에 대한 대략적인 서비스 표준이 그려진 김유명은 이제 '마리'의 실제 고객만족도 및 기대를 파악하기 위한 설문지 작업에 들어간다. 설문지는 방문한 고객들에게 받아야 하는 것이니까 너무 길거나 복잡해서는 안 된다. 그렇다고 아무런 결과를 얻을 수 없는 설문지도 안 된다. 김유명은 '마리'의 고객들에게 새로운 메뉴에 대한 만족도도 조사할 겸 다음과 같은 설문지를 만들어 '마리'의 박진수 사장에게 메일을 보낸다.

[부록 3] 마리 고객의 만족도 및 기대 조사

설 문 지

안녕하십니까?
본 설문은 '마리'를 이용해 주시는 고객님들의 의견을 듣고자 계획되었습니다. 바쁘신 중에도 본 설문조사에 응답하여 주셔서 진심으로 감사드립니다.
항상 고객만족을 위해 노력하는 '마리'가 되겠습니다.

※ 방금 식사한 마리의 메뉴에 대해 해당되는 항목에 V표 해주시기 바랍니다.

1. 메뉴의 **맛**은 어떠하십니까?

(1)——(2)——(3)——(4)——(5)

매우 맛있다 보통이다 매우 맛이 없다

2. 메뉴의 **양**은 어떠하십니까?

(1)——(2)——(3)——(4)——(5)

매우 양이 많다 적당하다 많이 부족하다

3. 방금 드셨던 메뉴의 **가격**은 얼마가 적당하다고 생각하십니까?

가격(　　　　　　)원

4. 다른 레스토랑에 비하여 '마리'는 **단체모임**을 하기에 어떠하십니까?

(1)——(2)——(3)——(4)——(5)

매우 적합하다 보통이다 매우 부적합하다

5. 다른 레스토랑에 비하여 '마리'의 **분위기**는 어떠하십니까?

(1)——(2)——(3)——(4)——(5)

매우 좋다 보통이다 매우 나쁘다

6. 다른 레스토랑에 비하여 '마리' 직원들의 **서비스**는 어떠하십니까?

(1)——(2)——(3)——(4)——(5)

매우 친절하다 보통이다 매우 불친절하다

7. 다른 레스토랑에 비하여 '마리'의 **위생과 청결도**는 어떠하십니까?

(1)——(2)——(3)——(4)——(5)

매우 청결하다 보통이다 매우 불결하다

8. 방금 드셨던 메뉴가 **9,000원**이라고 가정했을 때, **재방문할 의사**가 있으십니까?

(1)——(2)——(3)——(4)——(5)

매우 그렇다 보통이다 전혀 없다

9. 점심 메뉴에 추가되거나 건의하실 음식이 있다면 추천해 주시기 바랍니다.

(　　　　　　　　　　　　　　　　　　)

♥ 답변해 주셔서 감사드립니다.

'마리'의 박진수 사장은 김유명이 다녀간 후 자신의 매장을 천천히 둘러보았다. 떨어지는 매출에 대해서 경기 불황, 물가 상승과 같은 해묵은 변명거리는 많이 있지만 자신이 생각해도 단골고객의 수도 많이 줄었고 새로 개발한 점심 메뉴에 대한 고객들의 반응도 그리 신통치 않은 이유를 나름대로 찾기 위함이다. 며칠 전 옛 직장동료의 이야기를 듣고는 더 혼란스러워졌고 해결할 수 있는 방법을 찾아야겠다는 생각에 미스터리 쇼핑이라는 생소한 것을 진행하게 된 것이다. 미스터리 쇼핑이라는 것도 단순히 전문가의 도움을 받고자 여러 컨설팅업체 사이트를 검색하다 발견한 것이었다. 좀 낯선 개념이고 이런 것을 시행하면 가뜩이나 사기가 떨어진 직원들에게 자신들을 의심한다는 생각이나 들게 하는 것이 아닌가 걱정이 되기도 했지만 김유명을 만나고 그 생각은 말끔히 정리되었다. 물론 직원들도 처음에는 걱정한 대로 조금은 의심하고 불편해하였지만 김유명과의 면담을 통해서 더욱 의욕적인 마인드를 가지게 되었다. 또한 잘못한 부분에 대한 것만 체크하는 것이 아니라 잘하는 부분은 잘하는 대로 포상하는 제도도 있다고 하니 직원들은 그 상은 내 것이라며 서로 떠들어 대기도 했다. 이렇게 시작하기도 전에 직원들의 의욕적인 모습을 보니 왠지 결과도 좋을 것 같았다.

"희수씨, 저번에 다녀가신 미스터리 쇼퍼가 오늘 메일로 보낸 건데 고객 설문지야. 한 200부 정도만 복사해서 식사 마치신 분들에게 조사 좀 해야겠어. 알겠지만 고객들이 귀찮아 하실테니까, 잘 말씀드리고 부탁드리라고. 알았지?"

"예, 알겠습니다. 그런데 벌써 미스터리 쇼핑이 시작된 건가요?"

"아니 그건 아니고. 일단 우리 매장의 서비스 수준하고 고객들의 만족도, 기대 등을 알아보기 위해서 조사하는 거라니까 대충하지 말고 잘하라고."

며칠 후 김유명은 마리에서 보내 준 설문지 내용을 토대로 다양한 통계분석을 실시한 후, 결과값을 토대로 비밀스러운 암호문을 해독하듯 심각하게 보고서를 작성하였다[부록 4].

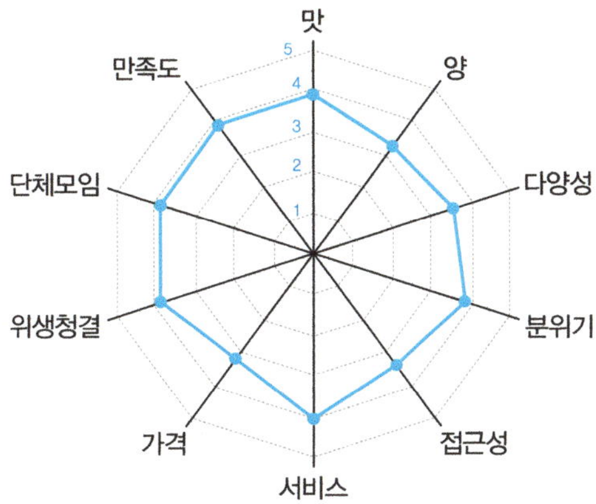

선택속성의 기준

"'마리'의 고객들에게는 서비스와 분위기, 단체모임 적합성, 위생 · 청결이 레스토랑을 선택하는 데 중요한 요인으로 작용하는군. 지난 번 사장님과의 면담에서는 사장님은 가격이나 양, 접근성을 고려하는 고객들이 많다고 했는데 그 판단은 잘못된 것이었네."

"고객들은 '마리'의 메뉴와 서비스, 분위기를 좋아하는 것으로 나오는군. 역시 고객들이 생각하는 단점도 입지(위치) 부분이 높게 나타나고 있군. 그런데 분위기는 장점이기도 하고 단점이기도 하네. 이건 무엇을 의미하는 걸까?"

다양한 통계 수치를 통해서 '마리' 고객들의 생각을 읽은 김유명은 박진수 사장에게 전화를 걸어 다음 회의 일정을 약속한다.

"사장님, 이번 면담에서는 가능하면 직원들도 함께 참여하여 설문지의 결과를 함께 듣고 서로의 의견을 듣는 시간이 필요한 것 같습니다. 한가한 시간으로 시간을 잡았으면 좋겠습니다."

며칠 후 김유명은 마리의 직원들과 한자리에 모여 설문지의 결과를 공유하였다.

공간별 평가 항목

구분		전체	성별		연령별			
			남자	여자	20대	30대	40대	50대
종속변수	만족도	유의	유의	유의	유의	유의	유의	유의
독립변수	맛	○	○	○	○			○
	양		○		○			
	다양성							
	분위기	○	○			○	○	
	접근성							
	서비스							
	가격	○	○					
	위생청결	○		○		○	○	
	단체모임	○		○		○	○	○

주: 95% 신뢰수준

"이번 설문지는 좋고 나쁨 보다는 '마리'를 이용하는 고객이 느끼는 만족도 수준을 알아보기 위한 것입니다. 물론 우리가 생각했던 것과 비슷한 부분도 많았지만 그렇지 않은 부분도 있었습니다. 제가 작성한 보고서를 보시면서 자세히 설명드리도록 하겠습니다. 제 설명이 끝난 후 여러분의 생각은 어떤지 물어보도록 하겠습니다. 현장에서 고객들과 접촉하고 계신 만큼 하실 말씀이 많을 것으로 생각됩니다.

일반적으로 식당을 선택할 경우 맛, 분위기, 위생·청결을 고려하게 되는데 '마리'의 고객들의 경우 그 중에서도 서비스와 분위기에 가장 높은 연관성을 나타내고 있습니다. 반대로 '마리'는 찾아오기 힘든 위치, 높은 가격 등이 단점으로 작용하고 있었습니다."

보고서에는 고객의 만족도에 영향을 미치는 요인이 인구통계적 변수에 따라 어떻게 달라지는지 나타나 있었다. 예를 들면, 남자의 경우 음식의 양, 분위기, 가격이 중요한 반면, 여자의 경우는 위생청결과 단체모임의 가능성이 만족도에 영향을 미치는 차이가 발견되었다. 그 외에 고객의 나이대에 따라서는 만족도에 영향을 미치는 요인이 다르다는 것에 착안하여 고객의 연령에 따라 만족도를 높이기 위한 차별적 대응이 필요함을 알 수 있었다.

보고서의 마지막 부분에는 다음과 같이 '분석에 따른 현황'과 '기타 고객의 니즈'가 상세히 기록되어 '마리'의 경영에 많은 도움이 될 것으로 예상하였다.

분석에 따른 현황

1. 서비스(1), 분위기(2), 단체모임의 적합성(3), 위생청결(4) 높은 평가를 받음
2. 양(10), 가격(9), 접근성(8), 다양성(7)은 낮은 평가를 받음
3. 맛의 경우 점심시간의 평가가 낮음 → 점심메뉴의 개편 필요성
4. 쌈밥 손님은 접근성을 좋게 평가함 → 인근에서만 이용한다는 의미
5. 세트 4를 가장 저렴하게 인식하고 있음 → 가장 비싼 메뉴를 가장 저렴하게 인식
6. 전체적으로 만족도에 영향을 미치는 요인은 맛, 분위기, 가격, 위생청결, 단체모임의 적합성임
7. 남자 손님의 경우 양이 만족도에 영향을 미침 → 저녁 손님은 양에 관심을 가져야 함
8. 여자 손님은 맛, 위생청결, 단체모임의 적합성이 만족도에 영향을 미침
9. 20대는 맛과 양이 만족도에 영향을 미침
10. 30대와 40대는 분위기가 50대는 맛이 만족도에 많은 영향을 미침
11. 직장회식은 분위기, 가족외식은 맛이 만족도에 많은 영향을 미침
12. '마리'의 가장 큰 장점은 메뉴, 서비스, 분위기(물리적인 분위기로 추정됨)
13. '마리'의 큰 단점은 입지, 가격, 분위기(아이들로 인한 어수선한 분위기로 추정됨)

↓

모양이나 변형보다는 혁신과 창의성에 의한 접근이 필요하다.

기타 고객의 needs

1. 점심메뉴는 6,000원대의 부담없는 음식 제공을 원하고 있음
2. 제녁메뉴는 20,000원에서 35,000원 수준의 찜류, 탕류, 오리고기 등 다양한 필요와 니즈가 있음
3. 점심메뉴는 주로 근교의 사람들이 방문하는 것으로 판단됨
4. 저녁메뉴는 주로 원거리 사람들이 방문하는 것으로 판단됨
5. 물리적인 분위기는 만족도가 높으나 어린이 소음 등으로 인하여 나쁜 평가를 하는 경우가 다수 있음
6. 위색 및 청결의 경우 물리적 환경은 좋으나 화장실, 기타 음식 제공의 문제로 평가가 낮을 수 있음
7. 3인분 메뉴에 대한 요구 높음
8. 메뉴 제공속도의 조절이 필요함. 빠른 제공은 편안한 식사를 방해함
9. 고기판 교체 및 청결에 관심 집중

"자, 제가 준비한 보고서는 여기까지입니다. 어떻게 들으셨습니까?"

"말씀하신 대로 저희가 생각했던 것과 비슷한 부분도 있지만 의외의 결과도 있는데요. 특히 메뉴 제공 속도에 대한 생각은 저희하고 많이 다르네요. 저희는 코스요리라서 너무 천천히 나가 테이블에 고기가 떨어지면 안 된다는 생각에 좀 시간을 단축하기도 했는데 그 부분은 지금이라도 시정해야겠는데요."

"빠른 서비스보다는 고객들과 많은 대화를 나누는 것이 중요합니다. 특히 저도 느낀 것이지만 코스요리라 몇 가지가 나오는지도 모르겠고 어느 정도인지 모르니까 식사 내내 좀 답답한 점이 있더군요. '마리'의 서비스 매뉴얼에는 그런 부분이 없지만 처음에 그리고 마지막 코스쯤에는 자세한 설명을 해주는 것도 필요

할 것 같습니다."

"저희도 그러려고 하는데. 요즘 파트타이머들이 교체되는 시기라 교육이 좀 잘 안 되는 것 같네요."

"저도 그렇게 생각합니다. 그래서 본론으로 들어가서, 제가 생각하기에는 '마리'의 서비스 영업 활성화를 위한 방안으로 다음과 같은 목적을 가지고 미스터리 쇼핑을 진행하는 것이 필요하다고 생각합니다.'

- 고객의 만족도에 영향을 미치는 기대 요인(맛, 분위기, 가격, 위생 및 청결, 단체모임 적합성)에 대한 점포 현황 점검을 통한 점포 경쟁력 강화
- 접객 직원의 서비스 매뉴얼 숙지 사항 점검을 통한 파트타임 근무자의 서비스 향상 및 접객 서비스 관리 강화
- 신메뉴 출시에 따른 메뉴의 통일성 및 고객의 반응 점검을 통한 메뉴 품질 관리 측정
- 시설 청결 및 위생관리 상태 점검을 통한 점포 경쟁력 강화

"예, 좋습니다. 그럼 미스터리 쇼핑은 언제부터 진행되는 겁니까?"

"일단은 제가 말씀 드린 목적에 부합되는 '마리'만의 체크 리스트를 만들 것입니다. 완성되면 제가 메일을 통해서 관리자님께 보내 드리겠습니다. 전체적으로 점검 항목과 수준을 확인하시고 만족하시면 그때 미스터리 쇼퍼가 '마리'를 방문하게 될 것입니다. 물론 언제 오는지는 알려 드릴 수 없습니다."

"알겠습니다. 메일 기다리도록 하겠습니다."

"그럼 저희가 그 체크리스트를 볼 수는 없나요?"

"아닙니다. 체크리스트가 완성되면 직원 여러분들도 꼭 어떤 내용을 점검하는지 숙지하셔야 합니다. 체크리스트는 여러분을 평가하기 위해서만 작성된 것이

아니라 앞에서 말씀드린 목적을 달성하기 위한 직원 여러분들의 행동지침의 역할을 할 것입니다. 즉, 고객들께서 원하는 것이 무엇이고 어떻게 하면 고객들을 만족시킬 수 있을지, 그리고 만족한 고객을 지속적으로 유지하기 위해서 직원분들이 해야 할 최소한의 행동지침이라고 이해해 주시기 바랍니다."

'마리' 직원들과 면담을 마친 김유명은 돌아와 보고서의 내용, 직원과의 면담 내용, 미스터리 쇼핑의 목적, 기업의 목적 등을 다시 한 번 차근차근 확인하듯 읽어보며 어떻게 하면 체크리스트를 통하여 마리의 현황 정확하게 평가하고 미스터리 쇼핑의 목적과 목표를 달성할 수 있도록 설계할 수 있을까를 고민하였다. 외식기업의 현황을 파악하기 위해서는 외식기업의 서비스, 메뉴, 시설, 위생에 관하여 평가할 수 있는 항목을 선별하여 해당 기업의 목표와 표준에 맞는 체크리스트를 설계하여야 한다. 김유명은 외식기업의 체크할 항목들을 정리한 체크리스트를 천천히 살펴보고 '마리'에 맞는 체크리스트를 설계한다.

거울보기

"희수씨 여기 미스터리 쇼핑 체크리스트가 왔어. 직원들 모두에게 한 번씩 읽게 하고 우리가 하는 서비스하고 다른 부분이 있거나 불가능한 부분이 있으면 오늘 중으로 말해 주세요."

'마리'의 모든 직원들은 미스터리 쇼핑 체크리스트를 상세히 살펴보고 있다.

개점부터 홀을 담당하고 있던 미진이는 큰언니답게 이번 미스터리 쇼핑에 거는 기대가 크다. 개점 때부터 있었던 터라 이번 미스터리 쇼핑의 결과로 예전처럼 매장 분위기가 좋아졌으면 하는 바람이 있는 것이다.

"희수씨, 여기 이 부분은 좀 그렇지 않나? 사실 서비스 매뉴얼에는 그렇게 써

있는지는 모르지만 지금은 사람이 없어서 못하고 있잖아. 처음 오픈했을 때에는 캐셔도 따로 있고 해서 들어오는 고객들 인사도 하고 자리도 안내하고 했는데 지금은 직원이 없으니. 이거 점수 매기면 거의 빵점이겠네, 빵점……."

"무슨 말씀이세요? 희수씨, 뭐가 빵점이라는 건가요?"

"아! 체크리스트 보고 있었어요. 고객 환영 부분에서 지금 저희 매장에 캐셔가 따로 있는 것도 아니고 그렇다고 홀 직원이 나와서 할 수 있는 것도 아니고 해서."

"아, 예. 그렇지 않아도 저도 그 부분을 김유명씨에게 말했는데, 김유명씨 말씀이 고객이 처음 매장을 들어와서 처음 인사 받는 것이 매장의 첫인상인데 인력이 부족하다 것으로 변명하기에는 잃는 것이 너무 많을 것 같다고 해서, 캐셔는 앞으로 제가 책임지도록 하겠습니다. 물론 제가 자리를 비운 사이에는 희수씨나 미진씨가 꼭 자리를 지켜주시고. 또 다른 직원들도 지금처럼 입구에서 잘 보이는 곳에서 사이드 업무를 진행할 수 있도록 해주세요. 고객이 들어오면 누구든지 먼저 인사하고요. 알겠지요?"

그후에도 박진수 사장은 직원들의 의견을 수렴하여 몇 차례 김유명에게 전화하여 체크리스트를 수정하였다. 김유명도 박진수 사장의 의견을 모두 반대하지 않고 충분히 이해시키고 설득하여 마리 미스터리 쇼핑 체크리스트[부록 5]를 완성하였다. 체크리스트를 완성한 김유명은 미스터리 쇼핑을 실행할 담당자에게 전화를 걸어 상황을 알려준다.

"이번에는 생고기 코스전문점 '마리'입니다. 지금 메일로 '마리'에 대한 기본적인 정보와 점포 조사 체크리스 결과와 고객 설문 결과, 미스터리 쇼핑 체크리스트 보내니까 확인하시고 다음 주말까지 완료해서 평가서 보내주시기 바랍니다."

"예, 알겠습니다. 특별한 추가사항은 없을까요?"

"음. 이번에 점심메뉴 중에서 새로운 것이 있는데 평일 점심에 가서 점심메뉴도 확인해 주시고 점심시간 때의 서비스를 중점적으로 평가해 주시기 바랍니다."

김유명은 같은 내용의 전화를 어디론가 다시 하고서는 메일로 '마리'에 관한 정보와 '마리'의 미스터리 쇼핑을 위한 가이드[부록 6], '마리'의 미스터리 쇼핑 체크리스트[부록 5]를 발송하였다.

김유명과 통화한 이지수는 김유명의 메일에서 첨부파일을 열어 이번에 평가하게 될 '마리'에 대한 사전자료를 정리하였다.

"이번에는 생고기 코스전문점이네. 맛있겠네. 이번에 런칭한 점심메뉴가 낙지볶음이네. OK 좋았어. 다음 주 화요일에 방문해 봐야겠군. 이번에는 누구하고 같이 갈까? 매워 보이니까 매운 것을 좋아하는 후배하고 가야겠다."

이지수는 '마리'에 대한 체크리스트를 확인하고 미스터리 쇼핑 실행에 대한 사전 시나리오를 구상한 후 후배에게 전화하여 함께 '마리'를 방문할 계획을 세웠다.

후배와 약속한 날 지수는 약속한 시간에 늦지 않게 도착하여 자신이 계획한 동

선에 따라 시설의 청결 상태를 확인하고 직원들의 접객 서비스 상태를 점검하였다. 물론 중간 중간 후배에게 사진을 찍어준다는 핑계로 매장의 현상을 사진에 담기 위해 노력하였으며 기록해 둔 사진들과 휴대전화를 이용하여 중간의 상황들을 녹음하는 것도 잊지 않았다.

식사를 마치고 집으로 돌아온 이지수는 자신의 평가사항을 잊어버리기 전에 '마리' 미스터리 쇼핑 평가서[부록 7]를 작성하기 시작하였다. 사전 시나리오를 구상하고 계획대로 움직인 터라 평가서를 작성하는 것이 그리 어려운 일은 아니었다. 물론 기록해 온 사진과 녹음 내용이 도움을 주었기 때문이다. 이제 이지수는 자신이 작성한 '마리'의 미스터리 쇼핑 평가서를 김유명에게 보내기만 하면 되는 것이다. 몇 달째 미스터리 쇼핑의 일을 하고 있지만 맛있는 음식을 무료로 먹으면서 부수입도 올리는 훌륭한 1인 기업이라는 생각을 하면서 메일 보내기 버튼을 클릭하였다.

김유명은 '마리'의 미스터리 쇼핑 평가서가 첨부파일로 들어있는 메일을 받았고 '마리' 미스터리 쇼핑 평가서[부록 7]를 살펴보았다. 이로부터 이틀 후 같은 내용의 첨부파일이 있는 메일을 또 한 통 받아 확인하였다. 김유명은 자신이 미스터리 쇼핑을 의뢰한 이지수와 조희준의 평가서를 통하여 미스터리 쇼핑 실시 때의 '마리' 매장을 상상하며 보고서[부록 8]를 작성한다. 박진수 사장과의 면담에서 느끼던 것과 같이 마리는 서비스에 대한 생각들은 많은데 실제 매장에서의 실행이 부족한 것으로 평가되었다. 특히 직원들이 고객과의 대화가 부족하여 자칫하면 매우 불친절하다고 느낄 수 있었다.

보고서를 완료한 김유명은 박진수 사장에게 전화를 걸어 보고서의 내용에 대하여 간결한 브리핑과 함께 다음 날의 약속 시간을 잡았다.

수정하기

"역시 서비스 부분에 대한 부족한 면이 많군요. 저희 직원들이 고객에 대한 배려가 없는 것은 아닌데. 어떻게 해야 할까요?"

"아닙니다. 평가 분석 결과를 보면 아시겠지만 기본적인 인사와 접객 멘트조차 이루어지지 않아서 감점된 것들이 많이 있습니다. 마리의 직원분들은 행동으로 서비스를 보여주려 하지만 실제로 고객들은 말없이 움직이는 것에 익숙하지 않거든요. 아무래도 고객과는 많은 대화를 하는 것이 좋습니다. 마리 직원분들은 마음 속의 친절을 표현하는 것이 약하다는 생각이 듭니다. 제가 생각하기에는 가지고 계신 서비스 매뉴얼에 있는 내용을 매일 조금씩 조회시간을 이용하여 교육하는 것이 필요하다고 생각합니다. 계속 말하는 것을 연습해야 실전에서도 유용하거든요."

"하지만…"

"아닙니다. 매일 3~5분 정도씩 중요한 포인트만을 지속적으로 반복하는 것이 좋습니다. 너무 길게 하면 지루하고 너무 짧아도 효과를 보지 못하지요. 제가 생각하기에 사장님은 고객에게 친절하고는 하지만 어떻게 하는 것이 친절한 것인지는 알려주지 못하고 있습니다. 또한 직원들도 고객과의 대화를 연습해야 실전에서도 자신있게 말할 수 있는데 현재는 그렇게 하지 못하고 있습니다. 이번 기회에 서비스 매뉴얼도 수정하고 간단한 교육을 위한 핸드북도 만드시는 것이 좋습니다. 필요하시면 제가 서비스 매뉴얼을 토대로 만들어 드리도록 하겠습니다."

박진수 사장과 이달 평가에 대한 보고와 제안사항에 대한 회의를 한 후 김유명은 '마리'의 서비스 매뉴얼을 총 11단계 만들어 일일 스피드 서비스 교육[부록 9] 매뉴얼을 만들고 각 단계에 따라 중요한 요소를 따로 모아 서비스 핸드북[부록 10]을 만들었다.

박진수 사장은 이제 매일 조회 시간을 활용하여 직원들을 교육한다.

"자, 오늘은 서비스 표준 중에서 5번 반갑습니다. 오늘은 '마리' 서비스 표준 제5일차로 물과 메뉴판 제공 시 서비스 표준을 소개하도록 하겠습니다. 오늘은 발음을 정확하게 하기 위한 노래 하나 하도록 하겠습니다. 아~~ 에~~ 이~~ 오~~ 우~~."

"아~~ 에~~ 이~~ 오~~ 우~~."

"오늘 교육하게 될 내용은 고객에게 자리를 안내한 후 물과 메뉴판 제공 시 우리가 해야 할 서비스 표준에 대해서 알아보도록 하겠습니다."

"고객에게 물과 메뉴판을 제공할 때는 다음과 같은 서비스 표준을 준수하여야 합니다. 먼저 '안녕하세요. 어서오세요.'라고 말하며 자신이 테이블을 담당하게 될 것이라는 것을 알립니다. 두 번째 '물과 메뉴판 여기 있습니다.' 세 번째 '메뉴를 고르시고 벨을 눌러 주시면 다시 돌아와 도와드리겠습니다.'라고 말하며 손을 모아 벨의 위치를 알려드립니다. 마지막으로 고객의 테이블에서 물러날 때는 '감사합니다.'라고 말하고 자신의 정해진 자리에 위치합니다. 자, 알겠지요. 그럼 다같이 따라합시다. 목소리는 크게."

"안녕하세요. 어서오세요. 다같이!!"

"안녕하세요. 어서오세요."

"물과 메뉴판 여기 있습니다."

"물과 메뉴판 여기 있습니다."

"메뉴를 고르시고 벨을 눌러 주시면 다시 돌아와 도와드리겠습니다."

"메뉴를 고르시고 벨을 눌러 주시면 다시 돌아와 도와드리겠습니다."

"마지막으로, 감사합니다."

"감사합니다."

"목소리 크고 친절하게, 다시 한 번!"

굳히기

"사장님, 미스터리 쇼핑 결과가 어떻습니까?"

"처음에 자기들을 몰래 평가하는 것이 기분 나쁘다고 생각하던 직원들도 그냥 친절한 것이 아니라 정확하게 어떻게 친절하게 해야 하는지 알려 주기 때문에 일하는 것이 훨씬 편해졌다고 합니다."

"희수씨는 어떠신지요?"

"저도 처음에는 속으로 반대했거든요. 평가는 누구든지 좋아하지 않으니까요. 하지만 미진이 언니가 적극적으로 해보자고 해서 믿고 했는데 참 좋았습니다. 특히 지난 달에는 미스터리 쇼핑 평가도 좋고 매출도 좋아서 사장님께서 약속하신 보너스도 주셨거든요. 입사해서 처음 있는 일이라 너무 좋았습니다."

"하지만 미스터리 쇼퍼들의 송곳같은 평가는 너무 가슴 조이게 만듭니다. 이번에 내 이름이 안 좋게 나오면 어떻게 하지? 조마조마 하거든요."

"하하. 미진씨, 그럴 필요까지는 없습니다. 평가 당한다고 생각하시지 말고 그냥 '마리'의 서비스 매뉴얼대로 고객에게 친절하게 하시면 됩니다. 물론 평가가 나쁘게 나오는 것이 좋을 이유는 없지만 너무 긴장감이 없이 근무하는 것도 발전적이지 못하다고 생각해요."

"그런데 몇 개월 미스터리 쇼핑을 하다보니까 전에는 눈에 보이지 않았던 것들이 눈에 보일 정도가 되었어요. 고객의 마음도 조금 알 수 있을 것 같고요. 다른 집에 가면 저도 매의 눈이 된다니까요. 저도 모르게 평가하고 있는 모습을 보고 깜짝깜짝 놀랍니다."

"다음부터는 희수씨는 미스터리 쇼퍼로 써야겠는데요. 매의 눈으로 송곳같은 평가를 하도록요. 하하하"

'마리'는 이제 주변에서 다시 구전되는 맛집으로, 친절한 집으로 인기를 끌고 있다. 정기적이고 규칙적인 고객만족도 조사와 함께 미스터리 쇼핑을 병행함으로써 높은 고객만족도를 실현한 결과이다. 또한 고객의 외식에 대한 트렌드를 파악할 수 있게 됨으로써 주기적인 리뉴얼, 신메뉴 출시 등 많은 도움을 얻게 되었다. 변화가 없이는 단명하는 외식업계에서 '마리'는 영원히 살아남을 수 있도록 도와주는 기법으로서 미스터리 쇼핑의 가치를 높게 인식하고 있다.

박진수 사장은 잘되고 있는 지금에도 고객들의 만족을 위해 고객을 이해하고 직원들에게 적당한 긴장감을 주어야 이 자리를 유지할 수 있겠다는 확신을 가지게 되었다. 그리고 앞으로는 더 좋은 서비스를 고객에게 제공할 수 있는 방법을 김유명 컨설턴트와 함께 상의해야겠다고 생각하였다. 새로운 목표에 따른 체크리스트를 만들어 운영할 시점이라는 생각에 사장인 박진수도 긴장감에 가슴이 떨렸다.

부록

1. 점포조사 체크리스트
2. 서비스 매뉴얼
3. 고객기대수준 설문지
4. 고객기대수준 설문 결과 분석
5. 미스터리 쇼핑 체크리스트 설계
6. 평가 가이드
7. 미스터리 쇼핑 평가서
8. 미스터리 쇼핑 평가 보고서
9. 서비스 교육 교재
10. 서비스 핸드북
11. 미스터리 쇼핑 체크 리스트

1. 점포 사전조사 체크리스트

1) 점포 개요

<table>
<tr><th colspan="7">방문 점포 사전 정보</th></tr>
<tr><td>상호명</td><td colspan="3"></td><td>방문일자</td><td colspan="2"></td></tr>
<tr><td>점포개요</td><td colspan="3"></td><td>테이블 구성</td><td colspan="2"></td></tr>
<tr><td>주메뉴</td><td colspan="3"></td><td>메뉴 가격대</td><td colspan="2"></td></tr>
<tr><td>주소</td><td colspan="3"></td><td>홈페이지</td><td colspan="2"></td></tr>
<tr><td>전화번호</td><td colspan="3"></td><td>영업시간</td><td colspan="2"></td></tr>
<tr><td>할인정보</td><td colspan="6"></td></tr>
<tr><td>주차장 위치</td><td colspan="2"></td><td>주차가용대수</td><td></td><td>대리 주차</td><td></td></tr>
<tr><th colspan="7">상권 현황 조사</th></tr>
<tr><td rowspan="2">집객시설현황</td><td>백화점</td><td colspan="2"></td><td>영화관</td><td colspan="2"></td></tr>
<tr><td>대중교통</td><td colspan="2"></td><td>기타</td><td colspan="2"></td></tr>
<tr><td>유동 인구 특성</td><td>성별</td><td colspan="2">남(　　)%, 여(　　)%</td><td>주요 연령대</td><td colspan="2"></td></tr>
<tr><td>주변 상가 현황</td><td colspan="3"></td><td>번성점포</td><td colspan="2"></td></tr>
</table>

2) 점포 평가서

분류	평가 항목	평가 점수	평가 사유
간판	가시성	☆☆☆☆☆	
	디자인	☆☆☆☆☆	
점포 입구	분위기	☆☆☆☆☆	
	접근성	☆☆☆☆☆	
	가시성	☆☆☆☆☆	
점포 내부	내부 분위기	☆☆☆☆☆	
	고객동선 편의성	☆☆☆☆☆	
	직원 개인 위생	☆☆☆☆☆	
	직원 서비스	☆☆☆☆☆	
메뉴북	메뉴북 디자인	☆☆☆☆☆	
	메뉴구성	☆☆☆☆☆	
메뉴	테이블 세팅	☆☆☆☆☆	
	맛	☆☆☆☆☆	
	스타일	☆☆☆☆☆	
	양	☆☆☆☆☆	
	신선도	☆☆☆☆☆	
주방	시설위생	☆☆☆☆☆	
	조리사위생	☆☆☆☆☆	

(계속)

분류	평가 항목	평가 점수	평가 사유
화장실	청결	☆☆☆☆☆	
	편의성	☆☆☆☆☆	

3) 전체 평가

4) 별첨 자료

- 점포와 주변 상가를 다른 각도에서 촬영하여 해당 상권을 파악할 수 있는 사진 2장 이상
- 주차장의 위치와 주차장의 규모등을 확인할 수 있는 사진
- 점포의 상호가 명시된 간판으로 간판의 가시성을 알아 볼 수 있는 거리에서 촬영한 사진
- 점포 입구에 홍보물(현수막, X-베너 등)의 사진
- 점포의 출입문을 중심으로 점포의 접근성을 알아 볼 수 있는 사진
- 점포 외부의 특징적인 익스테리어 사진 (ex, 테라스의 야외 테이블)
- 메뉴 제공 전의 테이블 세팅 사진(테이블 소품 위주의 사진)
- 내부 레이아웃과 분위기를 한눈에 볼 수 있는 사진 2장
- 내부 마감재나 인상적인 인테리어 소품 사진
- 홀직원, 주방직원의 용모를 판단할 수 있는 사진
- 전체 메뉴 리스트와 메뉴북 디자인을 확인할 수 있는 메뉴북 사진
- 주방 레이아웃과 분위기를 볼 수 있는 사진
- 특색있는 주방 기물 사진
- 제공된 모든 메뉴 사진(전체적이 구성 사진과 각 메뉴별 사진)
- 화장실 전체 사진 및 인상적인 인테리어 소품 사진

2. 서비스 매뉴얼

1. ○○○에서의 서비스란?

- ○○○의 서비스는 만족이다.
- ○○○의 서비스는 자신의 일에 만족하는 ○○○ 직원에 의해 만들어진다.
- ○○○의 고객은 ○○○ 안에서 항상 만족스러워야 한다.
- ○○○ 직원은 항상 고객님의 만족스러운 식사를 위해서 만족스러운 메뉴를 준비하고 만족스러운 서비스를 제공하기 위해 항상 노력한다.

2. ○○○ 서비스 직원의 다짐

① ○○○의 직원은 항상 고객을 만족시킨다

- 고객의 만족을 위해서 고객의 소리에 귀 기울여야 한다.
- 고객에게 맛있는 음식을 제공해야 하여야 한다.
- 고객이 우리의 룰을 이해하지 못하는 경우에도 고객을 이해하여야 한다.

② ○○○의 직원은 항상 동료를 만족시킨다

- 동료들이 항상 함께 일하고 싶은 사람이 되도록 노력하여야 한다.
- 동료들의 도움이 필요할 때는 자발적으로 도움을 주어야 한다.
- 감사와 불만의 뜻은 마음에 두지 말고 항상 말로 표현하여야 한다.

③ ○○○의 직원은 항상 자신을 만족시킨다

- 자신의 업무 능력을 향상시키도록 노력하여야 한다.
- 회사의 비전을 바로 이해하여 회사와 함께 발전할 수 있어야 한다.
- 업무 외적으로도 자기 개발에 노력하여 자기 성취를 이루도록 하여야 한다.

3. ○○○의 서비스 9대 용어

안녕하세요. 어서오세요.

예 잘 알겠습니다.

감사합니다.

실례합니다. 제가 도와드리겠습니다.

더 필요한 것은 없으십니까?

죄송합니다. 잠시만 기다려 주십시오.

기다려 주셔서 감사합니다.

다음에 또 뵙겠습니다.

안녕히 가십시오.

4. 고객 접객을 위한 준비사항

① 홀 청소

- 고객을 맞이하기 전에 홀은 항상 깨끗하게 청소되어 있어야 한다.
- 영업 중 더러워진 홀 바닥은 수시로 확인하여 더러워진 홀 바닥은 바로 청소하여 다른 고객으로 하여금 불쾌감이나 안전사고가 발생되지 않도록 한다.
- 출입구의 유리, 전면 유리는 매주 세제를 이용하여 청소하며 매일 오픈 전 확인하여 깨끗함을 유지하여야 한다.
- 홀에 비치된 액자, 조명 기구, 인테리어 소품등은 주 1회 세제를 묻힌 행주를 이용하여 청소한다.
- 홀에는 불필요한 물건들은 창고로 보관하여 홀의 정리정돈 상태를 유지한다.

② 테이블 세팅

- 테이블은 항상 청결하게 정리되어 있어야 한다.
- 테이블은 깨끗한 행주와 위생제를 이용하여 닦아 준다.
- 테이블에 세팅되는 기물(수저, 물컵, 냅킨 등)은 항상 청결하게 보관 되어야 하며, 노후하거나 파손된 기물이 있는지 역시 세팅 시 항상 확인하고 세팅하여야 한다.
- 입식 테이블의 경우 롤링 상태를 체크하여 고객에게 불편함을 주지 않도록 한다.

③ 식자재 준비

- 식자재의 준비 상태는 주방 직원뿐만 아니라 홀 직원들도 공유하여 고객 주문에 적절히 대응할 수 있어야 한다.
- 식재료의 준비는 항상 위생적으로 처리되어야 한다.
- 고객에게 노출되는 식자재는 보관에 있어서 청결을 유지하여야 한다.

④ 기기 및 기물 점검

- 개점 시 모든 직원은 자신의 위치에서 사용되는 모든 기기 및 기물을 점검하여 영업 중 사용하는데 불편함이 없도록 하여야 한다. 특히 청소기물은 고객의 눈에 띄지 않는 곳에 보관한다.
- 점검 시 고장 난 기기는 신속히 점검, 수리하여 고객에게 불편함을 주는 일이 없도록 한다.
- 매장 담당자는 고장 기기에 의한 영업 방해가 예상되는 경우 신속히 차선책을 선택하여 영업에 임하여야 한다. 이를 위해서는 고장의 경우를 대비하여 여러 가지 차선책을 미리 강구해 놓아야 한다.
- 소모품이 재고량을 파악하여 발주 시점을 놓치는 일이 없도록 한다.

5. 상황별 접객 방법

① 몸가짐

- 미소와 몸가짐은 매우 중요합니다. 근무 시작 전에 거울 앞에서 웃는 모습을 연습하고 몸가짐을 확인하여야 한다.
- 여성의 경우 화장은 자연스럽게 하여 건강한 느낌을 주어야 하며, 립스틱은 반드시 붉은 색을 사용하여야 한다. 진한 향의 향수나 화장품은 사용을 금한다.
- 남자는 수염은 깎고, 머리는 짧게 잘라서 셔츠에 닿지 않도록 한다. 유니폼과 앞치마는 잘 세탁하여 입으며 손톱은 짧게 구두는 잘 닦아 검은 색 양말과 함께 신는다.
- 액세서리는 시계외의 것은 금한다.
- 유니폼은 때나 얼룩이 묻어 있지 않고 구겨짐 없이 다림질 되어 깨끗한 상태여야 한다.
- 앞치마는 항상 깨끗해야 하며 색이 바래지 않아야 한다.
- 명찰은 좌측 상의 주머니에 달아야 하며, 항상 전면을 향해 있어야 한다.
- 주머니에 펜이 항상 준비되어 있어야 한다.
- 머리는 뒷머리카락이 옷깃에 닿지 않도록 자르거나 머리망을 하여 서비스시 흘러내리지 않도록 고정하며, 머리카락은 눈을 가리지 않도록 한다.
- 염색은 자연스러운 갈색 또는 진한 색에 한하며 혐오감을 주는 원색의 염색 및 탈색 등은 금한다.

② 대기 자세

- 정해진 장소에서 바른 자세로 대기하여야 한다.
- 고객 앞 또는 고객을 기다릴 때에도 항상 자세가 흐트러지지 않도록 하여야 한다. 대기 자세는 고객에게 있어 첫인상이 될 수도 있기 때문에 매우 주의하

여야 한다.

- 대기 시 턱은 당기고 시선은 정면을 향한다. 등은 굽히지 말고 가슴과 함께 곧게 편다.
- 입가엔 미소를 짓고 시선은 고객이 오는 입구 방향을 주시한다.
- 목 주변을 만지거나 신문 잡지를 읽고 있어서는 안 된다.
- 손님이 없더라도 벽에 기대어 동료들과 대화를 나누거나, 주머니에 손을 넣고 있거나, 다리나 발 등의 피부와의 접촉을 피한다.
- 휴대폰을 사용하거나 팔짱을 끼거나 하품, 담배를 피우는 행위는 해서는 안 된다.
- 사이드 업무를 진행할 시에는 정해진 장소를 이용하여 정숙하게 진행한다.

③ 고객환영 및 자리 안내

- 고객을 환영할 때에는 고객이 '환영받았다.' 고 느낄 수 있도록 인사해야 한다. 모든 인사는 허리를 15도 정도 가볍게 숙여 인사한다.
- 고객이 내점 즉시 "안녕하세요, 어서오세요."라고 인사를 하여 환영하여야 한다.
- 다음으로 예약 여부를 확인할 시에는 "예약 하셨습니까?"라고 말하여야 한다.
- 예약 고객이 아니라면 "몇 분이십니까?" 라며 동행 고객수를 확인하여야 한다.
- 고객의 입장을 처음 발견한 직원이라면 누구든 고객을 향해 환영인사를 하여야 한다.
- 고객과 눈을 응시하면서 활기차게 인사를 한다.
- 매장에 빈자리가 없는 경우 "죄송하지만 잠시만 기다려 주시겠습니까?" 라며 공손하게 웨이팅 좌석을 안내하여야 한다. 대기고객은 우리 매장에 대한 충

성도가 매우 높은 고객이다.

- 대기 고객에 대해서는 지속적인 관심과 빠르게 좌석을 마련하고 있다는 것을 보여주어야 한다.
- 고객의 자리를 안내 할 때에는 "제가 안내해 드리겠습니다." 라고 말하며 고객의 순서가 틀리지 않도록 주의하여야 한다.
- 기다리신 고객을 안내할 시에는 "기다려 주셔서 감사합니다." 라고 기다려 주신 것에 대한 감사를 표시한다.
- 고객이 특별히 선호하는 자리가 있는지 물어보고 안내한다. "흡연석과 금연석 어디로 안내해드릴까요?"
- 고객을 자리로 안내할 때에는 "이쪽으로 오시겠습니까?" 라고 하며 손을 가지런히 모아 이동하려는 방향을 향하며 고객보다 2~3걸음 앞서 걸어간다.
- 홀서버에게 고객을 인도할 시에는 정확한 인원수를 담당 서버에게 전달하며 고객에게 "즐거운 시간되십시오." 라고 말하여야 한다.
- 담당 홀 서버는 "안녕하세요. 어서오세요. 자리에 앉아계시면 물과 메뉴북 가져다 드리겠습니다. 잠시만 기다려 주세요." 라도 말하고 메뉴북과 물을 가져다 드린다.

④ 물과 메뉴북 제공

- 담당서버는 "물과 메뉴북 여기 있습니다." 라고 말하며 메뉴북과 물을 제공한다.
- 메뉴북과 물을 테이블에 내려놓을 때 소리가 나지 않도록 주의한다.
- 메뉴북은 외관이 위생적으로 관리되어야 한다.
- 메뉴북의 서빙이 끝나면 "메뉴를 고르시고 벨을 눌러 주시면 도와드리겠습니다." 라고 말하고 간단히 목례하고 물러서 대기한다.
- 홀 직원은 메뉴에 대한 상식을 가지고 고객의 질문에 정확히 답해야 한다.

• 컵은 세팅시 이물질이나 이가 나간 컵이 세팅되지 않도록 주의한다.

⑤ 주문 받기

• 주문을 받고 전표를 작성 시 고객에게 재촉하는 인상을 주지 않도록 하여야 한다.
• 고객이 메뉴 선택을 하였다고 판단되면 다가서서 "주문 도와드리겠습니다." 라고 말하고 주문을 받아야 한다.
• 품절 및 문제가 되는 제품이 없는지는 확인하여야 하며 대신 권유할 메뉴를 기억해 두어야 한다.
• 주문을 받은 후에는 "주문하신 메뉴, 확인해 드리겠습니다." 라고 말하고 고객과 눈을 맞추고 반드시 고객에게 주문 내용을 정확히 복창하여야 한다.
• 주문을 받을 시 "음료나 술은 필요하지 않으십니까?" 라고 말하며 음료나 주류의 추가 주문을 유도하여야 한다.
• 추천 메뉴 권유 시 고객의 입장을 고려하여 메뉴를 추천하여야 한다. 무조건 비싸거나 간편한 음식을 권유하여서는 안 된다.
• 잘못된 주문이라고 판단될 시 고객에게 메뉴에 대한 자세한 정보를 제공하여 불필요한 불만을 없애도록 한다.
• 주방 전달시 고객의 특별한 요청은 가능한 부분을 확인하여 정확히 전달하여야 한다.

⑥ 메뉴 예비 세팅

• 서버는 음식을 주문받고 나서 5분 안에 기본적인 찬류와 주류를 세팅하여야 한다.
• "잠시만 실례하겠습니다. 반찬 준비해드리겠습니다." 라고 말하며 음식을 세팅한다.
• 음식이 나오면 우선 그릇 주변이 깨끗한지, 이물질은 없는지 등을 체크하여

야 한다.

- 그릇을 테이블에 올릴 때에는 큰소리가 나지 않도록 하며, 정해진 위치에 정확히 두어야 한다.
- 다른 테이블의 고객과 순서가 바뀌어 제공해서는 안 된다.
- 고객이 주문한 음식이 제대로 나왔는지 확인하고 제공하여야 한다.
- 음식을 제공할 시에는 음식물에 손이 닿지 않도록 한다.
- 음식을 제공한 후에는 "더 필요한 것은 없으십니까?", "감사합니다. 맛있게 드세요."라고 말하며 고객 테이블에서 물러난다.

⑦ 메뉴의 제공

- 고객에게 찬류를 제공하고, 15분 안에 메인 메뉴를 제공하여야 한다.
- 음식이 나오면 우선 그릇 주변이 깨끗한지, 이물질은 없는지 등을 체크하여야 한다.
- 다른 테이블의 고객과 순서가 바뀌어 제공해서는 안 된다.
- 고객이 주문한 음식이 제대로 나왔는지 확인하고 "잠시 실례하겠습니다. 주문하신 메뉴 나왔습니다."라고 말하며 제공하여야 한다.
- 음식을 제공할 시에는 음식물에 손이 닿지 않도록 한다.
- 코스로 제공되는 메뉴의 경우 메뉴의 이름과 순서에 대해서 정확히 설명해드려야 한다.
- 코스 메뉴가 모두 나왔을 경우 주문한 것이 모두 나왔다는 것을 알려야 한다.
- 음식을 제공할 때마다 "감사합니다. 맛있게 드세요."라고 말하며 고객에게 인사를 하여야 한다.
- 고객에게 더 필요한 것은 없으신지 물어보며 필요한 것이 있으면 확인하여 제공한다.
- 테이블에서 물러날 때에는 간단한 눈인사를 한다.

⑧ 중간 서비스

- 고객이 식사를 하는 중간에 지속적으로 테이블을 방문하여, 고객의 만족도 및 필요 사항에 대하여 확인하고 제공하여야 한다.
- 고객이 벨을 눌러 필요함을 호소하기 전에 다가서는 것이 고객의 만족도를 높일 수 있다는 것을 알아야 한다.
- 하나의 동작을 하는 동안 다른 것들은 부족한 것이 없는지 확인하여야 한다.
- 다 드신 그릇은 고객에게 "빈그릇은 치워 드릴까요?" 라고 동의를 구하여 치우거나 리필 가능한 것이라면 고객에게 필요 여부를 물어 리필해 주어야 한다.
- 접객 시에는 항상 "잠시 실례하겠습니다.", "감사합니다. 맛있게 드세요." 등의 접객 용어를 사용한다.

⑨ 계산

- 계산은 항상 정확하게 이루어져야 하며 만족도에 대한 체크를 하여야 한다.
- 계산을 할 때에는 "감사합니다. 오늘 식사는 맛있게 하셨습니까?" 라고 말하며, 고객에게 드신 메뉴와 합계 금액을 정확히 알려 주어야 한다. "오늘 드신 메뉴는 ( ), ( ) 맞으십니까?" 라고 말한다.
- 고객에게 계산 방법에 대해서 물어 보아야하며 현금일 경우 현금 영수증의 발행 여부를 물어 보아야 한다. "계산은 현금, 카드 어느 것으로 하시겠습니다."
- 서비스권, 할인권 등 쿠폰을 사용하는 경우 사용 혜택에 대해서 다시금 확인하여 합계금액을 알려주어야 한다.
- 현금으로 받을 시에는 받은 금액을 정확히 고객에게 알려야 한다. 예를 들어 "고객님, 만원 받았습니다."
- 카드 결제 시는 "카드 받았습니다. 서명 부탁드립니다."라는 용어를 사용한다.

- 잔돈은 항상 넉넉히 보관하여 부족한 일이 없도록 하며 되도록 깨끗한 신권을 준비하는 것이 좋다.
- 마지막으로 "영수증 여기 있습니다.", "영수증과 잔돈 천원 여기 있습니다." 라고 말하며 항상 감사를 표현하여야 한다.
- 고객과 이야기할 때에는 신뢰감을 줄 수 있도록 눈을 맞추고 이야기 하여야 한다.
- 식사에 대해 불만족하시는 고객에 대해서는 "말씀해 주셔서 감사합니다. 오늘 식사가 만족스럽지 못하여 죄송합니다. 오늘 말씀해주신 내용은 꼭 담당자에게 전달하여 보완하도록 하겠습니다." 라고 말하여 고객에게 꼭 시정할 것을 약속드리는 표현을 하여야 한다.

⑩ 고객 전송

- 고객의 전송은 고객 접객의 마지막 단계로 중요한 역학을 한다.
- 모든 직원은 나가는 고객에게 감사의 표현으로 "감사합니다. 안녕히 가십시오." 라고 말하며 재방문을 유도하는 말로 "다음에 또 뵙겠습니다." 라고 말하여야 한다.
- 허리는 30도 가량 숙여 인사한다.
- 불만족 고객이라면 더욱 정중하게 인사하여야 한다.

⑪ 테이블 마무리 및 세팅

- 고객의 동작에 주의하여 식사가 완전히 끝난 것을 확인된 후 식기를 치워야 한다.
- 식사를 마친 고객이 디저트와 함께 대화하고 있다면, 고객의 의사를 물어 빈 그릇을 치우는 편이 좋다. 다만 고객으로 하여금 빨리 나가라고 하는 것처럼 느끼게 해서는 안 된다.

- 고객이 나가신 후에는 다음 고객을 위해 최대한 빠르게 테이블을 정리하여야 한다.
- 고객이 드신 후 남은 음식은 한곳에 모아 음식을 재사용을 하지 않는다는 것을 보여주어야 한다.
- 식기를 치울 시에는 가능하면 카트를 사용하여 동선을 줄이도록 한다.
- 테이블은 위생제를 사용하여 위생적으로 닦아 낸다.
- 냅킨, 수저 등의 양을 확인하여 부족하지 않도록 채워 두어야 한다.
- 테이블, 의자, 방석 등을 정리하여 제자리에 두어야 한다.
- 정리가 끝나지 않은 좌석에는 고객을 절대 앉혀서는 안 된다.
- 분실물이 발생하였을 경우에는 고객의 위치를 확인하고 나가신 경우에는 캐셔데스크에 습득일자, 시간 등을 기록하여 임시로 보관하고 마감 후 정해진 곳에 보관한다.

⑫ 전화 응대

- 전화는 가능한 벨이 3회 울리기 전에 받아야 한다. "감사합니다. ○○○입니다."
- 3회 이상 울려 늦게 전화를 받았다면 늦은 것에 대한 사과를 하여야 한다. "늦게 받아 죄송합니다. ○○○입니다." 라고 말한다.
- 목소리는 또박또박 명료하게 말하며 전화 받을 시에 자세도 바르게 하여야 한다.
- 전화기 주변에는 메모를 위한 메모지와 예약고객을 위한 예약노트를 필기구와 함께 준비하여야 한다.
- 예약 시에는 성함(단체명), 날짜, 인원수, 연락처, 메뉴, 원하시는 자리 등을 필히 확인하여야 한다. 실제 예약할 필요가 없다하더라도 예약전화는 친절히 응대하여 예약을 받도록 해야 한다.

- 점포의 위치를 알릴 수 있는 멘트를 준비하여야 한다. "인천 지하철 계산역 1번 출구로 나와 주부토길(작전동 방향)으로 300미터 가량 오시면 오른 편에 위치해 있습니다."
- 전화를 끊을 시에는 "전화해 주셔서 감사합니다. 좋은 하루 되십시오" 라고 상냥하고 밝은 음성으로 인사하여야 한다.

⑬ 주차장

- 주차장은 고객 방문의 첫 단계이고 마무리 단계이므로 항상 친절한 서비스를 제공하여야 한다.
- 입구를 통해 들어오는 차량에게는 먼저 방문에 대한 감사의 인사를 하여야 한다. "안녕하세요. 어서 오세요." 라고 한다.
- 입차 차량에게는 "이쪽으로 주차하십시오." 라고 말하고 수신호로 서행 운전을 지시하고 주차 시킬 수 있는 위치와 경로를 정확히 알려주어야 한다.
- 주차가 완료되고 시동이 꺼지는 것을 확인한 후 "감사합니다. 어서오세요." 라고 방문해 주신 것에 대한 감사의 인사를 드려야 한다.
- 주차장은 기본적으로 고객과의 의사소통이 어려운 관계로 큰소리와 수신호로 고객과 소통하여야 한다.
- 주차가 서툰 운전자는 차량에서 하차시키고 대리 주차를 해주어야 한다.
- 주차 차량의 키는 안전한 곳에 보관하고 있다는 것을 "열쇠는 제가 보관하겠습니다." 라고 말하여 고객에게 알려야 한다.
- 주차가 완료된 고객에게는 "입구는 이쪽입니다." 라고 말하여 입구의 위치를 안내하며 "즐거운 시간되세요." 하고 말한다.
- 식사를 마치시고 나가는 고객에게는 먼저 "감사합니다. 식사는 맛있게 하셨나요?" 라고 물어 보아야 한다.
- 차량번호는 "고객님 차량 번호를 무엇인지요?" 라고 말하여 차량키를 찾아드

리고 안전하게 운행할 수 있도록 안내하여야 한다.

- 나가는 차량과 고객에게는 "감사합니다. 안녕하가세요. 또 뵙겠습니다."라고 말하여 재방문을 유도하여야 한다.
- 주차장은 항상 깨끗한 상태를 유지할 수 있도록 하여야 하며, 주차 담당자는 항상 깨끗한 유니폼과 함께 밝은 인상을 주도록 한다.

6. 불평고객 발생시 대처 방법

1) 불평 고객 발생의 원인

불평 고객은 다양한 이유에서 발생될 수 있다. 고객의 요구는 매우 다양하며 고객이 추구하는 가치 또한 매우 다양하고 추상적이기 때문에 고객의 추구하는 가치를 만족시키고 충성고객을 만든다는 것은 매우 어려운 일이다. 고객을 불평고객으로 만드는 것에는 다음과 같은 원인들이 있다. 이 중에서 실제 음식자체에 대한 불평보다 서비스나 그 밖의 위생에 대한 불평이 더 많으므로 항상 서비스에 신경을 써야 한다.

① 직원이 잘못을 인정하지 않을 경우
② 음식에 만족을 하지 못하는 경우
③ 고객이 알지 못하는 전문적인 용어로 이야기 하는 경우
④ 고객이 자신을 무시한다고 생각되는 경우
⑤ 음식에서 이물질이 나온 경우
⑥ 음식을 기다리는 시간이 오래 걸릴 때
⑦ 고객 주문 순서가 뒤섞였을 경우
⑧ 고객이 불렀을 경우 직원이 딴청을 부리거나 사적인 일을 하고 있을 경우
⑨ 고객이 생각하기에 근무태만인 직원이 고객의 요구에 응하지 않을 경우

⑩ 고객의 요구를 규정에 의해서 안 된다고 할 때(비록 ○○○의 콘셉트에 맞지 않은 요구를 한다 할지라도 요구에 적당히 대응하면서 컨셉에 대한 설명을 해 드려야 한다.)
⑪ 기타 등등 매우 다양한 이유

2) 불평고객 발생 시 응대요령

① 듣기 : 불평 고객이 발생되었을 경우 직원은 고객의 말씀을 잘 경청하여야 한다.
② 공감 : 자신의 잘못을 인정하고 고객에게 최대한 사죄의 감정을 나타내어야 한다.
③ 사과 : 고객의 불평을 가지게 된 원인에 대한 사과한다.
④ 해결과 확인 : 고객의 불평을 가지게 된 원인에 대한 해결책을 제시하고 해결책에 대한 고객의 만족도를 확인한다.

3) 불평고객에게 절대 해서는 안 되는 행동

① 잘못에 대한 변명을 하는 경우
② 고객 탓, 남 탓, 기계 탓, 규정 탓을 하는 경우
③ 불평 고객을 무시하는 태도
④ 자신의 잘못을 인정하지 않는 경우
⑤ 문제의 심각성을 이해하지 못하는 경우
⑥ 문제를 회피, 대충 넘기려고 하는 행위
⑦ 자신의 권한 밖에 일을 해결하려고 하는 경우
⑧ 고객이 잘못을 발견하고 말할 때까지 잘못을 덮어 두려고 할 경우
⑨ 고객의 문제점을 해결하려 하지 않을 경우

3. 고객기대수준 설문지

설 문 지

안녕하십니까?
본 설문은 ○○○를 이용해 주시는 고객님들의 의견을 듣고자 계획되었습니다. 바쁘신 중에도 본 설문조사에 응답하여 주셔서 진심으로 감사드립니다.
항상 고객만족을 위해 노력하는 ○○○가 되겠습니다.

※ 방금 식사한 ○○○의 메뉴에 대해 해당되는 항목에 ✓표 해주시기 바랍니다.

1. 메뉴의 **맛**은 어떠하십니까?
(1)――――(2)――――(3)――――(4)――――(5)
매우 맛있다 보통이다 매우 맛이 없다

2. 메뉴의 **양**은 어떠하십니까?
(1)――――(2)――――(3)――――(4)――――(5)
매우 양이 많다 적당하다 많이 부족하다

3. 방금 드셨던 메뉴의 **가격**은 얼마가 적당하다고 생각하십니까?
가격( )원

4. 다른 레스토랑에 비하여 ○○○는 **단체모임**을 하기에 어떠하십니까?
(1)――――(2)――――(3)――――(4)――――(5)
매우 적합하다 보통이다 매우 부적합하다

5. 다른 레스토랑에 비하여 ○○○의 **분위기**는 어떠하십니까?
(1)――――(2)――――(3)――――(4)――――(5)
매우 좋다 보통이다 매우 나쁘다

6. 다른 레스토랑에 비하여 ○○○ 직원들의 **서비스**는 어떠하십니까?
(1)――――(2)――――(3)――――(4)――――(5)
매우 친절하다 보통이다 매우 불친절하다

7. 다른 레스토랑에 비하여 ○○○의 **위생과 청결도**는 어떠하십니까?
(1)――――(2)――――(3)――――(4)――――(5)
매우 청결하다 보통이다 매우 불결하다

8. 방금 드셨던 메뉴가 **9,000원**이라고 가정했을 때, **재방문할 의사**가 있으십니까?
(1)――――(2)――――(3)――――(4)――――(5)
매우 그렇다 보통이다 전혀 없다

9. 점심 메뉴에 추가되거나 건의하실 음식이 있다면 추천해 주시기 바랍니다.
( )

♥ 답변해 주셔서 감사드립니다.

4. 고객기대수준 설문 결과 분석

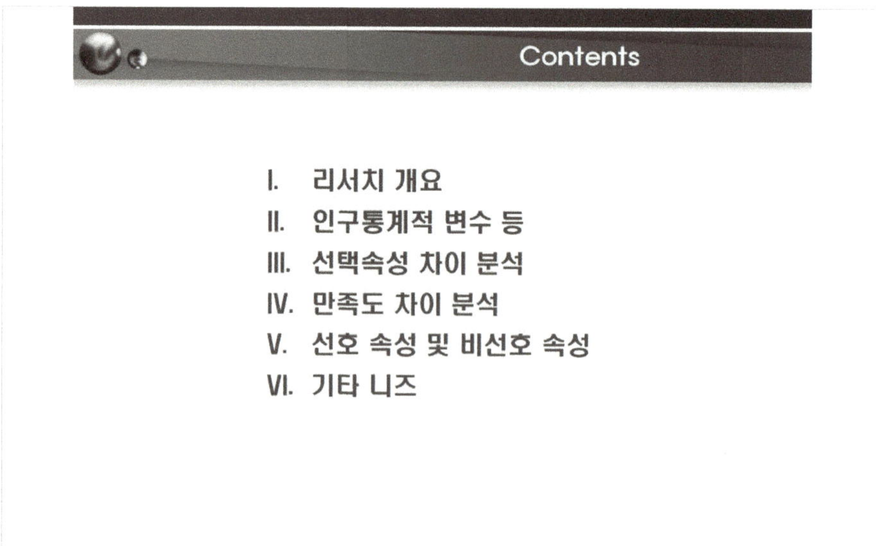

리서치 개요

1. 설문지 배포 및 회수 기간 : 2009년 4월 12일부터 18일
2. 설문대상 : ooo이용 고객
3. 설문내용 : 외식행동, 선택속성, 만족도, 선호 속성 및 비선호속성
4. 설문지 코딩 : 2009년 4월19일
5. 설문지 분석 : 2009년 4월 20일

STP – 소비자 조사

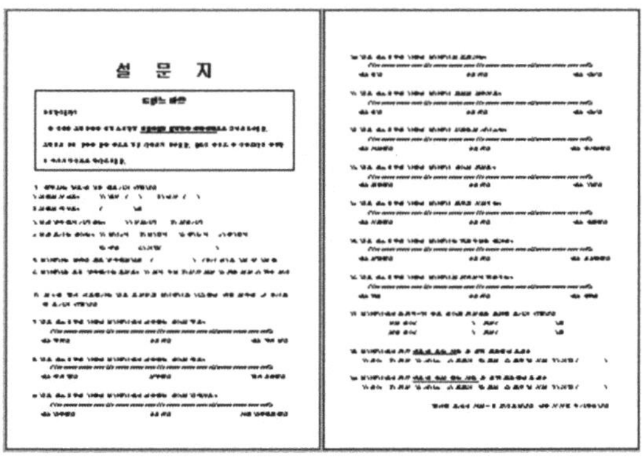
설 문 지

드리는 말씀

1. 인구통계적 변수
2. 외식행동특성
3. 선택속성
   1) 메뉴 맛
   2) 메뉴 양
   3) 메뉴 다양성
   4) 가격
   5) 서비스
   6) 분위기
   7) 위치
   8) 위생, 청결
4. 만족도
5. 선호속성
6. 비선호속성

STP - 소비자 조사

인구통계적변수 등

구 분		빈 도	비 율(%)	구 분		빈 도	비 율(%)
성별	남자	75	36.9	식사시간	점심	50	24.6
	여자	128	63.1		저녁	153	75.4
나이	20대이하	45	23.0	메뉴	마리4	75	37.7
	30대	72	36.0		마리2	38	19.1
	40대	56	28.0		콘스4	36	18.1
	50대이상	26	13.0		콘스2	30	15.1
방문주기	처음	35	19.7		쌈밥등	20	10.0
	년1회이상	13	7.3	방문목적	지인모임	43	21.9
	분기1회이상	16	9.0		직장회식	43	21.9
	월1회이상	94	52.8		가족외식	79	40.3
	주1회이상	20	11.3		단순식사	31	15.9

주 : 비율은 결측치를 제외한 유효퍼센트임

STP - 소비자 조사

선택속성의 비교수준

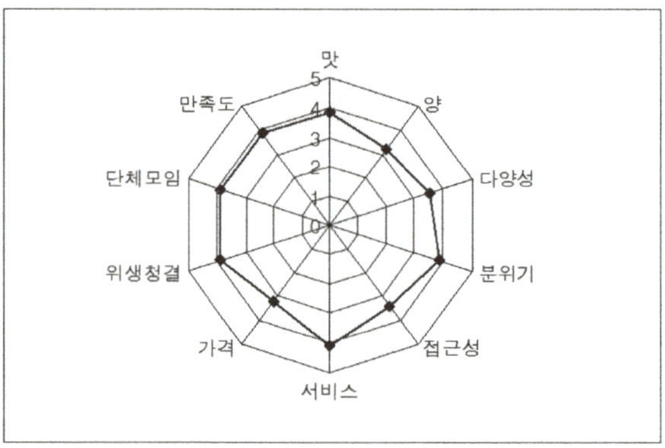

STP – 소비자 조사

선택속성 차이 분석

<table>
<tr><th rowspan="2">구분</th><th colspan="2">전체</th><th colspan="6">차이분석</th></tr>
<tr><th>평균값</th><th>순위</th><th>성별</th><th>나이</th><th>식사시간대</th><th>메뉴</th><th>방문주기</th><th>이용목적</th></tr>
<tr><td>맛</td><td>3.81</td><td>6</td><td rowspan="10">차이 없음</td><td rowspan="7">차이 없음</td><td>저녁 높음</td><td rowspan="4">차이 없음</td><td rowspan="10">차이 없음</td><td rowspan="10">차이 없음</td></tr>
<tr><td>양</td><td>3.15</td><td>10</td><td rowspan="9">차이 없음</td></tr>
<tr><td>다양성</td><td>3.49</td><td>7</td></tr>
<tr><td>분위기</td><td>3.87</td><td>3</td></tr>
<tr><td>접근성</td><td>3.40</td><td>8</td><td>쌈밥 높음</td></tr>
<tr><td>서비스</td><td>4.07</td><td>1</td><td>차이 없음</td></tr>
<tr><td>가격</td><td>3.16</td><td>9</td><td>임비4 저렴</td></tr>
<tr><td>위생청결</td><td>3.83</td><td>5</td><td>젊을수록 높게 평가</td><td rowspan="3">차이 없음</td></tr>
<tr><td>단체모임</td><td>3.83</td><td>4</td><td rowspan="2">차이 없음</td></tr>
<tr><td>만족도</td><td>3.87</td><td>2</td></tr>
</table>

주 : 95% 신뢰수준

STP – 소비자 조사

만족도에 미치는 영향 분석 1

구분		전체	남자	여자	20대	30대	40대	50대
종속변수	만족도	유의	유의	유의	유의	유의	유의	유의
독립변수	맛	0	0	0	0			0
	양		0		0			
	다양성							
	분위기	0	0			0	0	
	접근성							
	서비스							
	가격	0	0					
	위생청결	0		0		0	0	
	단체모임	0		0		0	0	0

주 : 95% 신뢰수준

STP – 소비자 조사

만족도에 미치는 영향 분석 2

구분		전체	점심	저녁	지인모임	직장회식	가족외식	단순식사
종속변수	만족도	유의	유의	유의	유의	유의	유의	유의
독립변수	맛	0	0	0			0	0
	양			0				0
	다양성							
	분위기	0	0	0		0		
	접근성							
	서비스							
	가격	0		0				
	위생청결	0						
	단체모임	0	0	0		0		0

주 : 95% 신뢰수준

STP – 소비자 조사

선호속성과 비선호속성 분석

구 분	장 점			단 점		
	빈도	비율	순위	빈도	비율	빈도
메뉴	89	0.26	1	17	0.095	4
가격	61	0.179	4	46	0.257	2
서비스	78	0.23	2	15	0.084	5
분위기	62	0.182	3	21	0.117	3
위치	23	0.07	6	66	0.369	1
위생청결	27	0.08	5	14	0.078	6
합계	340					179

STP – 소비자 조사

분석에 따른 현황

1. 서비스(1), 분위기(2), 단체모임의 적합성(3), 위생청결(4) 높은 평가를 받음
2. 양(10), 가격(9), 접근성(8), 다양성(7)은 낮은 평가를 받음
3. 맛의 경우 점심시간의 평가가 낮음→ 점심 메뉴의 개편 필요성
4. 쌈밥 손님은 접근성을 좋게 평가함→ 인근에서만 이용한다는 의미
5. 세트4를 가장 저렴하게 인식하고있음→ 가장 비싼메뉴를 가장 저렴하게 인식
6. 전체적으로 만족도에 영향을 미치는 요인은 맛, 분위기, 가격, 위생청결, 단체모임의 적합성 임
7. 남자손님의 경우 양이 만족도에 영향을 미침 → 저녁 손님은 양에 관심을 가져야 함
8. 여자손님은 맛, 위생청결, 단체모임의 적합성이 만족도에 영향을 미침
9. 20대는 맛과 양이 만족도에 영향을 미침
10. 30대와 40대는 분위기가 50대는 맛이 만족도에 많은 영향을 미침
11. 직장회식은 분위기, 가족외식은 맛이 만족도에 많은 영향을 미침
12. ooo의 가장 큰 장점은 메뉴, 서비스, 분위기(물리적 분위기로 추정됨)
13. ooo의 가장 큰 단점은 입지, 가격, 분위기(아이들로 인한 어수선한 분위기로 추정됨)

모방이나 변형보다는 혁신과 창의성에 의한 접근이 필요하다.

STP – 소비자 조사

기타 고객의 needs

1. 점심메뉴는 6,000원대의 부담없는 음식 제공을 원하고 있음
2. 저녁메뉴는 20,000만원에서 35,000원 수준의 찜류, 탕류, 오리고기 등 다양한 필요와 니즈가 있음.
3. 점심메뉴는 주로 근교의 사람들이 방문하는 것으로 판단됨
4. 저녁메뉴는 주로 원거리 사람들이 방문하는 것으로 판단됨
5. 물리적 분위기는 만족도가 높으나 어린이 소음 등으로 인하여 나쁜 평가를 하는 경우가 다수 있음
6. 위생 및 청결의 경우 물리적 환경은 좋으나 화장실 기타 음식 제공에 문제로 평가가 낮을 수 있음
7. 3인분 메뉴에 대한 요구 높음
8. 메뉴 제공 속도의 조절이 필요함. 빠른 제공은 편안한 식사를 방해함
9. 고기판 교체 및 청결에 관심 집중

5. 고객 점포 평가 리스트

점포명 :

방문일시 :

방문 시 좌석 찬 비율: ( )% 퇴점 시 좌석 찬 비율: ( )%

A. 서비스 부문			
평가 항목		평 가	평가 의견
A1	고객이 입점 시 인사하고 자리를 안내하였는가?		
A2	물과 메뉴북은 친절하게 제공되었는가?		
A3	메뉴나 이용방식에 대한 질문에 자세한 설명을 하여 주었는가?		
A4	직원들이 업무 중에 사적인 일이나 잡담을 하지 않는가?		
A5	테이블에 방문하여 만족도 또는 필요한 것에 여부를 물어보았는가?		
A6	메뉴 제공 시 바른자세로 친절하게 제공하며 적절한 인사말을 하는가?		
총 평			
B. 메뉴 부문			
평가 항목		평 가	평가 의견
B1	주문한 메뉴가 제공되는 시간은 적절하였는가?		
B2	메뉴 제공 시 뜨거운 것에 대한 주지를 잘 하는가?		
B3	메뉴는 적절한 온도에 제공되는가?		
B4	제공된 메뉴들은 신선해 보이는가?		
B5	제공된 메뉴들은 위생적으로 관리되고 있는가?		
B6	제공된 그릇에 얼룩이 있거나 이가 나간 그릇을 사용하지는 않았는가?		
B7	부족한 메뉴에 대한 리필이 친절하게 이루어졌는가?		
총 평			

C. 위생 청결			
평가 항목		평 가	평가 의견
C1	매장 주변(주차장, 출입계단) 청결상태가 유지되고 있는가?		
C2	매장 바닥은 청결한가?		
C3	테이블은 깨끗하게 유지되고 있었는가?		
C4	고객사용 기물 보관함(서랍, 컵, 세팅 기물)은 청결하게 유지되고 있는가?		
C5	시설물들(액자, 메뉴북 등)은 청결하게 유지되고 있는가?		
C6	직원들의 개인위생(유니폼, 손톱, 액세서리 등)은 위생적으로 관리되고 있는가?		
총 평			

D. 계산 및 배웅			
평가 항목		평 가	평가 의견
D1	계산 시 음식에 대한 만족도를 확인하였는가?		
D2	제공 메뉴, 계산 금액을 정확히 알려 주고 계산 방법(현금, 카드)에 대한 언급을 하였는가?		
D3	계산 후 잔돈과 영수증은 정확하고 공손하게 제공하였는가?		
D4	회원카드 소지 여부에 대한 언급이 있었는가?		
D5	퇴점 시 감사인사와 재방문에 대한 언급을 하였는가?		
총 평			

E. 시설관리부문			
평가 항목		평 가	평가 의견
E1	주차장은 사용하기 편리하였는가?		
E2	매장 내부의 소음으로 식사에 방해가 되었는가?		
E3	매장 내부의 온도와 환기 상태는 적정하였는가?		
E4	조명시설이 고장으로 인해서 꺼져 있는 것은 없었는가?		
E5	화장실의 시설은 청결히 유지되며 부족한 소모품은 없었는가?		
E6	어린이 놀이방은 청결히 유지되고 있는가?		
총 평			

F. 위기 상황 대처 능력 평가			
평가 항목		평 가	평가 의견
F1	고객의 불만사항 접수 시 고객의 불만사항에 대하여 경청하였는가?		
F2	고객의 불만사항을 듣고 즉시 죄송하다는 사과는 하였는가?		
F3	고객의 불만사항에 대해서 공감하는 반응을 보였는가?		
F4	고객의 불만사항에 대하여 대안을 제안하였는가?		
F5	고객의 불만사항에 대해서 적절한 조치가 취해졌는가?		
F6	고객의 불만사항 해결 후 문제해결에 대한 만족도를 확인하였는가?		
총 평			
G. 전반적인 평가			
평가 항목		평 가	평가 의견
G1	전반적으로 평가할 경우 가격은 만족스러운가?		
G2	전반적으로 평가할 경우 서비스는 만족스러운가?		
G3	전반적으로 평가할 경우 메뉴의 맛은 만족스러운가?		
G4	전반적으로 평가할 경우 메뉴의 양은 만족스러운가?		
G5	타인에게 추천할 의사가 있는가?		
G6	업체를 전체적으로 평가할 경우 어느 정도나 만족스러운가?		
총 평			

우수한 내용	
불만사항	
기타 의견	

6. 점포 평가 가이드

1. 개요

① 조사 시간 : 평일 점심 오후 12:00~오후 14:00

저녁 오후 18:30~오후 20:00

② 영수증 필히 수령 보관(식사비용 저녁 30,000원, 점심 20,000원 이하)

③ 조사전에 다음 내용을 정확히 숙지하여야 한다.

④ 조사의 목적을 정확히 알고 전체적인 부분을 평가할 수 있어야 한다.

2. 조사 목적

본 조사는 ○○○ 계산점의 점포 평가를 위하여 미스터리 쇼퍼의 형식으로 점검하고 향후 부족한 부분에 대하여 교육 등 보완 작업을 통하여 고객에게 보다 만족스러운 서비스을 제공하는 데 그 목적이 있다.

3. 조사시 주의 사항

① 매장의 위치를 정확히 확인하여 방문 시간을 준수하여야 합니다.

② 방문 점포는 최소 1시간 이상 머물면서 점포의 상황을 충분히 살펴야 보아야 한다.

③ 매장에서 특이한 행동(평가시트를 꺼낸다, 조사하는 듯한 질문, 의심받을 만한 행동등)을 하여 직원들에게 미스테리샤퍼의 신분이 알려져서는 안된다.

④ 평가 시트는 매장내에서 작성하지 말아야 한다(촬영 영상, 녹취, 촬영을 통한 사후 평가).

⑤ 조사시에는 주차장, 입구, 놀이방, 홀, 화장실, 계산 등 매장 전체적으로 보아야 한다.

⑥ 조사 전에 평가 항목에 대하여 정확한 숙지를 하여 평가 대상에 대한 정확한 관차리 이루어져야 한다.

4. 평가 시트 작성시 유의 사항

① 관찰일자 및 시간은 정확한 시간과 관찰 대상을 표현하여야 한다.

② 시간은 24시간제로 표기하여 혼란을 막는다.

③ 평가에 대한 근거는 정확하게 평가 의견란에 기입하여 객관성을 갖는다.

④ A~F까지의 항목은 각 1~5점으로 표기하며 1점은 매우 불만족스러운 경우이며 5점은 매우 만족스러운 경우이다.

⑤ 평가를 내릴 수 없는 경우는 0점으로 표기한다(평가를 하지 못한 경우, 해당 사항이 없는 매장).

⑥ 좌석의 찬 비율은 전체 테이블이 만석인 경우 100%이고 내점 고객 비율에 따라 그 비율에 맞게 작성한다.

⑦ 평가 의견을 작성할 경우 매우 자세하게 작성하며 객관성을 유지할 수 있도록 한다.

⑧ 상황에 대한 기술은 전후 상황을 고려하여 자세하게 기술한다.

⑨ 평가에 대해서는 정확한 부연 설명이 있어야 하며 가능하면 사진 촬영 등으로 기록을 남겨야 한다.

⑩ 평가 의견의 끝은 -함, -임, -있음, -했음의 형식으로 마무리하며 매우 자세하고 구체적으로 상황을 기술한다.

⑪ 맞춤법, 띄어쓰기, 오타 등을 주의하며 채팅체, 특수기호는 사용하지 않는다.

⑫ 주관적이고 극단적인 표현은 삼가한다.

⑬ 구체적인 표현이 필요하다.

⑭ 자신의 평가로 인해 피해자가 생길 것 같아 높은 점수를 주는 것은 금지한다.

⑮ 몇가지 선입견으로 전체 평가를 결정하는 것도 주의하여야 한다.

A. 서비스 부문			
평가 항목		평가 가이드라인	평가 대상 : 캐셔, 그리터, 서버
A1	고객이 입점 시 인사하고 자리를 안내하였는가?	고객이 입점한 경우 카운터 또는 고객을 처음 방문한 직원에 의해서 환영하는 인사를 하고 자리 안내를 도와야 한다.	1점 : 환영인사가 없고 빈자리를 찾아 앉았다. 2점 : 3점 : 형식적인 인사 후 손짓으로 자리안내를 하였다. 4점 : 5점 : 친절한 인사 후 자리까지 안내해 주었다.
A2	물과 메뉴북은 친절하게 제공되었는가?	물과 메뉴북은 자리 착석 후 3분 안에 친절하게 제공하여야 한다.	1점 : 자리에 앉는 후 5분이 지나서 후 직원을 불러 물과 메뉴북을 요구하였다. 2점 : 3점 : 자리에 앉는 후 3분 안에 아무런 말없이 물과 메뉴북만 제공되었다. 4점 : 5점 : 자리에 앉은 후 3분 안에 인사말과 함께 물과 메뉴북이 제공되었다.
A3	메뉴나 이용방식에 대한 질문에 자세한 설명을 하여 주었는가?	고객의 질문에 대해서는 정확하게 알아듣기 쉬게 설명하여야 한다. 추가메뉴에 대한 질문으로 대답을 유도할 수 있다.	1점 : 메뉴 이용 방법을 알고 있는지 묻지도 않았다. 2점 : 3점 : 메뉴 이용 방법을 알고 있는지 묻고 설명해 주었다. 4점 : 5점 : 메뉴 이용 방법을 자세히 설명해주고 추가적인 메뉴 추천까지 해 주었다.
A4	직원들이 업무 중에 사적인 일이나 잡담을 하지 않는가?	영업 중 직원들이 사적인 대화나 전화를 하고 있거나 해서 고객의 필요에 즉각적인 반응을 하지 못해서는 안된다.	1점 : 벨, 호출에도 불구하고 대화를 나누고 있었다. 2점 : 3점 : 직원끼리 대화나 사적인 일을 하지 않았다. 4점 : 5점 : 항상 고객을 주시하며 고객의 필요에 먼저 제공하였다.
A5	테이블에 방문하여 만족도 또는 필요한 것에 여부를 물어보았는가?	식사 중간에 테이블을 방문하여 음식이나 서비스의 만족도를 중간 평가하여야 한다. 불만족사항이 있을 경우 즉각적인 반응을 통하여 고객 만족을 이끌어야 한다.	1점 : 식사 중 한번도 테이블을 방문하지 않았다. 2점 : 3점 : 식사 중 만족도에 대한 확인만 하였다. 4점 : 5점 : 식사중 만족도를 확인하고 즐거운 식사에 대한 인사말과 필요한 것을 확인하였다.
A6	메뉴 제공 시 바른자세로 친절하게 제공하며 적절한 인사말을 하는가?	메뉴를 제공할 경우 고객의 양해를 구하고 테이블에 메뉴를 제공하여야 하며 바른 자세로 제공하여 위험요소나 음식에 대한 적절한 인사말을 하는가?	1점 : 불편한 자세로 빠르게 음식만을 제공하였다. 2점 : 3점 : 안정되고 친절한 자세로 음식을 제공하였다. 4점 : 5점 : 안정된 자세로 음식을 제공하며 제공음식에 대한 설명과 적절한 인사말을 하였다.

B. 메뉴 부문			
평가 항목		평가 가이드라인	평가 대상 : 메뉴, 서버
B1	주문한 메뉴가 제공되는 시간은 적절하였는가?	메뉴 주문후 5분 안에 반찬 등 1차 음식이 제공되어야 한다. 메인 메뉴는 1차 음식제공 후 10분 안에 제공되어야 한다.	1점 : 메뉴 주문 후 5분안에 메뉴가 제공되지 않았다. 2점 : 3점 : 모든 메뉴가 적절한 시간 안에 제공되었다(5분/10분). 4점 : 5점 : 모든 메뉴가 코스별 요리가 적절한 시간에 제공되었다.
B2	메뉴 제공 시 뜨거운 것에 대한 주지를 잘 하는가?	메뉴 제공시 뜨거운 음식이나 그릇이 있다면 위험 요소에 대해서 고객에게 알린 후 제공하여야 한다.	1점 : 뜨거운 메뉴가 제공될 때에 특별히 주의없이 빠르게 올리고 가버렸다. 2점 : 3점 : 뜨거운 메뉴가 제공됨을 알리고 제공되었다. 4점 : 5점 : 뜨거운 메뉴가 제공됨을 알리고 안전을 확보한 후 메뉴를 바쁠게 제공하였다.
B3	메뉴는 적절한 온도에 제공되는가?	뜨거운 음식은 뜨겁게 차가운 음식은 차갑게 제공되어야 한다.	1점 : 제공된 메뉴가 차갑게(또는 미지근하게) 제공되었다. 2점 : 3점 : 제공된 메뉴가 적절한 온도로 제공되었다(모두는 아니고). 4점 : 5점 : 제공된 메뉴가 모두 적절한 온도에 제공되었다.
B4	제공된 메뉴들은 신선해 보이는가?	쌈야채는 신선하게 제공되어야 하며, 찬 등은 표면이 건조되어 제공되어서는 안 된다. 메인 고기의 경우 표면이 건조되어 있으면 식감이 떨어지게 된다.	1점 : 모든 식재료 및 찬거리들이 신선하지 못한 상태에서 제공되었다. 2점 : 3점 : 모든 식재료가 대략적을 신선해 보였다 4점 : 5점 : 모든 식재료 및 찬거리들은 제공될 시 신선한 상태를 유지하였다.
B5	제공된 메뉴들은 위생적으로 관리되고 있는가?	이물질이 발견되는 경우, 메뉴 제공시 직원의 손가락 또는 옷가지 등이 음식에 닿는 경우, 여러 그릇을 한번에 이동시키면서 그릇의 하단이 음식물에 갖는 경우	1점 : 메뉴 제공시 위생 처리 기준을 준수하지 않았다(손가락, 이물질 발견). 2점 : 3점 : 메뉴 제공 시 적절히 위생적인 관리를 한다고 판단할 수 있다. 4점 : 5점 : 메뉴 제공시 매우 위생적으로 제공하였다(손가락, 유니폼 등).

평가 항목		평가 가이드라인	평가 대상 : 메뉴, 서버
B6	제공된 그릇에 얼룩이 있거나 이가 나간 그릇을 사용하지는 않았는가?	그릇의 이가 나간 경우는 위생상, 고객의 안전상 좋지 않다. 그릇에 묻은 얼룩 또한 위생상 좋지 않으며 식감을 떨어뜨리는 요소로 작용한다.	1점 : 사용한 식기가 이가 나가고 얼룩진(립스틱,누름등)이 발견되었다. 2점 : 3점 : 사용한 식기가 이나 얼룩진 것은 없었으나 그릇이 깨끗해 보이지는 않았다. 4점 : 5점 : 사용한 식기는 이가 나가거나 얼룩진 것은 없었다.
B7	부족한 메뉴에 대한 리필이 친절하게 이루어졌는가?	식사 중 부족한 반찬에 대한 리필은 이루어져야 한다. 고객이 요구하기 전에 알아서 리필하여 주는 친절이 필요하다.	

C. 위생 청결			
평가 항목		평가 가이드라인	평가 대상 : 서버, 내부 시설, 기물
C1	매장 주변(주차장, 출입계단) 청결상태가 유지되고 있는가?	주차장 및 입구의 청소 상태에 대한 점검이 필요하다.	1점 : 매우 지저분하고 치우거나 정리한 것 같지 않았다. 2점 : 3점 : 조금 지저분하였으나 직원에 의해 곧 정리하였다. 4점 : 5점 : 주차장 및 매장 출입구는 청결하게 유지되고 있었다.
C2	매장 바닥은 청결한가?	매장 바닥이 음식물에 의해 얼룩지거나 미끄러지거나 할 수 있는 위험요소에 대한 점검이 필요하다.	1점 : 매장 내부의 바닥의 청결 상태는 매우 불만족스러웠다. 2점 : 3점 : 영업으로 인하여 오염된 바닥을 확인할 수 있었다. 4점 : 5점 : 홀 내부는 매우 청결한 상태를 유지하고 있었다.
C3	테이블은 깨끗하게 유지되고 있었는가?	테이블 위는 깨끗하게 치워져 있으며 물기, 기름때에 의해 끈적임이 없는지 확인하여야 한다.	1점 : 테이블의 청결 상태에 매우 불만족스러웠다(끈적임, 물기, 먼지 등) 2점 : 3점 : 테이블의 청결상태는 대체적으로 만족이지만 근본적인 청소는 필요할 듯하다. 4점 : 5점 : 테이블 위는 깨끗하며 기름때에 의해 끈적임이 없이 매우 깨끗하였다.

평가 항목		평가 가이드라인	평가 대상 : 서버, 내부 시설, 기물
C4	고객사용 기물 보관함(서랍, 컵, 세팅 기물)은 청결하게 유지되고 있는가?	서랍 안 또는 테이블 위에 보관되는 기물 및 보관함 자체의 청결 상태를 확인하여야 한다.	1점 : 테이블 위의 기물 보관함이 매우 불결해 보였다. 2점 : 3점 : 대체적으로 만족스러우나 근본적인 청소는 필요할 듯하다. 4점 : 5점 : 테이블 위의 기물 보관함에 먼지, 끈적임, 이물질 등이 발견되지 않았다.
C5	시설물들(액자, 메뉴북 등)은 청결하게 유지되고 있는가?	벽에 걸려있는 액자, 메뉴판등에 얼룩이나 때가 없는지 확인하여야 한다.	1점 : 액자 등의 먼지 및 얼룩이 쉽게 발견되었다. 2점 : 3점 : 액자 등의 먼지가 간혹 발견되었다. 4점 : 5점 : 액자 등에 먼지나 얼룩이 전혀 보이지 않았다.
C6	직원들의 개인위생(유니폼, 손톱, 액세서리 등)은 위생적으로 관리되고 있는가?	직원 유니폼 청결 상태, 손톱, 지나친 액세서리, 메뉴 서브시의 위생적 처리를 점검한다.	1점 : 직원들의 개인 위생은 매우 비위생적이었다(유니폼, 손톱, 액세서리 등). 2점 : 3점 : 직원들의 유니폼이 간혹 위생적이지 못한 것이 눈에 띄였다. 4점 : 5점 : 직원들 유니폼 등 개인 위생 상태는 매우 위생적이었다.

D. 계산 및 배웅			
평가 항목		평가 가이드라인	평가 대상 : 계산대 직원
D1	계산 시 음식에 대한 만족도를 확인하였는가?	제공 메뉴에 대한 만족도를 확인하는지 점검한다.	1점 : 계산 시 드신 음식에 대한 만족도를 확인하지 않았다. 2점 : 3점 : 계산시 드신 음식에 대한 만족도를 확인하였다. 4점 : 5점 : 음식에 만족도를 확인하고 불만족스러운 상황에 대한 사과를 하였다.
D2	제공 메뉴, 계산 금액을 정확히 알려 주고 계산 방법(현금, 카드)에 대한 언급을 하였는가?	제공 메뉴, 총액, 계산 방법에 대한 정확한 정보를 고객에게 확인하여야 한다.	1점 : 계산서만 받아서 계산만 하였다. 2점 : 3점 : 금액에 대한 공지만 하고 계산하였다. 4점 : 5점 : 드신 메뉴, 계산 금액을 공지하고 계산 방법에 대한 언급을 하였다.

평가 항목		평가 가이드라인	평가 대상 : 서버, 내부 시설, 기물
D3	계산 후 잔돈과 영수증은 정확하고 공손하게 제공하였는가?	계산 후 영수증, 잔돈, 카드등을 두 손을 이용하여 공손하게 제공하였는지 확인하여야 한다.	1점 : 아무말 없이 영수증 및 잔돈을 제공하여 주었다. 2점 : 3점 : 계산 후 영수증과 잔돈을 공손히 제공하였다. 4점 : 5점 : 계산 후 영수증과 잔돈을 제공하며 감사 인사를 하였다.
D4	회원카드 소지 여부에 대한 언급이 있었는가?	회원카드가 없는 고객에게 회원카드 발행에 대한 언급을 하여야 한다.	1점 : 회원카드 발행에 대한 언급은 없었다. 2점 : 3점 : 회원카드에 대한 언급을 하였다. 4점 : 5점 : 회원 카드에 대해서 적극적으로 홍보하고 발급하여 주었다.
D5	퇴점 시 감사인사와 재방문에 대한 언급을 하였는가?	방문에 대한 감사의미의 인사말과 다음에 다시 방문해주실 것에 대한 인사말을 하여야 한다.	1점 : 퇴점시 감사 인사와 재방문에 대한 언급이 없었다. 2점 : 3점 : 퇴점시 감사인사와 재방문에 대하여 형식적인 언급을 하였다. 4점 : 5점 : 퇴점시 감사인사와 재방문에 대하여 매우 친절하게 언급하였다.

E. 시설관리부문			
평가 항목		평가 가이드라인	평가 대상 : 주차장 직원, 주차장 시설, 내부 시설
E1	주차장은 사용하기 편리하였는가?	주차장에 관리하는 직원은 있었는지, 주차를 쉽게 할 수 있도록 도움을 주었는지 확인하여야 한다.	1점 : 주차장이용이 매우 불편 하였다. 2점 : 3점 : 주차장 직원은 없었으나 주차 시설은 편리하였다. 4점 : 5점 : 주차장 직원에 의해 주차 공간을 편안하게 안내 받아 주차하였다.
E2	매장 내부의 소음으로 식사에 방해가 되었는가?	매장내의 소음(테이블 뒷처리, 주문, 주방 소음은 홀에서 느끼기에 시끄러울 정도의 소음이 발생되었는지 확인하여야 한다.	1점 : 식사르 하는데 불편을 느낄 정도로 매우 소란스러웠다. 2점 : 3점 : 매장 내부가 식사하는데 무리를 줄 정도의 소음이 발생하지는 않았다. 4점 : 5점 : 매장 내부는 매우 조용하여 만족스러운 식사를 할 수 있었다.

평가 항목		평가 가이드라인	평가 대상 : 서버, 내부 시설, 기물
E3	매장 내부의 온도와 환기 상태는 적정하였는가?	매장내의 냄새나 온도가 식사하기에 적당하였는지 확인하여야 한다.	1점 : 식사에 방해가 될 정도로 매장 온도가 매우 덥거나 춥웠다. 2점 : 3점 : 매장 온도가 다소 춥거나,더웠지만 식사에 방해가 되지는 않았다. 4점 : 5점 : 매장 내부의 온도는 식사를 하는데 매우 쾌적한 온도를 유지하고 있었다.
E4	조명시설이 고장으로 인해서 꺼져 있는 것은 없었는가?	조명시설이 고장, 파손된 것이 있는지 확인하여야 한다.	1점 : 조명 시설이 많이 파손되어 시설이 노후되어 보였다. 2점 : 3점 : 조명 시설이 간혹 파손된 것이 있었다. 4점 : 5점 : 조명시설이 고장나거나 파손된 것이 하나도 없었다.
E5	화장실의 시설은 청결히 유지되며 부족한 소모품은 없었는가?	화장실 청결 상태와 소모품이 부족하지는 않았는지 확인하여야 한다.	1점 : 화장실은 불결해 보였고 꼭 청소를 해야 할 정도였다. 2점 : 3점 : 화장실은 청결하였지만 청소의 손길이 필요하기는 했다. 4점 : 5점 : 화장실은 매우 청결하고 부족한 소모품은 없었다.
E6	어린이 놀이방은 청결히 유지되고 있는가?	어린이 방 시설의 청결 상태에 대해서 확인하여야 한다. (바닥, 시설물, 창문, 신발장등)	1점 : 청소가 필요한 수준의 청결 상태였다. 2점 : 3점 : 어린이 놀이방은 대체적으로 청결하게 유지되고 있었다. 4점 : 5점 : 어린이 놀이방은 매우 청결하게 유지되고 있었다.

F. 위기 상황 대처 능력 평가			
평가 항목		평가 가이드라인	평가 대상 : 점장, 영업 팀장, 서버
F1	고객의 불만사항 접수 시 고객의 불만사항에 대하여 경청하였는가?	고객에게 가장 먼저 불만 사항을 접수한 직원은 고객의 불만 사항이 무엇인지를 정확히 들어 책임자에게 전달하여야 한다.	1점 : 고객이 불만 사항을 말하는데 말을 잘라 변명을 하거나 자리를 피했다. 2점 : 3점 : 고객 불만 사항을 공손하게 경청하였다. 4점 : 5점 : 고객 불만 사항을 공손하게 경청하고 책임자를 불러 해결하려 했다.

평가 항목		평가 가이드라인	평가 대상 : 서버, 내부 시설, 기물
F2	고객의 불만사항을 듣고 즉시 죄송하다는 사과는 하였는가?	고객의 불만사항 접수시 종사원이 생각하기에 그렇지 않은 부분이 있다고 하더라도 고객이 불만을 느낀 자체에 대한 부분을 사과하여야 한다.	1점 : 사과없이 책임자를 불러 해결하려 하였다. 2점 : 3점 : 고객의 불만 사항을 경청하고 먼저 사과하였다. 4점 : 5점 : 고객의 불만 사항을 경청하고 사과한 후 해결을 위해 책임자를 불러 해결하였다.
F3	고객의 불만사항에 대해서 공감하는 반응을 보였는가?	고객이 불만을 이야기하는 동안 직원은 경청하면서 고객의 입장을 이해한다는 표정, 손짓, 몸동작, 맞장구를 쳐주어 고객과 종사원이 적이 아닌 고객의 불만 사항을 해결해줄 사람이라는 것을 고객에게 알려야 한다.	1점 : 경청만할 뿐 공감하는 반응은 보이지 않았다. 2점 : 3점 : 공손하게 경청하고 공감하는 반응을 보였으나 형식적이었다. 4점 : 5점 : 적절한 표현으로 고객과의 공감대를 형성하였다.
F4	고객의 불만사항에 대하여 대안을 제안하였는가?	고객의 불만사항에 대해서는 바쁜 시간안에 어떠한 대안, 해결책을 제시하여야 한다. 책임자의 빠른 판단으로 고객의 제2불만을 만들어서는 안된다.	1점 : 불만사항에 대한 대안이 만족스럽지 않고 해주는 느낌이었다. 2점 : 3점 : 불만 사항에 대한 적절한 대안을 제시하여 주었다. 4점 : 5점 : 빠르고 만족스러운 대안을 제시하였다.
F5	고객의 불만사항에 대해서 적절한 조치가 취해졌는가?	고객의 불만 사항에 대해서 고객이 만족할 수 있는 적절한 조치를 취하는 것이 필요하다. 이를 위해서는 적절한 해결 방안을 사전에 만들어 두는 것도 필요하다.	1점 : 불만사항에 대한 해결책이 만족스럽지 않고 해주는 느낌이었다. 2점 : 3점 : 불만 사항에 대한 적절한 해결책을 제시하여 주었다. 4점 : 5점 : 불만 사항에 대한 해결책이 매우 흡족하였다.
F6	고객의 불만사항 해결 후 문제해결에 대한 만족도를 확인하였는가?	고객불만사항이 해결된 후에 고객이 적절한 조치에 대하여 만족했는지, 불만사항에 대한 적절한 해결이 되었는지를 확인하여야 한다.	1점 : 문제 해결에 국한되어 만족도를 확인하지 않았다. 2점 : 3점 : 불만 사항에 대한 해결 만족도를 확인하였다. 4점 : 5점 : 해결에 대한 만족도를 확인하고 신뢰감을 형성하였다.

G. 전반적인 평가			
평가 항목		평가 가이드라인	
G1	전반적으로 평가할 경우 가격은 만족스러운가?	이용해본 고객으로써 가격에 대한 만족도를 묻는 문항입니다.	1점 : 매우 불만족 2점 : 불만족 3점 : 보통 4점 : 만족 5점 : 매우 만족
G2	전반적으로 평가할 경우 서비스는 만족스러운가?	이용해본 고객으로써 서비스에 대한 만족도를 묻는 문항입니다.	1점 : 매우 불만족 2점 : 불만족 3점 : 보통 4점 : 만족 5점 : 매우 만족
G3	전반적으로 평가할 경우 메뉴의 맛은 만족스러운가?	이용해본 고객으로써 메뉴의 맛에 대한 만족도를 묻는 문항입니다.	1점 : 매우 불만족 2점 : 불만족 3점 : 보통 4점 : 만족 5점 : 매우 만족
G4	전반적으로 평가할 경우 메뉴의 양은 만족스러운가?	이용해 본 고객으로써 메뉴의 양에 대한 만족도를 묻는 문항입니다.	1점 : 매우 불만족 2점 : 불만족 3점 : 보통 4점 : 만족 5점 : 매우 만족
G5	타인에게 추천할 의사가 있는가?	이용해 본 고객으로써 타인에게 이 업체를 추천할 의사를 묻는 문항입니다.	1점 : 매우 불만족 2점 : 불만족 3점 : 보통 4점 : 만족 5점 : 매우 만족
G6	업체를 전체적으로 평가할 경우 어느 정도나 만족스러운가?	가격, 서비스, 메뉴,위생등 전체적인 것을 고려할 경우 이 업체에 대한 만족도를 묻는 항목입니다.	1점 : 매우 불만족 2점 : 불만족 3점 : 보통 4점 : 만족 5점 : 매우 만족

7. 미스터리 쇼핑 평가서

고객 점포 평가 리스트

점포명 : ○○○ 계산본점

방문일시 : 2009년 ○○월 ○○일 12시 45분~2시 30분

방문 시 좌석 찬 비율: (30)% 퇴점 시 좌석 찬 비율: (0)%

방문시 주문한 메뉴는 ? 낙지볶음

A. 서비스 부문			
평가 항목		평 가	평가 의견
A1	고객이 입점 시 인사하고 자리를 안내하였는가?	3	카운터에 있던 키 170정도에 마른 체격을 하고 정장을 입은 남자분이 좋지 않은 표정으로 인사를 함. 그리곤 다른 여자 종업원에게 손짓으로 안내하라고 시켰음.
A2	물과 메뉴북은 친절하게 제공되었는가?	2	마루바닥에 앉은지 2분 이내로 메뉴판은 주었지만 물은 반찬이 다 나온 한참 후에 다 달라고 말해서 약 13분 뒤에 주었음.
A3	메뉴나 이용방식에 대한 질문에 자세한 설명을 하여 주었는가?	1	처음이냐는 질문도 없었고, 메뉴 이용하는 방법 또한 물어보지 않았으며 선택한 메뉴에 대한 매운 맛의 강도 또한 물어보지 않았음.
A4	직원들이 업무 중에 사적인 일이나 잡담을 하지 않는가?	2	손님이 부르지 않았을 때에는 구석에 모여 작은 소리로 계속 잡담을 하고 있었고, 심지어 커피를 먹으면서 계속 웃고 떠들고 있음. 물컵을 바꿔달라고 손을 들어서 몇번이나 불렀는데 아예 앉아서 수다 떠드느라고 오지도 않음.
A5	테이블에 방문하여 만족도 또는 필요한 것에 여부를 물어보았는가?	1	주문한 메뉴의 맛에 대한 만족도를 전혀 물어보지 않았음. 그리고 반찬도 알아서 주지 않음. 반찬의 추가제공에 대한 부분 설명 또한 안해줘서 몰랐음. 먼저 말해서 계란찜 한번 더 제공해줌.

평가 항목		평 가	평가 의견
A6	메뉴 제공 시 바른자세로 친절하게 제공하며 적절한 인사말을 하는가?	1	메뉴 제공시 한 명이서 해도 되는 서빙을 3명이나 붙어서 동시에 옮김. 식사 중에 3명이나 되는 종업원이 음식을 나르는 것 때문에 얘기가 끊기고 신경이 많이 쓰임. 양해도 구하지 않았고, 고기도 아니고 낙지 하나 시켰는데 3명이나 써빙을 봄. 계란찜이 뜨겁다고 말해주지 않았고, 그릇을 옮길때 본인이 뜨거운지 옷으로 밑을 바춰서 놓아주고, 두 번째 리필을 했을 경우에는 그릇 위부분을 잡아서 놓아줌.
총 평	카운터에 있던 170정도에 마른 체격을 하고 정장을 입은 남자분이 형식적인 인사를 하고 자리 안내까지 해주었으면 좋았을 텐데, 그저 손짓으로 종업원 홍길동에게 시켰음. 종업원 홍길동이 자리안내를 도와줌. 앉자마자 곧 메뉴북은 가져왔으나 첫 방문이지 재 방문인지 물어보지도 않고 멀뚱멀뚱 서서 있다가 메뉴를 받아감. 1차 반찬은 시간내에 맞춰서 나왔지만, 반찬이 나오고 한참도록 물을 가져다주지 않았음. 물을 달라고 말하니 그제서야 주었음. 추천해 주는 메뉴는 당연히 없었고, 낙지 볶음을 주문 하는데 매운 맛의 강도에 대해 전혀 물어보지 않았음. 낙지 볶음을 많이 먹어봤지만, 매운 것을 손님에게 말해주고 매운맛의 강도를 물어보는 데를 많이 가봤는데 그런게 없어서 황당했음. 여기까지는 종업원 홍길동씨가 거의 서빙을 맡아서 함. 그리고 메인 메뉴가 나왔을 때 불필요할 정도로 많은 인원인 무려 3명이서 서빙을 함께 봤고 한 사람당 한 개씩 테이블에 음식을 옮기는 희한한 광경을 봤음. 그리고 너무 모여서 얘기를 많이 하고 심지어는 커피를 뽑아먹으면서 또 아예 바닥에 모여 앉아서 얘기를 하고 있음. 그래서 부를려고 손을 몇 번이나 들었는데 보지 못했음. 여자 종업원 4명이였음. 추가 반찬에 대한 언급이 전혀 없어서 먼저 물어봐서 계란찜을 리필해서 먹음. 그러나 짧은 단발 머리에 컬이 아주 얇은 웨이브 파마를 한 아줌마 종업원이 좋지 않은 표정으로 리필을 해 주겠다고 해서 원래 안 되는 건가 하는 생각이 들었음.		

B. 메뉴 부문			
평가 항목		평 가	평가 의견
B1	**주문한 메뉴가 제공되는 시간은 적절하였는가?**	3	45분에 들어가서 48분에 반찬이 나왔고, 57분에 메인 음식이 나왔음.
B2	**메뉴 제공 시 뜨거운 것에 대한 주지를 잘 하는가?**	1	뜨거운 계란 찜의 경우 특별한 주의가 전혀 없었음
B3	**메뉴는 적절한 온도에 제공되는가?**	3	낙지와 계란찜은 뜨겁게 나머지는 차갑게 제공되었음.
B4	**제공된 메뉴들은 신선해 보이는가?**	2	샐러드에 있는 야채들이 신선해 보이지 않았고, 먹었을 때에는 아삭한 느낌은 없었음. 계란찜이나 낙지 같은 경우엔 양호했음.
B5	**제공된 메뉴들은 위생적으로 관리되고 있는가?**	2	계란찜을 옮길 때 뜨거운지 직원이 그릇의 윗부분을 잡고 옮겨주었음.
B6	제공된 그릇에 얼룩이 있거나 이가 나간 그릇을 사용하지는 않았는가?	3	이가 나가거나 얼룩이 있는 그릇은 없었음. 그러나 가위가 깨끗해 보이지 않음.

평가 항목		평 가	평가 의견
B7	부족한 메뉴에 대한 리필이 친절하게 이루어졌는가?	2	리필의 유무를 얘기해 주지 않았고, 계란찜을 리필해 달라고 했을 때 안 되는데 한 번 해준다고 한 건지 원래 되는데 귀찮아서 그런건지 안 좋은 표정으로 된다고 대답하고 해줬음.
총 평	주문한 메뉴의 시간은 비록 맞게 나왔으나, 후식의 시간이 너무 빨랐음. 1시 30분에 후식이 나왔는데 그때 우리 테이블에는 식사를 반 밖에 못 한 상태였음. 손님도 없었는데 같이 간 후배가 빨리 나가라는 거야 뭐야 라는 말을 했음. 그리고 계란찜의 리필 후 그릇을 먹기 좋은 곳에 옮기려고 들었다가 손이 엄청 뜨거웠음. 그래서 그런지 종업원도 자기 옷으로 계란찜을 감싸서 옮기거나 그릇의 윗 부분을 잡았음. 샐러드가 신선하지 않아서 별루였음.		

C. 위생 청결			
평가 항목		평 가	평가 의견
C1	매장 주변(주차장, 출입계단) 청결상태가 유지되고 있는가?	4	특별히 쓰레기나 더러운 부분은 눈에 띄지 않았으나 계단에 비가 온 것처럼 물이 많이 있었음. 청소를 한거라고 생각했지만, 오픈한지 2시간은 됐을 시간 같은데 의아한 생각이 들었음.
C2	매장 바닥은 청결한가?	1	걸어다니는 복도는 괜찮았으나 주방 앞에서 식기를 닦고 샐러드를 통에 담고 하는 작업을 해서 그런지 바닥에 물이 너무 많이 있었고, 앉은 자리 구석 쪽에는 먼지가 많이 쌓여있었음.
C3	테이블은 깨끗하게 유지되고 있었는가?	2	처음 앉아서 테이블을 살펴보니, 얼핏 보면 깨끗해 보이나, 찌끄러기 같은 잔여물이 남아있었음. 청소를 하고 셋팅을 해 놨다 하더라고 손님이 들어오면 한번 더 테이블을 닦아 주어야 한다고 생각함.
C4	고객사용 기물 보관함(서랍, 컵, 세팅 기물)은 청결하게 유지되고 있는가?	2	셋팅되어 있는 수저와 물컵은 가지런히 놓여져 있었으나, 가위와 집게가 널부러져 있었고, 물컵이 먼지가 좀 있었음.
C5	시설물들(액자, 메뉴북 등)은 청결하게 유지되고 있는가?	2	액자는 보지 못했고, 앉은 자리 바로 옆에 틀이 있었는데 그 틀에 먼지가 꽤 있었음.
C6	직원들의 개인위생(유니폼, 손톱, 액세서리 등)은 위생적으로 관리되고 있는가?	2	특별히 눈에 보이는 점은 없었음.
총 평	전체적으로 바닥은 깨끗함. 주방 앞 쪽은 물이 넘 흥건하게 젖어있음. 청소는 매일 하는 것 같지만, 먼지가 조금씩은 쌓여있음. 가위와 집게정리를 해결할 방법을 찾았음 좋겠음.		

D. 계산 및 배웅			
평가 항목		평 가	평가 의견
D1	계산 시 음식에 대한 만족도를 확인하였는가?	1	계산만 했고, 음식의 만족도는 전혀 물어보지 않았음.
D2	제공 메뉴, 계산 금액을 정확히 알려 주고 계산 방법(현금, 카드)에 대한 언급을 하였는가?	3	금액에 대한 총액만 얘기하며 계산을 했고, 어떻게 해서 이렇게 계산이 되는지 물어봤더니 대답해줌.
D3	계산 후 잔돈과 영수증은 정확하고 공손하게 제공하였는가?	4	계산 후 영수증과 카드를 공손히 제공하여 주었음.
D4	회원카드 소지 여부에 대한 언급이 있었는가?	5	회원카드 소지 여부에 대해 물어봤고, 발급해 주었음. 어떠한 혜택을 받을 수 있는지에 대한 설명도 들었음.
D5	퇴점 시 감사인사와 재방문에 대한 언급을 하였는가?	2	퇴점시 감사 인사를 형식적으로 했고, 재 방문에 대한 언급은 하지 않았음.
총 평	2인분을 시켰는데 7000원이라고 해서 놀라서 어떻게 계산되는 건지에 대해 물어봄. 지금 신 메뉴라서 12월 말 까지는 낙지볶음 2인분 이상을 시키면 7000원을 할인한다고 계산은 종업원 홍길동씨가 도와줌.		

E. 시설관리부문			
평가 항목		평 가	평가 의견
E1	주차장은 사용하기 편리하였는가?	0	걸어서 가서 사용하지 못함.
E2	매장 내부의 소음으로 식사에 방해가 되었는가?	2	주방이 보이는 자리에 앉아있어서 그런지 주방에서 말하는 소리도 간혹 들리고, 설거지 하고 나서 통을 싱크대에 터는 소리 등 소음이 꽤 있었음.
E3	매장 내부의 온도와 환기 상태는 적정하였는가?	3	음식을 먹는데 불편할 정도는 아니었음.
E4	조명시설이 고장으로 인해서 꺼져 있는 것은 없었는가?	4	둘러봤을 때 파손이 되어있는 것은 없었음.
E5	화장실의 시설은 청결히 유지되며 부족한 소모품은 없었는가?	3	바닥과 변기는 깨끗해 보였으나 라이터와 성냥이 휴지통 안에 들어가 있다는 게 어이가 없었고, 흡연이 된다면 왜 재떨이는 없는지 이상했음. 휴지통 위에는 먼지가 꽤 있었음.

평가 항목		평 가	평가 의견
E6	어린이 놀이방은 청결히 유지되고 있는가?	0	아예 보지 못했음.
총 평	앉은 자리가 주방이 보이는 자리여서 그런지 소음이 꽤 들렸음. 만약 중요한 자리로 식사를 하러 오게 된다면 문제가 될 것 같음. 화장실 안에 있는 라이터와 성냥 문제도 해결 했어야 된다고 생각함.		

F. 위기 상황 대처 능력 평가			
평가 항목		평 가	평가 의견
F1	고객의 불만사항 접수 시 고객의 불만사항에 대하여 경청하였는가?	1	물컵에 물을 부었는데 먼지가 물 위에 떠있어서 바꿔달라고 말을 했음. 죄송하다는 말 한 마디 없이 그냥 물컵만 바꿔가지고 옴.
F2	고객의 불만사항을 듣고 즉시 죄송하다는 사과는 하였는가?	0	
F3	고객의 불만사항에 대해서 공감하는 반응을 보였는가?	0	
F4	고객의 불만사항에 대하여 대안을 제안하였는가?	0	
F5	고객의 불만사항에 대해서 적절한 조치가 취해졌는가?	0	
F6	고객의 불만사항 해결 후 문제해결에 대한 만족도를 확인하였는가?	0	
총 평	평가를 못하겠음. 물컵에 먼지가 꽤 둥둥 떠있어서 바꿔달라고 말을 했더니 그냥 사과없이 물컵만 바꿔줬음. 메뉴에 머리카락이 나왔거나 한 일이 아니여서 그런지 똑같이 잘못된 부분인데도 불구하고 가볍게 생각하는 것 같음. 지점장을 부를 정도의 일은 아니라고 생각할 수도 있지만 최소한의 사과는 해야 한다고 생각함.		

G. 전반적인 평가			
평가 항목		평 가	평가 의견
G1	전반적으로 평가할 경우 가격은 만족스러운가?	3	가격은 적당한 것 같음.
G2	전반적으로 평가할 경우 서비스는 만족스러운가?	1	서비스는 매우 불만족임. 서비스가 괜찮았다 라고 기억할 정도의 매장이 아님. 음식을 먹는 내내 불편한 점들이 꽤 있었고, 내가 궁금한 것들이나 불편사항을 먼저 얘기해서 해결했음.
G3	전반적으로 평가할 경우 메뉴의 맛은 만족스러운가?	2	완전히 맛이 없진 않지만, 맛있다고 생각은 안듦. 낙지볶음이라고 하면 당연히 매울꺼라고 생각을 하는데 그거에 대한 난이도도 물어보지 않았음. 전체적으로 낙지볶음은 처음 먹으면 단맛이 강했고, 끝맛이 매웠음.
G4	전반적으로 평가할 경우 메뉴의 양은 만족스러운가?	3	여자 둘이 먹기에는 조금 많을 수도 있지만, 남자손님이나 혹은 식사량이 많은 손님도 있으니 메뉴량은 적당한 것 같음.
G5	타인에게 추천할 의사가 있는가?	2	한 번은 가 보겠지만, 낚지 메뉴를 먹으러 또 가고 싶은 생각이 들거나, 일부러 멀리 찾아가서 먹고 싶을 정도로 맛은 아님.
G6	업체를 전체적으로 평가할 경우 어느 정도나 만족스러운가?	2	가격은 적당하나, 서비스가 가장 큰 문제인 것 같음.

우수한 내용	손님이 없어서 그런지 편안한 분위기 에서 식사를 했음. 종업원들이 특별히 너무 인상을 쓰거나 힘든 표정이 역력한 사람은 없었음. 메인 메뉴에서 주 재료인 낙지의 맛의 상태가 좋았음.
불만 사항	불편한 것이 많음. 다 일일이 먼저 물어봐야 되고 달라고 해야 되고, 종업원이 알아서 해 줬음 좋겠음. 알아서 가져다 준 게 하나도 없는 것 같음. 그리고 마지막에 자리에서 일어나 계산을 하러 가는 자리에도 후식으로 커피만 있는 줄 알았는데 그 옆에 매실차와 아이스티가 있었음. 이것도 알려주지 않아서 전혀 몰랐고, 나가면서 자판기 앞에서 서서 아이스티 한 잔 먹고 계산하러 감. 이런 건 종업원이 당연히 얘기해 줘야 된다고 생각함.
기타 의견	가위와 집게를 해결했음 좋겠음. 가위와 집게를 넣을 수 있는 통을 하나 준비하던지 테이블에 널부러져 있는 게 보기 안 좋고 위생적으로도 더러워 보임. 첫 방문인지에 대한 부분은 꼭 물어보고 추천메뉴나 이용방법에 대해서 물어보는 건 확실히 필요하다고 생각됨. 그리고 시킨 메뉴에 대한 정보, 예를 들면 어떻게 음식이 나오는지에 대해 간략하게 라도 얘기해야 된다고 생각하고 매운 음식을 경우 맛의 강도는 꼭 물어봐야 된다고 생각함. 종업원들끼리 힘들어서 잠깐 이야기는 할 수 있다고 생각은 하나, 아예 바닥에 앉아서 얘기를 하는 건 개선되어야 함.

8. 미스터리 쇼핑 평가보고서

A. 서비스 부문

"환대 인사와 자리안내는 지난번과 같이 좋은 평가점수를 받았습니다. 다만 서버들의 태도와 불규칙한 서비스 제공방식에서 낮은 점수로 평가되고 있습니다. 메뉴판과 물이 동시에 서브되지 않거나 물이 메뉴가 나올 때도 서브되지 않은 점, 처음 오시는분에 대한 파악 및 대처가 미흡합니다. 처음 방문하시는 고객의 경우 메뉴에 대한 추천이나 자세한 설명으로 친절한 이미지을 심어주는 것이 중요합니다. 직원간의 잡담으로 인하여 고객의 부름에 응답과 조치가 늦어 보이며 이번 역시 바쁜 저녁보단 점심때 더 낮은 서비스 평가점수를 받고 있습니다. 이는 한가한 시간대의 서비스에 대한 준비가 없어 고객 요구에 의한 반응적인 서비스를 제공하고 있음을 나타내고 있습니다. "

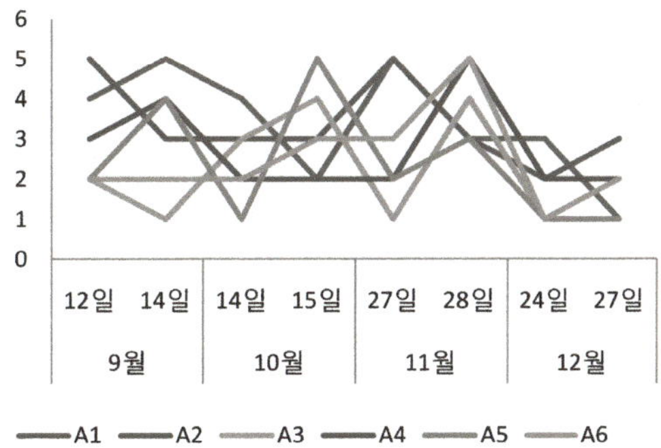

B. 메뉴 부문

전반적인 음식의 맛과 야에 대한 고객 만족도가 괜찮았던 걸로 보여집니다. 제공시간 역시 빠르게 서브되고 있어 기다리는데 있어 지루함이 없고 체계적인 인식을 주고 있어 긍정적이라 생각합니다. 그릇에 대한 위생과 메뉴 제공시 메뉴 온도는 적절하게 유지되고 있는 것을 평가 됩니다. 다만 지난 달과 같은 뜨거운 것에 대한 고객의 주지가 부족하며 샐러드의 신선도 부문도 미흡 했습니다. 메뉴의 리필여부와 같이 규정의 직원 간 혼선은 고객에게는 불만족 야기합니다. 규정에 대한 통일성있는 적용과 직원 행동이 필요한 부분입니다.

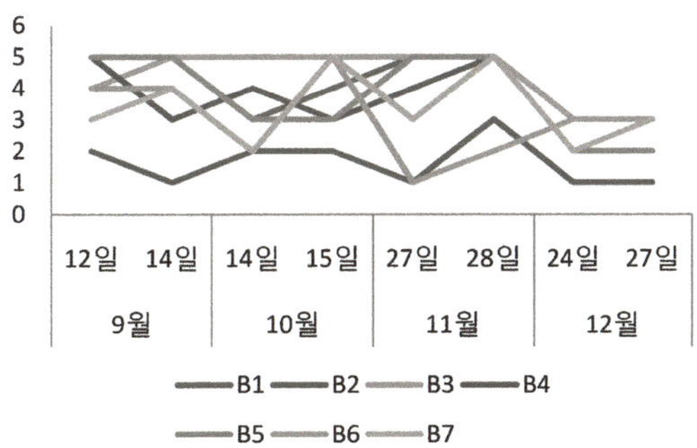

C. 위생, 청결부문

매장 출입구 계단 ,바닥 ,주차장은 청결했습니다. 테이블 세팅 시에 숟가락과 수저는 잘 배치되어 있었으나 집기류 가위는 관리가 안되었습니다. 고객에게 청결함을 인식시키기 위해 테이블 세팅에 대한 관리가 필요합니다. 신발장이 정리가 안되고 구석자리의 먼지와 음식물로 보이는 이물질이 발견된 점과 같이 한가한 시간을 이용한 청결작업이 필요하다는 판단입니다.

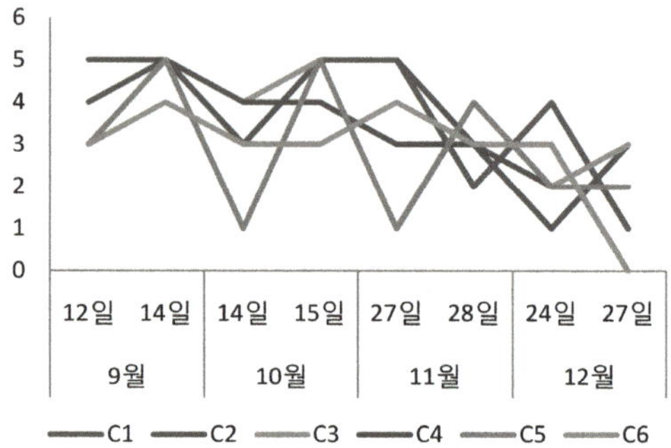

D. 계산 및 배웅 부문

계산 시 고객 만족도 확인에 대한 낮은 평가 결과이지만 식사 메뉴에 대한 확인과 회원카드 소지 여부를 물어보는 항목에 대해서는 지난 달과 비교하여 개선되어졌다는 생각합니다. 다만 고객과의 마지막 접점지역이라고 볼 수 있는 계산대에서의 직원의 역할이 단순한 계산 작업에만 치중되어 고객의 만족도 측정을 통한 내부적인 서비스 개선의 실행이 어려울 것으로 보인다.

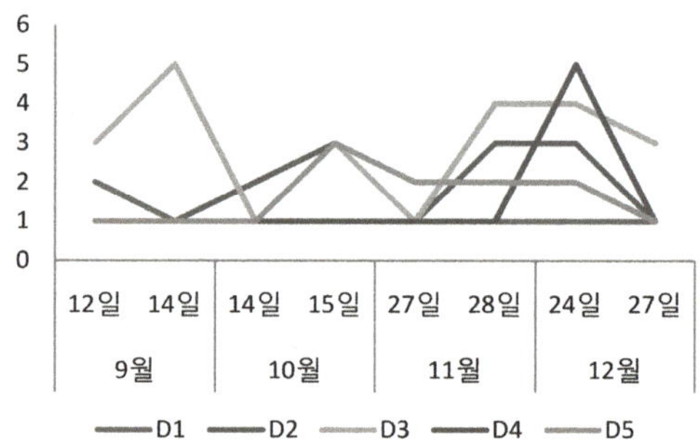

E. 시설관리 부문

시설적인 부분은 매우 높은 평가를 받았습니다. 시설관리, 냄새, 온도, 불판 코팅 상태 등에 대한 만족도가 높게 평가되었습니다. 하지만 화장실 및 테이블 청결상태를 유지하는데 있어 구석구석 꼼꼼한 청소가 부족한 것으로 평가되어 개선이 필요함.

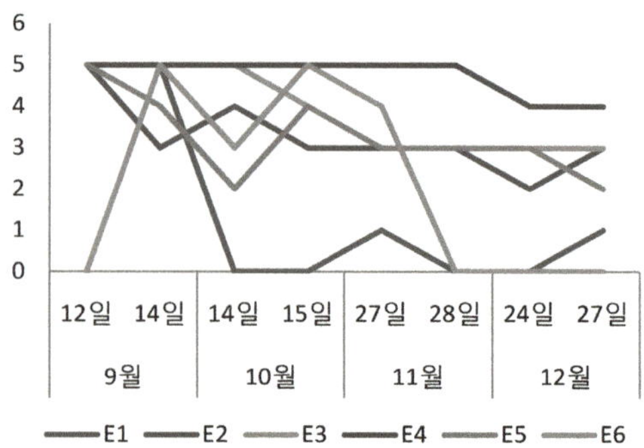

F. 위기상황 대처능력 부문

고객불만 사항에 대한 응대가 부족한 것으로 판단됨. 고객의 불만에 대해 죄송하다는 사과없이 해결책만 제시하는 행동은 고객으로 하여금 2차의 불만을 불러올 소지가 있는 것으로 개선이 필요한 것으로 판단됨. 서비스 메뉴얼에 의해서 위기상황 대처법에 관한 교육으로 지속적인 개선 요구

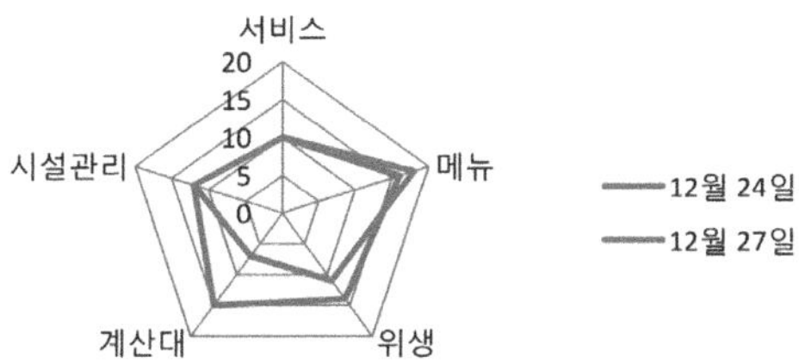

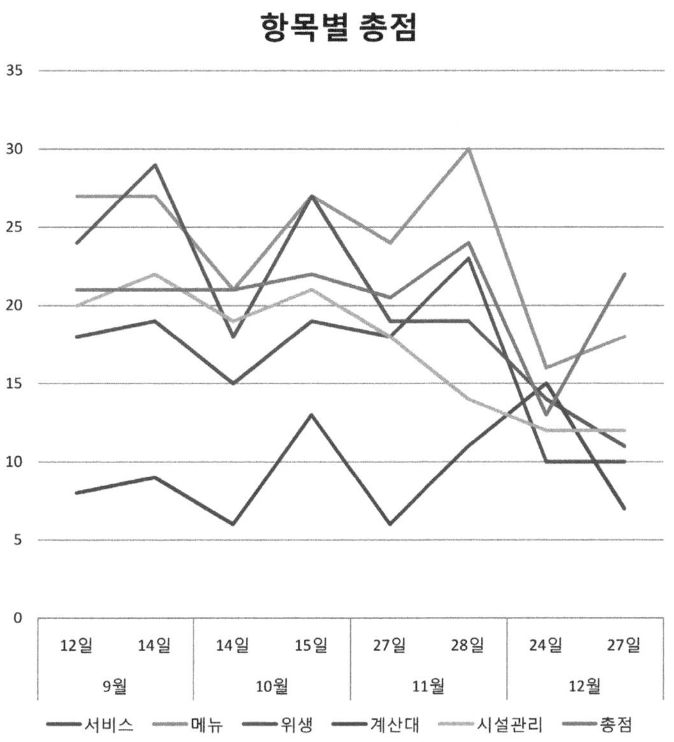

G. 전월 제안 사항 실천 상태 확인

1. 서비스 관련

계산시 서비스 표준 절차의 정의및 실천 방안 개선 → 부족

고객과의 대화를 위하여 대화 내용의 정리 → 부족

2. 위생 관련

청소 구역의 분배를 통한 주기적인 청소 필요(체크리스트 활용제안) → 부분해결

식기에 대한 청결 상태 개선(알밥 받침, 개인 접시) → 해결

H. 제안 사항

1. 서비스 관련

서비스 교육 진행

- 서비스 접객 용어에 대한 교육(특히 계산대에서의 표준 대화법 강조)
- 위기 상황대처에 대한 교육
- 대기 자세에 대한 표준 제시

2. 위생 및 청결 관련

체크 리스트를 활용한 요일별, 시간대별 청소 시행

참고사항

직원들 간의 사적인 대화로 고객 서비스 지연

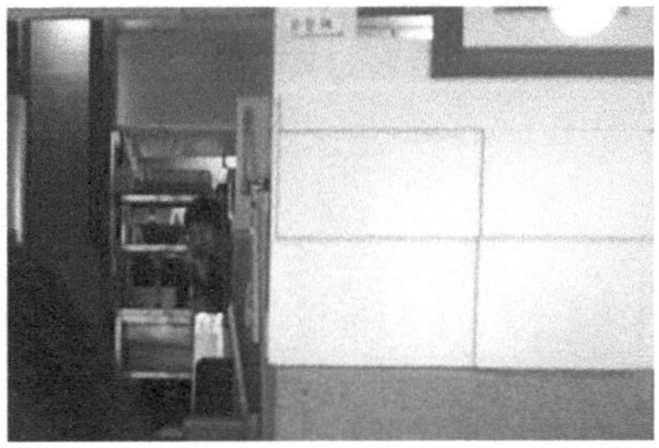

근무 중 휴대폰 사용

신발 정리 상태 불량

좌식 자리 코너의 청결상태 불량

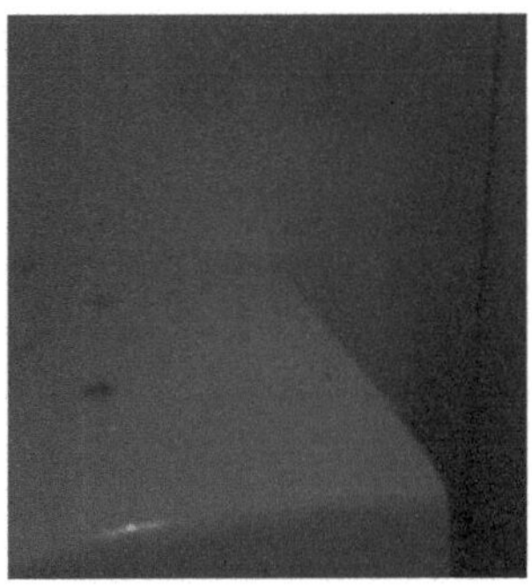

화장실 정리 상태 불량, 변기 쪽 담배 자국

9. 서비스 교육교재

1일차 스피드 서비스 교육

1. 참가자 환영

반갑습니다. 오늘은 ○○○ 서비스 표준 제 1일차로 대기 자세에 대한 표준을 소개하도록 하겠습니다.

2. 들어가기

교육에 앞서 서비스 9대 용어로 교육을 시작하도록 하겠습니다.

(인사하면서 9대 용어를 큰소리로 따라한다.) - 안녕하세요. 어서 오세요. 예, 잘 알겠습니다. 감사합니다. 실례합니다. 제가 도와 드리겠습니다. 더 필요한 것은 없으십니까? 죄송합니다. 잠시만 기다려 주시겠습니까?, 기다려 주셔서 감사합니다. 다음에 또 뵙겠습니다. 안녕히 가십시오.

3. 교육 소개

오늘 교육하게 될 대기 자세는 고객을 기다리는 자세로 고객에게는 첫인상이 되므로 매우 중요하다 할 수 있습니다.

그럼 ○○○ 대기 자세 서비스 표준을 설명하도록 하겠습니다.

4. 서비스 표준 설명

○○○의 대기 자세의 서비스 표준은 다음과 같습니다.

① 홀담당자와 안내 담당자는 항상 미소 담은 얼굴로 정해진 장소에서 고객을 대기하여야 합니다.

② 대기 시에는 입구 쪽을 향하여 등과 가슴을 펴고 바른 자세로 대기합니다.

③ 사이드 업무는 정해진 장소에서 수행하며, 동료와 떠들거나 팔짱을 끼거나 주머니에 손을 놓고 있는 행위, 기둥, 벽 등에 기대는 것은 좋지 않습니다. 신문이나 잡지를 읽거나, 핸드폰 조작 등도 하지 않는 것이 좋습니다.
④ 언제나 고객이 들어오면 인사를 할 수 있는 자세를 취해야 합니다.

이상 네 가지가 ○○○의 대기 시 지켜야 할 서비스 표준입니다.

5. 표준준수 효과의 이해

고객이 느끼는 서비스에서 가장 중요한 순간은 언제일까요? 바로 매장과 고객의 첫 대면의 순간입니다. 이는 주차장이 될 수도 있고, 매장 입구가 될 수도 있습니다.

○○○의 대기 시 서비스 표준을 준수하게 되면 들어오는 고객에게 매우 친절한 첫인상을 주게 되어 이후 서비스에 대해서도 만족도가 높게 나타날 수 있습니다.

반대로 매장에 들어오는 고객에게 흐트러진 모습을 보이게 되면 우리가 제공하는 메뉴나 서비스에 대해서 불신하게 되며, 이는 곧 불만족 고객이 될 가능성이 높아진다고 생각하시면 됩니다.

6. 질문

오늘 소개한 ○○○의 대기 시 서비스 표준에 대하여 질문 있습니까? (질문이 있다면 질문에 답을 하고 제안 사항은 이후 회의에서 결정하도록 한다.)

(없으면) 이상 교육을 마치도록 하겠습니다.

7. 이해도 점검

고객이 느끼는 서비스에서 가장 중요한 순간은 언제라고 했습니까?

(고객이 ○○○의 매장을 처음 만나는 순간)

○○○의 대기 시 서비스 표준을 준수하면 어떠한 효과가 있다고 했습니까?

(친절한 첫인상을 주게 되어 서비스에 대해서 만족도 높게 나타날 수 있습니다.)

예, 오늘도 ○○○ 서비스 표준을 준수하여 고객에게 만족을 드리는 하루가 되도록 합시다.

8. 이후 교육 안내

내일은 ○○○ 서비스 표준 두 번째 시간으로 고객 환영 시 서비스 표준에 대해서 설명하도록 하겠습니다.

9. 다짐

우리 모두 ○○○ 서비스 표준을 준수할 수 있겠습니까? 예~~ 3번 확인한다.

10. 교육 마무리

교육의 마무리는 힘찬 구호로 마무리하도록 하겠습니다.

○○○. ○○○.. 파이팅…

2일차 스피드 서비스 교육

1. 참가자 환영

반갑습니다. 오늘은 ○○○ 서비스 표준 제 2일차로 고객 환영에 대한 표준을 소개하도록 하겠습니다.

2. 들어가기

교육에 들어가기 전에 간단한 운동으로 허리와 목을 풀도록 하겠습니다.

(허리 돌리기, 등배운동, 목 스트레칭 등: 인사를 위해 허리와 목 스트레칭을 한다.)

3. 교육 소개

오늘 교육하게 될 고객 환영은 접객의 첫 번째 단계로 방문하시는 고객에게 환영의 인사를 하는 단계입니다.

그럼 ○○○의 고객 환영 서비스 표준을 설명하도록 하겠습니다.

4. 서비스 표준 설명

○○○의 고객 환영 서비스 표준은 다음과 같습니다.

① 고객이 내점 즉시 "안녕하세요 어서오세요."라고 인사를 하여 환영하여야 한다.

② 환영인사는 누구라도 먼저 발견한 직원이 인사하고 담당 직원에게 인계하여야 한다.

③ 환영인사 시에는 허리를 15도 가량 숙여 인사합니다.

④ 담당 직원은 고객에게 "예약은 하셨습니까?" 와 "몇 분이십니까?" 라고 확인하여야 한다.

⑤ 고객으로 하여금 환대 받는다는 느낌을 주어야 한다.

5. 표준 준수의 효과의 이해

○○○의 고객 환영 서비스 표준을 지키게 되면 방문 고객께서 자신을 환영한다는 느낌을 받아 긍정적인 성향의 고객이 될 수 있는 가능성이 높습니다. 즉 이러한 고객은 이후 서비스에 대해서도 긍정적인 만족도가 높다는 장점이 있습니다.

6. 질문

오늘 소개한 ○○○ 고객환영 서비스 표준에 대하여 질문 있습니까? (질문이 있다면 질문에 답을 하고 제안 사항은 이후 회의에서 결정하도록 한다.)

(없으면) 이상 교육을 마치도록 하겠습니다.

7. 이해도 점검

고객 환영에서의 ○○○ 서비스 표준을 준수하면 어떠한 효과가 있다고 했습니까? (방문 고객께서 자신을 환영한다는 느낌을 받아 긍정적인 성향의 고객이 될 수 있는 가능성이 높다.)

예, 오늘도 ○○○ 서비스 표준을 준수하여 고객에게 만족을 드리는 하루가 되도록 합시다.

8. 이후 교육 안내

내일은 ○○○ 서비스 표준 세 번째 시간으로 자리안내 시 서비스 표준에 대해서 설명하도록 하겠습니다.

9. 다짐

우리 모두 ○○○ 서비스 표준을 준수할 수 있겠습니까? 예~~ 3번 확인한다.

10. 교육 마무리

교육의 마무리는 힘찬 구호로 마무리하도록 하겠습니다.

○○○. ○○○.. 파이팅…

3일차 스피드 서비스 교육

1. 참가자 환영

반갑습니다. 오늘은 ○○○ 서비스 표준 제 3일차로 고객 자리안내에 대한 표준을 소개하도록 하겠습니다.

2. 들어가기

교육에 들어가기 전에 간단하게 미소 운동을 하도록 하겠습니다. (입을 최대한 벌리며 아~ 입을 최대한 내밀며 우~ , 입을 동그랗게 하면서 오~ 입을 최대한 옆으로 벌리며 에~)

3. 교육 소개

오늘 교육하게 될 고객 자리안내는 방문하시는 고객에게 고객이 원하시는 자리로 안내하는 단계입니다.

그럼 ○○○의 고객 자리 안내 시 서비스 표준을 설명하도록 하겠습니다.

4. 서비스 표준 설명

○○○의 고객 자리 안내 시의 서비스 표준은 다음과 같습니다.

① 고객의 흡연, 금연 여부에 따라 자리를 안내합니다. "흡연석과 금연석 어디로 안내해드릴까요?"

② 손은 가지런히 모아 이동하려고 하는 방향을 향하며 "이쪽으로 오시겠습니까?" 라고 말한다.

③ 안내 시 고객보다 2~3 걸음 앞서 나아갑니다.

④ 자리가 마련된 세션에 도착하면 "이쪽 자리가 마련되었습니다. 자리가 마음에 드십니까?" 라고 고객의 만족 사항을 확인하여야 합니다.

⑤ 고객께서 자리가 마음에 드신다면 담당 홀 서버에서 고객을 인계하고 간단한

목례와 함께 "감사합니다. 즐거운 시간되십시오."라고 말합니다.

⑥ 담당 서버는 "안녕하세요. 어서 오십시오."라고 환영인사를 하고 "물과 메뉴판을 가져다 드리겠습니다. 잠시만 기다려 주세요."라고 말하며 물과 메뉴판을 준비하여야 합니다.

5. 표준 준수의 효과의 이해

○○○의 고객 안내 시 서비스 표준을 지키게 되면 원활한 좌석 회전으로 보다 체계적이고 빠른 서비스를 제공하게 되어 고객 만족도를 높일 수 있다는 장점을 가지고 있습니다. 또한 빠른 좌석회전으로 보다 많은 고객에게 원활한 서비스를 제공하는 효과가 있습니다.

6. 질문

오늘 소개한 ○○○ 고객 자리 안내 시 서비스 표준에 대하여 질문 있습니까? (질문이 있다면 질문에 답을 하고 제안 사항은 이후 회의에서 결정하도록 합니다.)

(없으면) 이상 교육을 마치도록 하겠습니다.

7. 이해도 점검

고객 자리 안내 시 ○○○ 서비스 표준을 준수하면 어떠한 효과가 있다고 했습니까? (원활한 좌석 회전으로 보다 체계적이고 빠른 서비스를 제공할 수 있습니다.)

예, 오늘도 ○○○ 서비스 표준을 준수하여 고객에게 만족을 드리는 하루가 되도록 합시다.

8. 이후 교육 안내

내일은 ○○○ 서비스 표준 네 번째 시간으로 고객 자리 안내 시 빈자리가 없는 경우의 서비스 표준에 대해서 설명하도록 하겠습니다.

9. 다짐

우리 모두 ○○○ 서비스 표준을 준수할 수 있겠습니까? 예~~ 3번 확인합니다.

10. 교육 마무리

교육의 마무리는 힘찬 구호로 마무리하도록 하겠습니다.

○○○. ○○○.. 파이팅…

4일차 스피드 서비스 교육

1. 참가자 환영

반갑습니다. 오늘은 ○○○ 서비스 표준 제 4일차로 고객 자리 안내 시 빈자리가 없는 경우에 대한 표준을 소개하도록 하겠습니다.

2. 들어가기

교육에 들어가기 전에 간단하게 크게 웃는 시간을 갖도록 하겠습니다. (1분 가량 크게 박장 대소하며 서로를 쳐다보며 웃는다.)

3. 교육 소개

오늘 교육하게 될 내용은 빈자리가 없어 고객을 기다리게 하는 경우 우리가 할 수 있는 서비스 표준에 대해서 알아보도록 하겠습니다.

그럼, 고객 자리 안내 시 빈자리가 없는 경우에 대한 ○○○의 서비스 표준을 설명하도록 하겠습니다.

4. 서비스 표준 설명

○○○의 매장에 빈자리가 없는 경우의 서비스 표준은 다음과 같습니다.

① 고객님께는 "죄송합니다만 지금 매장에 빈자리가 없습니다. 여기서 잠시만 기다려 주시겠습니까?" 라고 말하며 웨이팅 룸을 안내하여야 합니다.
② 웨이팅 룸에서 기다리는 고객께는 "여기서 ~ 분정도 기다리시면 제가 자리로 안내해 드리겠습니다." 라고 말하여 고객께서 얼마나 기다리셔야 하는지 알려 드려야 합니다.
③ 기다리는 고객에게도 지속적으로 관심(눈 마주치기, 나가는 고객이 있는 경우 금방 자리가 마련된 것이라는 믿음)을 주어야 합니다.
④ 기다린 고객이 자리가 마련되어 안내할 시에는 "기다려 주셔서 감사합니다.

이쪽으로 안내해드리겠습니다." 라고 말하여 기다려 주신 것에 대한 감사를 표현하여야 합니다.

⑤ 담당 홀 서버에게 인계할 시에는 대기 고객이었다는 것을 알려 이후 서비스에 보다 신경을 쓸 수 있도록 하여야 합니다.

5. 표준 준수의 효과의 이해

○○○의 매장에 빈자리가 없어 고객이 대기해야 하는 경우의 서비스 표준을 지키게 되면 기다리는 고객이 가질 수 있는 1차적인 불만 사항이 해소될 수 있습니다. 대기 고객은 우리에게 매우 소중한 고객이라는 것을 알고 접객하는 자세가 필요합니다.

6. 질문

오늘은 ○○○ 서비스 표준 중 고객 자리 안내 시 빈자리가 없는 경우에 대한 서비스 표준에 대하여 알아보았습니다. 이에 질문 있습니까? (질문이 있다면 질문에 답을 하고 제안 사항은 이후 회의에서 결정하도록 합니다.)

(없으면) 이상 교육을 마치도록 하겠습니다.

7. 이해도 점검

고객 자리 안내 시 빈자리가 없는 경우의 ○○○ 서비스 표준을 준수하면 어떠한 효과가 있다고 했습니까? (대기 고객은 소중한 고객이라는 느낌을 받으며, 이로 인해 고객이 가질 수 있는 1차적인 불만 사항이 해소될 수 있습니다.)

예, 오늘도 ○○○ 서비스 표준을 준수하여 고객에게 만족을 드리는 하루가 되도록 합시다.

8. 이후 교육 안내

내일은 ○○○ 서비스 표준 다섯 번째 시간으로 물과 메뉴판을 제공할 때의 서비스 표준에 대해서 설명하도록 하겠습니다.

9. 다짐

우리 모두 ○○○ 서비스 표준을 준수할 수 있겠습니까? 예~~ 3번 확인합니다.

10. 교육 마무리

교육의 마무리는 힘찬 구호로 마무리하도록 하겠습니다.

○○○. ○○○.. 파이팅…

5일차 스피드 서비스 교육

1. 참가자 환영

반갑습니다. 오늘은 ○○○ 서비스 표준 제 5일차로 물과 메뉴판 제공 시 서비스 표준을 소개하도록 하겠습니다.

2. 들어가기

발음을 정확하게 하기 위한 노래 하나 하도록 하겠습니다. (아~~ 에~~ 이~~ 오~~ 우~~)

3. 교육 소개

오늘 교육하게 될 내용은 고객에게 자리를 안내한 후 물과 메뉴판 제공 시 우리가 해야 할 서비스 표준에 대해서 알아보도록 하겠습니다.

4. 서비스 표준 설명

고객에게 물과 메뉴판을 제공할 때는 다음과 같은 서비스 표준을 준수하여야 합니다.

① '안녕하세요. 어서 오세요.'라고 말하며 자신이 테이블을 담당하게 될 것이라는 것을 알립니다.

② '물과 메뉴판 여기 있습니다.'라고 말하여 준비한 물과 메뉴판을 조용하고 공손하게 테이블에 올려 둡니다.

③ '메뉴를 고르시고 벨을 눌러 주시면 다시 돌아와 도와드리겠습니다.'라고 말하며 손을 모아 벨의 위치를 알려드립니다.

④ 고객의 테이블에서 물러날 때는 '감사합니다.'라고 말하고 자신의 정해진 자리에 위치합니다.

5. 표준 준수의 효과의 이해

○○○의 서비스 표준 중 고객에게 물과 메뉴판 제공시의 표준을 준수하게 되면 일관된 서비스를 제공하게 되어 테이블 서비스의 신뢰감을 심어줄 수 있습니다. 이로 인해 고객은 서비스에 대한 호감을 가지게 되어, 제공하는 서비스가 보다 효과적일 수 있습니다.

6. 질문

오늘은 ○○○ 서비스 표준 중 물과 메뉴판 제공시 지켜야 하는 서비스 표준에 대하여 알아보았습니다. 이에 질문 있습니까? (질문이 있다면 질문에 답을 하고 제안 사항은 이후 회의에서 결정하도록 합니다.)

(없으면) 이상 교육을 마치도록 하겠습니다.

7. 이해도 점검

고객에게 물과 메뉴판 제공시 지켜야 하는 서비스 표준을 준수하면 어떠한 효과가 있다고 했습니까? (고객의 마음에 우리 서비스에 대한 호감이 생기기 때문에 서비스 제공이 보다 효과적일 수 있습니다.)

예, 오늘도 ○○○ 서비스 표준을 준수하여 고객에게 만족을 드리는 하루가 되도록 합시다.

8. 이후 교육 안내

내일은 ○○○ 서비스 표준 여섯번 시간으로 고객으로부터 주문을 받을 때의 서비스 표준에 대해서 설명하도록 하겠습니다.

9. 다짐

우리 모두 ○○○ 서비스 표준을 준수할 수 있겠습니까? 예~~ 3번 확인합니다.

10. 교육 마무리

교육의 마무리는 힘찬 구호로 마무리하도록 하겠습니다.

○○○. ○○○.. 파이팅…

6일차 스피드 서비스 교육

1. 참가자 환영

반갑습니다. 오늘은 ○○○ 서비스 표준 제 6일차로 고객에게 주문을 받을 때 지켜야할 서비스 표준에 대해서 소개하도록 하겠습니다.

2. 들어가기

교육에 앞서 간단히 미소 운동을 하도록 하겠습니다. 미소는 서비스에 있어서 기본이 되는 것으로 얼굴 근육의 수축과 이완으로 자연스러운 미소를 지울 수 있도록 합니다. (미소운동은 위스키를 정확한 발음과 함께 입꼬리를 최대한 올리고 윗니가 3개정도 보일 정도로 입을 벌려 발음합니다.)

3. 교육 소개

오늘 교육하게 될 내용은 고객이 메뉴를 선택한 후에 주문을 받아 POS에 입력하는 것을 말합니다.

4. 서비스 표준 설명

고객에게 주문을 받을 때에는 다음과 같은 서비스 표준을 준수하여야 합니다.

① 고객이 벨을 눌러 주문할 의지를 보이는 경우 신속히 테이블로 가서 주문을 받아야 합니다.

② "제가 주문 도와드리겠습니다.", 또는 "주문 도와드릴까요?" 라고 말하며 고객의 주문 사항을 경청하여 전표에 잘 옮겨 적습니다.

③ 주문을 다한 후에는 전표에 적은 내용을 고객에게 다시 확인시켜 드려야 합니다. '주문하신 메뉴 확인해 드리겠습니다.' '____과 ____ 주문하셨습니다. 맞는지요?' 라고 말하여야 합니다.

④ 고객께서 음료나 주류를 주문하시기 않았다면 '음료나 술은 필요하지 않으시

고요?'라고 음료 판매를 추천하여야 합니다.

⑤ 주문이 확인되면 '잠시만 기다리시면 주문하신 ---, --- 준비해드리겠습니다. 감사합니다.' 라고 말하고 POS에 입력하여야 합니다.

⑥ 주문을 받을 시에는 고객에게 서두르는 느낌을 주어서는 안 되며, 주문하는 고객과 눈을 맞추며 이야기하여야 합니다.

⑦ 고객이 잘못된 주문을 하신 경우(너무 양이 많거나 너무 적은 경우, 어울리지 않는 메뉴 구성)시에는 주문한 것을 확인하여야 합니다.

5. 표준 준수의 효과의 이해

○○○의 서비스 표준 중 고객에게 주문을 받은 경우의 서비스 표준을 준수하게 되면 메뉴 오류가 생기지 않으므로 업무의 효율성을 추구할 수 있으며 추가 메뉴 등을 통하여 객단가의 상승을 이룰 수 있습니다.

6. 질문

오늘은 ○○○ 서비스 표준 중 주문을 받는 경우에 지켜야할 서비스 표준에 대하여 알아 보았습니다. 이에 질문 있습니까? (질문이 있다면 질문에 답을 하고 제안 사항은 이후 회의에서 결정하도록 합니다.)

(없으면) 이상 교육을 마치도록 하겠습니다.

7. 이해도 점검

고객에게 주문을 받을 때에 ○○○ 서비스 표준을 준수하면 어떠한 효과가 있다고 했습니까? (메뉴 오류가 생기지 않으므로 업무의 효율성을 추구할 수 있으며 추가 메뉴 등을 통하여 객단가의 상승을 이룰 수 있습니다.)

예, 오늘도 ○○○ 서비스 표준을 준수하여 고객에게 만족을 드리는 하루가 되도록 합시다.

8. 이후 교육 안내

내일은 ○○○ 서비스 표준 일곱 번째 시간으로 메뉴의 예비 세팅 때의 서비스 표준에 대해서 설명하도록 하겠습니다.

9. 다짐

우리 모두 ○○○ 서비스 표준을 준수할 수 있겠습니까? 예~~ 3번 확인합니다.

10. 교육 마무리

교육의 마무리는 힘찬 구호로 마무리하도록 하겠습니다.

○○○. ○○○.. 파이팅…

7일차 스피드 서비스 교육

1. 참가자 환영

반갑습니다. 오늘은 ○○○ 서비스 표준 제 7일차로 메뉴 예비 세팅 시에 지켜야할 서비스 표준에 대해서 소개하도록 하겠습니다.

2. 들어가기

교육에 앞서 서비스 9대 용어로 교육을 시작하도록 하겠습니다.

(인사하면서 9대 용어를 큰소리로 따라한다.) – 안녕하세요. 어서 오세요. 예, 잘 알겠습니다. 감사합니다. 실례합니다. 제가 도와 드리겠습니다. 더 필요한 것은 없으십니까? 죄송합니다. 잠시만 기다려 주시겠습니까?, 기다려 주셔서 감사합니다. 다음에 또 뵙겠습니다. 안녕히 가십시오.

3. 교육 소개

오늘 교육하게 될 내용은 주문 내용에 따라 메뉴 예비 세팅 시 지켜야 하는 서비스 표준입니다.

4. 서비스 표준 설명

테이블에 메뉴의 예비 세팅 시에는 다음과 같은 서비스 표준을 준수하여야 합니다.

① 메뉴의 예비 세팅은 고객이 주문한 후 5분 안에 세팅되어야 합니다.

② 테이블에 세팅한 찬을 들고 테이블에 방문할 시에는 고객님께 '잠시 실례하겠습니다. 반찬 준비하여 드리겠습니다.' 라고 말하며 신속하게 반찬을 세팅합니다.

③ 세팅할 때에는 손이 음식물과 접촉해서는 안 되며 접시를 내려놓을 시에는 조용히 공손하게 정해진 자리에 세팅을 하여야 합니다.

④ 세팅을 마치고 돌아갈 때에는 '뭐 더 필요한 것 없으십니까?' 라고 물어 고객

의 요구 사항을 잘 들어야 합니다.

⑤ 테이블에서 물러날 시에는 '감사합니다. 맛있게 드세요.' 라고 말하고 물러난 정해진 자리로 돌아 오도록 합니다.

⑥ 음식은 고객에게 제공되기 전에 육안으로 확인하여 이물질이나 청결상태를 확인하여야 합니다.

⑦ 음식이 나오는 순서가 혼동되지 않도록 주의하여 세팅을 실시합니다.

5. 표준 준수의 효과의 이해

메뉴의 예비 세팅 시 ○○○ 서비스 표준을 준수하면 서비스의 신속함을 고객에게 알릴 수 있으며 체계적인 서비스를 제공할 수 있습니다.

6. 질문

오늘은 ○○○ 서비스 표준 중 메뉴 관련한 예비 세팅 때 지켜야할 서비스 표준에 대하여 알아보았습니다. 이에 질문 있습니까? (질문이 있다면 질문에 답을 하고 제안 사항은 이후 회의에서 결정하도록 합니다.)

(없으면) 이상 교육을 마치도록 하겠습니다.

7. 이해도 점검

메뉴 예비 세팅은 고객이 메뉴를 주문 후 몇 분 안에 제공하여야 합니까? (5분)

예, 오늘도 ○○○ 서비스 표준을 준수하여 고객에게 만족을 드리는 하루가 되도록 합시다.

8. 이후 교육 안내

내일은 ○○○ 서비스 표준 중 메뉴의 제공시의 서비스 표준에 대해서 설명하도록 하겠습니다.

9. 다짐

우리 모두 ○○○ 서비스 표준을 준수할 수 있겠습니까? 예~~ 3번 확인합니다.

10. 교육 마무리

교육의 마무리는 힘찬 구호로 마무리하도록 하겠습니다.

○○○. ○○○.. 파이팅…

8일차 스피드 서비스 교육

1. 참가자 환영

반갑습니다. 오늘은 ○○○ 서비스 표준 제 8일차로 메뉴 제공 시에 지켜야할 서비스 표준에 대해서 소개하도록 하겠습니다.

2. 들어가기

교육에 앞서 힘을 쓰는 업무이므로 옆사람의 어깨를 안마해주는 것으로 시작하도록 하겠습니다. 모두 왼쪽으로 돌아 동료의 어깨를 안마해주시기 바랍니다.(30초)

자, 그만… 뒤로 돌아 반대쪽 동료의 어깨를 안마하여 주시기 바랍니다.(30초) 그만…

3. 교육 소개

오늘 교육하게 될 내용은 주문 내용에 따라 메뉴 제공 시에 지켜야 하는 서비스 표준입니다.

4. 서비스 표준 설명

테이블에 메뉴의 제공 시에는 다음과 같은 서비스 표준을 준수하여야 합니다.

① 메뉴의 예비 세팅 후 고객이 주문한 후 15분 안에 제공되어야 합니다.
② 주방에서 나온 메뉴는 담기, 청결 상태 등을 확인하여 고객에게 제공됩니다.
③ 쟁반에 담은 음식은 절대 바닥에 두는 경우가 발생되지 않도록 쟁반 받침을 사용합니다.
④ 고객에게 메뉴를 제공할 때에는 '잠시 실례하겠습니다.', '주문하신 ---, ---가 나왔습니다.' 라고 말하고 조용하고 공손하게 테이블에 올려 두어야 합니다.
⑤ 그릇이 무겁거나 자세가 불편할 때에는 올바른 자세로 그릇을 들어야 합니다.

⑥ 메뉴 제공이 끝나면 '더 필요한 것은 없으십니까?' 라고 말하고 빈 그릇이나 리필할 반찬 그릇을 챙겨 물러납니다.

⑦ 자리를 떠날 때에는 간단한 눈인사와 함께 '감사합니다. 맛있게 드세요.'라고 말합니다.

⑧ 메뉴의 제공은 다른 고객과 순서가 혼동되지 않도록 주의하여야 합니다.

5. 표준 준수의 효과의 이해

메뉴 제공시 ○○○ 서비스 표준을 준수하면 서비스의 신속함을 고객에게 알릴 수 있으며 체계적인 서비스를 제공할 수 있습니다.

6. 질문

오늘은 ○○○ 서비스 표준 중 메뉴 제공 시 지켜야할 서비스 표준에 대하여 알아보았습니다. 이에 질문 있습니까? (질문이 있다면 질문에 답을 하고 제안 사항은 이후 회의에서 결정하도록 합니다.)

(없으면) 이상 교육을 마치도록 하겠습니다.

7. 이해도 점검

메뉴의 제공은 예비 세팅 후 몇 분 안에 제공하여야 한다고 했습니까? (15분)

예, 오늘도 ○○○ 서비스 표준을 준수하여 고객에게 만족을 드리는 하루가 되도록 합시다.

8. 이후 교육 안내

내일은 ○○○ 서비스 표준 중 중간 서비스 점거시의 서비스 표준에 대해서 설명하도록 하겠습니다.

9. 다짐

우리 모두 ○○○ 서비스 표준을 준수할 수 있겠습니까? 예~~ 3번 확인합니다.

10. 교육 마무리

교육의 마무리는 힘찬 구호로 마무리하도록 하겠습니다.

○○○. ○○○.. 파이팅…

9일차 스피드 서비스 교육

1. 참가자 환영

반갑습니다. 오늘은 ○○○ 서비스 표준 제9일차로 고객 식사 중간에 확인해야 할 서비스 점검에 대해서 소개하도록 하겠습니다.

2. 들어가기

교육에 앞서 오늘은 눈 돌리기 연습을 하도록 하겠습니다.

자, 눈을 최대한 왼쪽으로 돌려 자신의 왼쪽 어깨를 보시기 바랍니다. (하나, 둘, 셋...다섯) 그만. 이번에는 오른 쪽 어깨를 볼 수 있도록 최대한 오른쪽으로 돌려주시기 바랍니다. (하나, 둘, 셋...다섯) 그만. 다음으로 자기 이마가 볼 일수 있도록 위쪽을 바라보시기 바랍니다.(하나, 둘, 셋...다섯) 그만. 다음은 아랫 쪽. 이번에는 눈을 최대한 빠르게 돌려주시기 바랍니다. 다음은 반대쪽으로 돌려주세요... 그만..

3. 교육 소개

오늘은 고객 식사 중 중간 서비스 점검을 하는 방법에 하는 서비스 표준에 대해서 알아보도록 하겠습니다.

4. 서비스 표준 설명

고객의 식사 중 중간 서비스 점검하는 방법은 다음과 같은 서비스 표준을 준수하여야 합니다.

① 테이블로 다가갈 때에는 고객 간의 대화가 중단되지 않도록 상황을 확인한 후 고객을 쳐다보며 '잠시 실례하겠습니다. 식사는 괜찮으십니까?', 또는 '잠시 실례하겠습니다. 더 필요한 것은 없으십니까?' 라고 말합니다.

② 인사가 끝나면 눈으로는 테이블에 부족한 부분이 있는지 확인하여 부족한 음

식에 대해서 필요하신지 물어 봅니다.

③ 빈 그릇이 있을 시에는 '빈그릇은 치워 드리겠습니다.' 라고 말하고 치워 드립니다.

④ 고객이 벨을 눌러 도움이 필요함을 요청할 때에는 다가서서 '예, 무엇을 도와드릴까요?' 라고 말하고 테이블에 부족한 부분에 대해서 확인합니다.

⑤ 중간 리필의 경우는 최대한 빠른 시간 안에 제공하여 드려야 합니다. 또한 고객의 요구 외에 자신이 판단하기에 부족한 부분이 있다면 고객에게 필요 여부를 확인하고 함께 채워 드리도록 합니다.

⑥ 테이블에서 물러날 때에는 '잠시만 기다리세요.' 또는 '감사합니다. 맛있게 드세요.' 라고 말합니다.

⑦ 고객의 성향에 따라 잦은 방문을 싫어하는 경우는 빠르게 판단하여 기본적인 방문과 필요시 벨을 눌러 줄 것을 말씀드리고 방문을 삼가고 유관으로 판단하여 서비스합니다.

⑧ 고객이 요구해서 하는 것 보다는 먼저 서비스를 제공하여야 합니다.

5. 표준 준수의 효과의 이해

고객의 식사 중에 중간 점검 서비스를 제공하는 것은 고객의 필요를 빠르게 알아냄으로써 보다 신속한 서비스를 제공할 수 있으며 고객이 말하기 전에 서비스를 제공할 수 있으므로 고객 만족도를 향상 시킬 수 있는 효과가 있습니다.

6. 질문

오늘은 ○○○ 서비스 표준 중 중간 점검에 대하여 알아보았습니다. 이에 질문 있습니까? (질문이 있다면 질문에 답을 하고 제안 사항은 이후 회의에서 결정하도록 합니다.)

(없으면) 이상 교육을 마치도록 하겠습니다.

7. 이해도 점검

○○○ 서비스 표준 중 중간 점검은 어떠한 효과가 있다고 했습니까? (신속한 서비스 제공, 고객 만족도 향상)

예, 오늘도 ○○○ 서비스 표준을 준수하여 고객에게 만족을 드리는 하루가 되도록 합시다.

8. 이후 교육 안내

내일은 ○○○ 서비스 표준 중 계산 시 서비스 표준에 대해서 설명하도록 하겠습니다.

9. 다짐

우리 모두 ○○○ 서비스 표준을 준수할 수 있겠습니까? 예~~ 3번 확인합니다.

10. 교육 마무리

교육의 마무리는 힘찬 구호로 마무리하도록 하겠습니다.

○○○. ○○○.. 파이팅....

10일차 스피드 서비스 교육

1. 참가자 환영

반갑습니다. 오늘은 ○○○ 서비스 표준 제 10일차로 계산 시 서비스 표준에 대해서 소개하도록 하겠습니다.

2. 들어가기

교육에 들어가기에 앞서 얼굴 찰흙 놀이를 하도록 하겠습니다.

얼굴에는 미소를 지으시고 자신의 손으로 입꼬리가 최대한 귀에 닿을 수 있도록 입을 벌려 줍니다. 마음속으로 다섯을 센 후 그만합니다.

다음은 두 손으로 자신의 얼굴을 마사지 합니다. 얼굴 근육을 풀어 미소 짓기 쉽게 합니다.

3. 교육 소개

오늘은 고객 식사 후 계산하는 과정에서의 서비스 표준에 대해서 알아보도록 하겠습니다.

4. 서비스 표준 설명

고객의 식사 후 계산하는 과정의 서비스 표준은 다음과 같습니다.

① 고객이 계산대로 다가서면 '감사합니다. 오늘 식사는 맛있게 하셨습니까?' 라고 말하며 POS에 고객 테이블을 입력하여 드신 메뉴를 확인합니다.

② '오늘 드신 메뉴는 ---,---입니다. 맞으십니까?' 고객 대답 후 '총----원입니다.' 라고 말합니다.

③ 고객이 계산을 하려고 하면 '계산은 현금, 카드 중에 어느 것으로 하시겠습니까?' 라고 말하여 계산 방법에 대하여 물어 봅니다.

④ 현금으로 할 경우에는 받은 현금은 고객이 보는 앞에서 정확하게 확인하고

'총 ---원 받았습니다.' 라고 고객이 주신 금액을 확인해 드리도록 합니다.

⑤ 현금영수증 필요 여부에 대해 확인한 후 '잔돈 ---원과 영수증 여기 있습니다.' 라고 말하여 두손으로 잔돈과 영수증을 공손히 드립니다.

⑥ 카드 계산시에는 '카드 받았습니다. 계산은 카드로 해드렸습니다. 서명 부탁드립니다.' 라고 말하고 전자 서명 장치를 손을 모아 알려 드려야 합니다.

⑦ 계산을 마친 후에는 '감사합니다. 카드와 영수증 여기 있습니다.' 라고 말하고 카드와 영수증을 두손으로 공손히 드립니다.

⑧ 계산 시에는 항상 고객 눈을 맞추고 이야기 하며 계산에 대한 신뢰감을 주어야 합니다.

⑨ 계산을 나치고 나가시는 고객에게는 '감사합니다. 또 뵙겠습니다.' 라고 인사하여야 합니다.

5. 표준 준수의 효과의 이해

고객 식사 후 계산 시에 서비스 표준을 지키는 것은 고객에게 마지막으로 만족도를 확인함으로써 우리가 마지막까지 고객에게 신경을 쓰고 있다는 신뢰감을 줄 수 있습니다.

6. 질문

오늘은 ○○○ 서비스 표준 중 계산 시 서비스 표준에 대하여 알아보았습니다. 이에 질문 있습니까? (질문이 있다면 질문에 답을 하고 제안 사항은 이후 회의에서 결정하도록 합니다.)

(없으면) 이상 교육을 마치도록 하겠습니다.

7. 이해도 점검

○○○ 서비스 표준 중 계산 시 서비스 표준을 준수하면 어떠한 효과가 있다고 했습니까? (고객에게 마지막으로 만족도를 확인함으로써 우리가 마지막까지 고

객에게 신경을 쓰고 있다는 신뢰감을 줄 수 있습니다)

예, 오늘도 ○○○ 서비스 표준을 준수하여 고객에게 만족을 드리는 하루가 되도록 합시다.

8. 이후 교육 안내

내일은 ○○○ 서비스 표준 마지막으로 고객 전송 시 지켜야 할 서비스 표준에 대해서 설명하도록 하겠습니다.

9. 다짐

우리 모두 ○○○ 서비스 표준을 준수할 수 있겠습니까? 예~~ 3번 확인합니다.

10. 교육 마무리

교육의 마무리는 힘찬 구호로 마무리하도록 하겠습니다.

○○○. ○○○.. 파이팅…

11일차 스피드 서비스 교육

1. 참가자 환영

반갑습니다. 오늘은 ○○○ 서비스 표준 제 마지막 시간으로 고객 전송 시 지켜야할 서비스 표준에 대해서 소개하도록 하겠습니다.

2. 들어가기

교육에 들어가기에 앞서 몸 풀기로 건강박수 한번 크게 치도록 하겠습니다.

먼저, 합장 박수: 열 손가락을 모두 붙여서 힘차게 박수를 칩니다.(혈액순환, 신경통)

두 번째 손바닥 박수: 손가락을 뒤로 젖혀 손바닥으로만 박수를 칩니다. (내장기능강화)

세 번째로 주먹 박수: 주먹을 쥔 채로 박수를 칩니다. (두통이나 어깨 통증)

마지막으로 목뒤 박수: 손을 목 뒤로 해서 박수를 칩니다. (팔뚝, 어깨 근육이완)

3. 교육 소개

오늘은 고객 전송 시 서비스 표준에 대해서 알아보도록 하겠습니다.

4. 서비스 표준 설명

고객 전송 시의 서비스 표준은 다음과 같습니다.

① 계산을 마친 고객을 전송 시에는 '감사합니다. 안녕히 가십시오.' 또는 '감사합니다. 다음에 또 뵙겠습니다.' 라고 말하고 정중히 전송하여야 합니다.

② 고객 전송은 접객의 마무리 단계로 마지막까지 정중하게 모신다는 것을 고객에게 알려야 합니다.

③ 불평 고객의 전송 시에는 마지막으로 사과하며 '오늘은 정말 죄송했습니다.

다음에 오시면 그런 일이 없도록 주의하겠습니다. 다음에 다시 한 번 들려주시기 바랍니다.' 라고 말하여 실수한 부분에 대한 인정과 개선의 의지 등을 보여야 합니다.

5. 표준 준수의 효과의 이해

고객 계산 후 전송 시에 서비스 표준을 지키는 것은 고객에게 우리가 마지막까지 고객에게 신경을 쓰고 있다는 신뢰감을 줄 수 있으며 이로 인해서 재방문을 유도할 수 있습니다.

6. 질문

오늘은 ○○○ 서비스 표준 중 고객 전송에 대해서 알아보았습니다. 이에 질문 있습니까? (질문이 있다면 질문에 답을 하고 제안 사항은 이후 회의에서 결정하도록 합니다.)

(없으면) 이상 교육을 마치도록 하겠습니다.

7. 이해도 점검

○○○ 서비스 표준 중 고객 전송 시 서비스 표준을 준수하면 어떠한 효과가 있다고 했습니까?

(고객에게 마지막까지 우리가 마지막까지 고객에게 신경을 쓰고 있다는 신뢰감을 줄 수 있으면 이로 인해 재방문을 유도할 수 있습니다)

예, 오늘도 ○○○ 서비스 표준을 준수하여 고객에게 만족을 드리는 하루가 되도록 합시다.

8. 이후 교육 안내

이것으로 ○○○ 서비스 표준은 마치도록 하겠습니다.

그동안 수고하셨습니다. 앞으로 ○○○ 서비스 표준을 잘 지키도록 합시다.

9. 다짐

우리 모두 ○○○ 서비스 표준을 준수할 수 있겠습니까? 예~~ 3번 확인합니다.

10. 교육 마무리

교육의 마무리는 힘찬 구호로 마무리하도록 하겠습니다.

○○○. ○○○.. 파이팅…

10. 서비스 핸드북

○○○ 서비스 핸드북(홀)			
순서	언어	동작	포인트
대기	① (정해진 장소에서 바른 자세로 대기한다.) ② (주변 동료와 잡담을 하지 않는다.)	① 입구 쪽을 향하여 바른 자세로 대기한다. ② 기둥, 벽 등에 기대어 서지 않는다. ③ 주머니에 손을 넣거나 팔짱을 끼고 있지 않는다.	① 언제 고객이 들어오더라도 흐트러진 모습을 보여서는 안 된다. ② 사이드 업무를 진행할 시에는 정해진 장소를 이용하여 정숙하게 진행한다.
고객 환영	① 안녕하세요. 어서오세요 . ② 예약 하셨습니까? ③ 몇 분이십니까?	① 인사는 항상 밝고 경쾌하게 한다. ② 허리는 15도정도 가볍게 숙여 인사한다.	① 고객 환영인사는 고객에게 첫인상을 주는 부분으로 매우 중요하다. ② 고객으로 하여금 환대받는다는 느낌을 받을 수 있도록 하여야 한다.
빈자리가 없는 경우	① (자리가 없을 경우) 죄송하지만 잠시만 기다려 주시겠습니까? ② 여기에서(웨이팅 룸) ~분 정도 기다리시면 자리로 안내해 드리겠습니다.	① 웨이팅 룸에 안내하며 공손한 말투로 죄송함과 감사함을 표현한다. ② 허리는 15도정도 숙여 죄송함을 표현한다.	① 대기 고객은 우리 매장에 대한 충성도가 매우 높은 고객이다. ② 대기고객에게는 지속적인 관심으로 보여 무관심하게 방치되었다는 생각이 들게 해서는 안 된다.
자리 안내	① 제가 안내해드리겠습니다. ② 흡연석과 금연석 어디로 안내해드릴까요? ③ 이쪽으로 오시겠습니까? ④ 자리는 마음에 드십니까? ⑤ 물과 메뉴북 가져다 드리겠습니다. 잠시만 기다려 주세요.	① 손은 가지런히 모아 이동하려고 하는 방향을 향하게 한다. ② 고객보다 2~3걸음 정도 앞서 나아간다. ③ 홀 서버에게 고객을 인도할 시에는 정확한 인원수를 홀서버에게 알려 서버가 자리를 안내할 수 있도록 한다.	① 고객을 안내자가 서버에게 인도할 시 정확히 인도하여 자리를 안내한다. ② 고객을 새롭게 맞이하는 직원은 항상 밝은 톤으로 인사를 하여야 한다

순서	언어	동작	포인트
물과 메뉴북 제공	① 안녕하세요. 어서 오세요. ② 물과 메뉴북 여기 있습니다. ③ 메뉴 고르시고 벨을 눌러 주시면 다시 돌아와 도와드리겠습니다.	① 물을 제공할 때에는 물에 이물질이 있는지 확인하여야 한다. ② 기물을 테이블에 내려놓을 때에는 소리가 나지 않도록 주의하여야 한다.	① 고객이 테이블에 앉으면서 본격적인 서비스가 시작된다. ② 시작인사, 물 제공은 고객이 느끼는 첫 서비스라는 점을 명심하여야 한다. ③ 한가한 시간보다는 바쁜 시간에 표준을 지킬 수 있도록 하여야 한다.
주문 받기	① 주문 도와드리겠습니다. ② 주문하신 메뉴 확인하여 드리겠습니다. ③ ( )( ) 주문하였습니다. 맞는지요? ④ (음료, 주류를 주문하지 않은 경우) 음료나 술은 필요하지 않으시고요? ⑤ 잠시만 기다리시면 주문하신 ( ),( ) 준비해 드리도록 하겠습니다. ⑥ 감사합니다.	① 전표 작성 시에는 서두르는 느낌을 주지 않도록 한다. ② 고객이 메뉴 추천을 원하실 때에는 메뉴북을 통해 자세히 설명해드린다. ③ 주문 확인 시에는 고객과 눈을 맞추며 확인을 시켜드려야 한다.	① 고객이 부르기 전에 미리 고객의 필요 사항을 알고 서비스를 제공한다. ② 주문을 받을 시에는 고객에게 적절한 메뉴가 선택되었는지 판단하여야 한다. ③ 메뉴 추천이나 추가 주문 시는 고객의 입장에서 필요한 메뉴를 추천하도록 한다. ④ 고객의 요구 사항을 다른 동료에게도 잘 전달하여 혼돈이 없도록 한다.
메뉴 예비 세팅	① 잠시 실례하겠습니다. 반찬 준비해 드리겠습니다. ② 뭐 더 필요한 것은 없으십니까? ③ 감사합니다. 맛있게 드세요.	① 메뉴의 예비 세팅은 신속하게 이루어져야 한다. ② 그릇을 테이블에 올릴 때 큰소리가 나지 않도록 한다. ③ 각종 반찬은 정해진 위치에 정확히 두어야 한다.	① 다른 고객과 순서가 바뀌지 않도록 주의해야 한다. ② 메뉴 예비 세팅은 고객이 주문 후 5분 안에 제공하여야 한다. ③ 요리를 내오기 전에는 항상 담기, 청결 상태 등을 확인한다.
메뉴의 제공	① 잠시 실례하겠습니다. ② 주문하신 ( ), ( ) 나왔습니다. ③ 더 필요하신 것은 없으시고요? ④ 감사합니다. 맛있게 드세요.	① 메인 메뉴의 제공시에는 메뉴에 맞게 세팅한다. ② 메뉴를 고객에게 제공할 시에는 바른 자세하고 무리한 자세를 취하지 않는다. ③ 자리를 떠날 때는 간단한 눈인사를 한다.	① 고객이 주문하신 메뉴를 정확히 제공한다. ② 다른 고객과 순서가 바뀌지 않도록 주의해야 한다. ③ 요리를 내오기 전에는 항상 담기, 청결 상태 등을 확인한다. ① 고객에게 만족도와 필요 사항에 대해 물어야 한다. ② 빈 그릇은 치우거나 리필 하는 것은 자발적으로 실시한다.

순서	언어	동작	포인트
중간 서비스	① 잠시 실례하겠습니다. ② 더 필요한 것은 없으십니까? ③ (　)는 바로 가져다 드리도록 하겠습니다. ④ 빈 그릇은 치워 드리도록 하겠습니다. ⑤ 잠시만 기다리세요. ⑥ 감사합니다. 맛있게 드세요.	① 고객의 말을 경청한다. ② 빈 그릇은 손을 모아 손끝으로 가리킨다. ③ 고객이 대화 중 일 때에는 대화가 중단되지 않도록 주의한다.	① 고객이 부르기 전에 필요한 것을 먼저 챙겨주는 역할을 하여야 한다. ② 고객의 만족도를 지속적으로 체크함으로써 작은 불만족이 해결할 수 있다. ③ 고객의 성향에 따라 방문빈도가 잦은 것을 싫어 할 수도 있으므로 주의한
계산	① 감사합니다. 오늘 식사는 맛있게 하셨습니까? ② 오늘 드신 메뉴는 ( )( )이고, 총 ( )입니다. ③ 계산은 현금, 카드 어느 것으로 하시겠습니까? ④ (현금) (　) 받았습니다. ⑤ 현금영수증필요하십니까? ⑥ 잔돈 ( )와 영수증 여기 있습니다. ⑦ (카드) 카드 받았습니다. ⑧ 서명 부탁드립니다. ⑨ 영수증 여기 있습니다. ⑩ 감사합니다.	① 고객이 계산을 위해 다가오면 가벼운 목례로 인사한다. ② 현금 또는 카드를 받을 시에는 공손하게 받는다. ③ 영수증을 내어 드릴 시에는 공손하게 드린다. ④ 고객과 이야기할 시 항상 고객과 눈을 맞추고 이야기하여야 한다.	① 계산은 실수 없이 정확하게 하여야 한다. ② 계산을 담당하는 직원은 고객의 만족도를 마지막에 확인하여야 한다. ③ 불만족 고객에게는 말씀해주신 것에 대한 감사와 이후 보완하겠다는 다짐을 하여야 한다.
고객전송	① 감사합니다. 안녕히 가십시오. ② 다음에 또 뵙겠습니다.	① 허리는 30도 가량 숙여 인사한다. ② 불평고객이라면 더욱 정중하게 인사하여야 한다.	① 접객의 마무리 단계로 매우 중요하다.

○○○ 서비스 핸드북(주차장)			
순서	언어	동작	포인트
입차 안내	① 안녕하세요. 어서 오세요. ② 이쪽으로 주차하십시오. ③ 열쇠는 제가 보관하겠습니다. ④ 입구는 이쪽입니다. ⑤ 즐거운 시간되세요.	① 차량 주차 안내시는 동작을 크고 정확하게 하여 안전하게 인도하여야 한다. ② 저녁에는 신호봉을 들고 안내하여 안전사고에 유의한다. ③ 인사는 허리는 30도 가량 숙이고 큰소리로 인사한다.	① 주차장은 매장의 얼굴과도 같다. 항상 청결하게 유지하도록 한다. ② 친절한 첫인상은 입차 시 친절한 접객에 좌우된다. ③ 유니폼은 항상 깨끗하게 입어 청결함을 강조하고, 밝은 인상을 주도록 한다.
출차 안내	① 감사합니다. 식사는 맛있게 하셨나요? ② 고객님의 차량 번호는 무엇인지요? ③ 고객님의 차량은 저기에 있습니다. 열쇠는 차량에 있습니다. ④ 감사합니다. 안녕히 가세요. 다음에 또 뵙겠습니다.	① 인사는 허리는 30도 가량 숙이고 큰소리로 인사한다. ② 손은 가지런히 모아 차량의 방향을 향한다. ③ 다른 차량을 밀거나 운전할 시에는 신속하고 안전하게 운행하여야 한다.	① 차량을 다루는 것인 항상 안전사고에 유의하여야 한다. ② 유니폼은 항상 깨끗하게 입어야 청결함을 강조하여야 한다. ③ 마지막 출차 시 친절함이 전체 기억을 좌우할 수 있다.

11. 미스터리 쇼핑 평가 체크리스트

A. 서비스 부문			
구분		키워드	평가 사례
A1	주차장 안내	자세	주차 안내 시 바른자세로 안내를 하였는가?
A2		표정	주차 안내 시 친절한 표정으로 안내를 하였는가?
A3		언어	주차 안내 시 적절한 언어를 사용하여 안내 하였는가?
A4		행동	주차 안내 시 주차표는 친절하게 건내주었는가 ?
A5			주차 후 주차 안내원 출입구의 위치를 안내 해주었는가?
A6		타이밍	주차 안내는 주차장 출입시 바로 이루어졌는가?
A7	환대인사 (예 or 아니오)	자세	환대 인사 직원은 바른 대기 자세를 유지하고 있었는가?
A8		표정	환대 인사 직원은 친절한 표정으로 환대 인사를 하였는가?
A9		언어	환대 인사 직원은 환대 인사 시 친절한 언어를 사용했는가?
A10		행동	환대 인사 직원은 올바른 자세로 환대인사를 하였는가?
A11		타이밍	환대 인사 직원은 고객이 매장으로 들어오는 즉시 환대 인사를 하였는가?
A12		상황대처	환대 인사 시 상황에 어울리는 인사말을 하였는가? (날씨나 시대 상황 등)
A13	좌석안내 (예 or 아니오)	자세	좌석안내 시 안내직원은 올바른 자세로 안내하였는가?
A14		표정	좌석안내 시 안내직원은 친절한 표정으로 안내하였는가?
A15		언어	좌석안내 시 안내직원은 친절한 언어를 사용하였는가?
A16		행동	좌석안내 시 안내직원은 친절한 행동으로 안내하였는가?
A17		타이밍	좌석안내는 환영 인사 후 즉시 이루어졌는가?
A18		상황대처	좌석이 없어 기다려야 하는 경우 이유와 시간을 설명하고 양해를 구하였는가?
A19			좌석 안내시 고객 모임의 특성(가족, 연인, 아이, 기념일) 확인하고 적절한 멘트로 안내하였는가?
A20			좌석 안내 후 안내된 테이블에 대해 만족여부를 확인하였는가?

(계속)

구 분		키워드	평가 사례
A21	주문 오더 (예 or 아니오)	자세	메뉴 주문 시 친절한 자세로 주문을 받았는가?
A22		표정	메뉴 주문 시 친절한 표정으로 주문을 받았는가?
A23		언어	메뉴 주문에 대한 친절한 설명이 있었는가?
A24			주문 메뉴에 대한 확인 작업을 하였는가?
A25		행동	메뉴 주문시 친절하게 주문을 받았는가?
A26		타이밍	좌석 착석 후 적절한 시간에 물과 컵, 메뉴북은 동시에 제공되었는가?
A27			메뉴 주문은 적절한 타이밍에 이루어졌는가?
A28		상황대처	주문할 메뉴의 제공시간이 늦어지는 메뉴는 양해를 먼저 구하고 주문을 받았는가?
A29			메뉴추천(이벤트, 행사, 신메뉴)은 하였는가?
A30	메뉴제공 시 응대 (예 or 아니오)	자세	메뉴를 제공 시 올바른 자세로 제공하였는가?
A31		표정	메뉴 제공 시 친절한 표정으로 제공 되었는가?
A32			메뉴 제공 시 제공 메뉴에 대한 언급을 하고 제공 되었는가?
A33		언어	메뉴 제공 시 제공 메뉴가 뜨거운 경우 위험을 고객에게 주지하였는가?
A34		행동	메뉴 제공 시 친절하게 제공되었는가?
A35			메뉴 제공 후 추가적으로 필요한 부분에 고객 확인을 하였는가?
A36		타이밍	주문한 메뉴는 적절한 시간에 제공되었는가?
A37		상황대처	메뉴 제공이 늦었다면 사과와 함께 늦은이유와 양해의 말을 하였는가?
A38	**식사중 응대사항 (예 or 아니오)**	자세	대기 중인 직원들은 바른자세로 대기 하고 있는가?
A39		표정	대기 중인 직원들은 친절한 표정으로 대기하고 있었는가?
A40		언어	식사 중 중간 만족도에 대한 확인을 하였는가?
A41		행동	식사 중인 고객 테이블을 돌려 부족한 부분이 없는지 확인하였는가?
A42		타이밍	고객의 호출에 빠르게 응대하였는가?
A43		상황대처	식사 중인 고객의 요구에 적절히 대처하였는가?

(계속)

구분		키워드	평가 사례
A44	식사후 응대사항 (예 or 아니오)	자세	올바른 위치에 서서 올바른 자세로 대기하고 있는가?
A45		표정	식사 후 식사 만족도에 대한 확인을 밝은 표정으로 확인하였는가?
A46		언어	식사 후 식사에 대한 만족도를 확인하였는가?
A47		행동	빈 그릇에대한 정리가 신속하게 이루어졌는가?
A48		타이밍	테이블 정리는 신속하게 이루어졌는가?
A49		상황대처	음료,디져트에 대한 선택사항을 물어 보왔는가?
A50	계산 및 배웅 (예 or 아니오)	자세	계산 직원은 카운터에 바른자세로 대기 또는 근무하고 있었는가?
A51		표정	계산 시 친절한 표정으로 계산및 배웅을 하였는가?
A52		언어	계산 시 친절한 언어를 사용하여 계산및 배웅을 하였는가?
A53		타이밍	계산은 기다리는 시간없이 계산은 빠르게 이루어졌는가?
A54		행동	카드를 받거나 영수증을 제시할 때 공손한 행동을 취하였는가?
A55		상황대처	회원사카드에 대한 소지여부를 확인하고 카드 발급을 적극적으로 권유하였는가?
A56		기타	식사한 메뉴과 금액에 대하여 확인하였는가?
A57	위기상황 대처 (예 or 아니오)	1단계	고객의 불만사항 접수시 불만 사항에 대하여 경청하였는가?
A58		2단계	고객의 불만사항을 듣고 즉시 사과하였는가?
A59		3단계	고객의 불만 사항에 대해서 공감하는 반응을 보였는가?
A60		4단계	고객의 불만 사항에 대하여 대안을 제안하였는가?
A61		5단계	고객의 불만 사항에 대하여 적절한 조치가 취해졌는가?
A62		6단계	고객 불만 사항 해결 후 문제 해결에 대한 만족도를 확인하였는가?
B. 메뉴 부문			
구분		키워드	평가 사례
B1	제공된 메뉴	맛	제공된 음식은 맛있게 조리되었는가?
B2		온도	제공된 음식은 뜨거운 메뉴는 뜨겁게,차가운 메뉴는 차갑게 제공되었는가?
B3		신선도	제공된 음식의 신선해 보였는가?
B4		양	제공된 음식의 양은 적당하였는가?
B5		스타일 (색)	제공된 음식의 색감은 선명하였는가?
B6		스타일 (담기)	제공된 음식은 접시에 먹음직스럽게 담았는가?
B7		스타일 (그릇)	제공된 음식이 담기 그릇은 음식과 조화가 이루어졌는가?

(계속)

C. 물리적 환경 부문			
구 분		키워드	평가 사례
C1	외부	간판의 가시성	매장간판은 잘 보이는 곳에 위치하고 있는가?
C2		간판의 노후성	매장간판의 색이 변질되거나 파손되지는 않았는가?
C3		매장유리	매장유리는 밖에서 볼때 파손여부는 없었는가?
C4	주차장	표시판	주차장 표시판은 주차장 이용이 편리하도록 눈에 띄는 곳에 표시되어 있었는가?
C5		라인	주차장 주차라인은 선명하게 그려져 이용하기 편리하였는가?
C6		조명	주차장 안의 조도는 이용하기에 편리하였는가?
C7		거울	주차장 코너 거울이 주차장을 사용함에 있어 편리하였는가?
C8	출입구	바닥	입구 바닥은 깨짐없이 잘 관리되고 있는가?
C9		조명	실내조명은 매장분위기와 어울리는가?
C10		조명 (파손여부)	실내조명 중 꺼져 있는 곳은 없었는가?
C11		대기석	대기석 공간 및 의자는 배치 되어 있는가?
C12		우산꽂이	우산꽂이는 사용하기 편리하였는가?
C13		추천메뉴란	오늘의 고객용 게시판(메뉴소개, 예약자명단란)등의 시설물은 잘 관리되어 보기에 좋았는가?
C14		자판기	자판기는 사용하기 편리하였는가?
C15		엑스베너	매장 입구 엑스베너는 잘 관리되고 있었는가?
C16		신발장	신발장은 사용하기 편리하였는가?
C17	홀	테이블	테이블은 식사하기에 충분한 공간으로 편리 하였는가?
C18		테이블 (노후도)	테이블이 망가져 소음이 발생하지는 않았는가?
C19		의자	의자는 식사하기에 편안 하였는가?
C20		의자 (노후도)	의자가 망가져 소음이 발생하지는 않았는가?
C21		창문	홀에서 보이는 창문 중 파손된 것은 없었는가?
C22		조명	조명은 꺼진곳은 없었는가?
C23		음악	매장의 음악소리는 식사에 방해되지는 않았는가?

(계속)

구분		키워드	평가 사례
C24	홀	식기	제공된 식기에 얼룩이 있거나 이가 나간 그릇을 사용하지는않았는가?
C25		수저통	테이블에 수저통은 올바르게 배치 되었는가?
C26		냅킨	냅킨은 체워져 있었는가?
C27		메뉴판	메뉴판은 알아보고 주문 하기 편리 하였는가?
C28		메뉴판 (노후도)	메뉴판은 내구성이 튼튼 하였는가?
C29		온도	매장내 온도는 적절하게 유지하고 있었는가?
C30		환기	매장은 환기는 잘되어 쾌적 하였는가?
C31	화장실	휴지걸이	화장실의 휴지걸이및 휴지는 있었는가?
C32		손세척제	화장실 손세척제는 잘 관리되어 사용하기 편리하였는가?
C33		휴지통	화장실 휴지통은 잘 관리되어 사용하기 편리하였는가?
C34		거울	거울은 잘 관리되어 사용하기 편리하였는가?
C35		변기	화장실 변기는 잘 관리되어 사용하기 편리하였는가?
C36		바닥타일	화장실 바닥 타일은 파손여부가 없었는가?
C37	놀이방	장난감	장난감은 잘 관리되어 사용하기에 편리해 보였는가?
C38		매트	매트는 잘 관리되어 사용하기에 편리해 보였는가?
C39		기구	기구는 잘 관리되어 사용하기에 편리해 보였는가?
C40		게임기	게임기는 잘 관리되어 사용하기에 편리해 보였는가?
C41		책	아동도서는 잘 관리되어 사용하기에 편리해 보였는가?

D. 위생 및 청결 부문

구분		키워드	평가 사례
D1	외부	간판	간판은 청결한 상태를 유지하고 있는가?
D2		매장유리	전면 유리는 청결한 상태를 유지하고 있는가?
D3	주차장	주차장 바닥	주차장 바닥은 청결한 상태를 유지하고 있는가?
D4		쓰레기통	외부 쓰레기통 주변은 잘정돈 되고 있는가?

(계속)

구 분		키워드	평가 사례
D5	출입구	출입문	출입구 출입문은 청결한 상태를 유지하고 있는가?
D6		신발장	입구의 신발장은 정리가 잘되어 있었는가?
D7		카운터	카운터 정리정돈 상태는 청결 하였는가?
D8		대기석	대기석은 청결 상태를 유지하고 있는가?
D9		우산꽂이	우산꽂이는 청결한 상태를 유지하고 있는가?
D10		자판기	자판기는 청결한 상태를 유지하고 있는가?
D11	홀	테이블	테이블은 청결한 상태를 유지하고 있는가?
D12		의자	의자는 청결한 상태를 유지하고 있는가?
D13		창문	내부창문은 청결한 상태를 유지하고 있는가?
D14		식기	식기는 위생적으로 관리되고 있는가?
D15		수저통	수저통은 위생적으로 관리되고 있는가?
D16		수저	수저는 위생적으로 관리되고 있는가?
D17		양념통	양념통은 청결하게 관리 되고 있는가?
D18		매장바닥	매장바닥은 청결한 상태를 유지하고 있는가?
D19		메뉴판	메뉴판은 청결한 상태를 유지하고 있는가?
D20		매장벽 액자	매장내 벽액자들은 청결한 상태를 유지하고 있는가?
D21	화장실	변기	화장실 변기는 청결한 상태를 유지하고 있는가?
D22		세면대	화장실 세면대는 청결한 상태를 유지하고 있는가?
D23		거울	화장실 거울은 청결한 상태를 유지하고 있는가?
D24		바닥	화장실 바닥은 청결한 상태를 유지하고 있는가?
D25		쓰레기통	화장실 쓰레기통이 청결한 상태를 유지하고 있는가?
D26	놀이방	바닥	놀이방 바닥이 청결한 상태를 유지하고 있는가?
D27		벽	놀이방 벽면은 청결한 상태를 유지하고 있는가?
D28		놀이기구	놀이기구은 청결한 상태를 유지하고 있는가?
D29		책	구비된 서적은 청결한 상태를 유지하고 있는가?
D30		게임기	게임기는 청결한 상태를 유지하고 있는가?
D31	개인위생	유니폼	직원들의 유니폼은 청결한 상태를 유지하고 있는가?
D32		손톱	직원들의 손톱은 청결한 상태를 유지하고 있는가?
D33		두발	직원들의 두발은 청결한 상태를 유지하고 있는가?

(계속)

<table>
<tr><th colspan="2">구 분</th><th>키워드</th><th>평가 사례</th></tr>
<tr><td>D35</td><td rowspan="3">개인위생</td><td>화장</td><td>직원의 화장이 너무 진하지 않은가?</td></tr>
<tr><td>D36</td><td>향수</td><td>직원의 향수냄새가 식사에 방해었는가?</td></tr>
<tr><td>D37</td><td>액세서리</td><td>직원들의 악세서리를 착용하고 있었는가?</td></tr>
<tr><th colspan="4">전반적안 평가</th></tr>
<tr><th colspan="3">구 분</th><th>평가 사례</th></tr>
<tr><td colspan="3">서비스부문</td><td>전반적으로 서비스 부문은 만족하였는가?</td></tr>
<tr><td colspan="3">메뉴부문</td><td>전반적으로 메뉴 부문은 만족하였는가?</td></tr>
<tr><td colspan="3">시설 · 환경</td><td>전반적으로 시설, 환경은 만족하였는가?</td></tr>
<tr><td colspan="3">위생 및 청결</td><td>전반적으로 위생및 청결도는 만족하였는가?</td></tr>
<tr><td colspan="3"></td><td></td></tr>
<tr><td colspan="3">우수 사항</td><td></td></tr>
<tr><td colspan="3">부족 사항</td><td></td></tr>
</table>

참고문헌

연구논문

Fitzsimmons J. A. and Maurer G. B.(1991), A Walk-through Audit to Improve Restaurant Performance, *Cornell Hotel and Restaurant Administration Quarterly*, *31*(4), 94-99

James A. F. & Mona J. F.(2007) *Service Management: Operations, Strategy, Information Technology*, 6/E. McGraw-Hill

Parasuraman, A., Zeithaml V. A., & Berry, L. L.(1985). A conceptual model of service quality & Its implications for future research. *Journal of Marketing*, *49*(4), 41-50.

Parasuraman, A., Zeithaml V. A., & Berry, L. L.(1988). SERVQUAL: A multiple-item scale for measuring consumer perceptions of service quality. *Journal of Retailing*, *64*(1), 12-40.

Stevens, P., Knutson, B., & Patton, M.(1995). DINESERV: A tool for measuring service quality in restaurant. *Cornell Hotel and Restaurant Administration Quarterly*, *36*(2), 56-60.

단행본

James, A. F. & Mona, J. F.(2009). 글로벌 시대의 서비스 경영, 5/E. 한국맥그로힐.

Walker, John R.(2007). *The restaurant*(from concept to operation).

강도원 외(2008). 서비스 마케팅 이론과 사례. 대진.

김영갑 외(2009). 외식마케팅. 교문사.

김영갑 외(2011). 외식창업론. 교문사.

김영혁 외(2005). 우리 카페나 할까. 디자인하우스.

유왕진 외(2006). 서비스 경영 - 전략, 시스템, 사례. 법문사.

윤천성(2009). 고객중심 서비스 경영. 무역경영사.

이순철(1998). 서비스 기업의 경영전략. 삼성경제연구소.

이순철(1998). 서비스 기업의 운영전략. 삼성경제연구소.

이유재(2009). 서비스 마케팅. 학현사.

장정빈(2009). 리마커블 서비스. 올림.

최성용 외(2006). 서비스 경영론. 삼영사.

인터넷

The Mystery Dining Company(http://www.mysterydining.com)
김영갑교수의 외식창업과 경영(http://blog.naver.com/webkim)
미국레스토랑협회 NRA(http://www.restaurant.org)
일본 식품 안전 · 안심재단부설 외식산업총합조사연구센터(http://www.anan-zaidan.or.jp)
일본 外食.biz(http://www.gaisyoku.biz)
(주)리스피아르 조사연구소(http://www.mysteryshopper.co.kr)

기타 인터넷 저작물은 본문에 직접 표기

저자소개

김영갑
한양사이버대학교 호텔관광외식경영학과 교수
세종대학교 외식경영학 박사

김문호
재능대학 호텔조리과 교수
세종대학교 외식경영학 박사 수료

서비스품질 관리, 고객만족 경영을 위한

미스터리 쇼핑

2011년 9월 5일 초판 발행 | 2019년 8월 28일 2쇄 발행
지은이 김영갑 · 김문호 | **펴낸이** 류원식 | **펴낸곳** **교문사**
주소 (10881)경기도 파주시 문발로 116 | **전화** 031-955-6111 | **팩스** 031-955-0955
홈페이지 www.gyomoon.com | E-mail genie@gyomoon.com
등록 1960. 10. 28 제406-2006-000035호
ISBN 978-89-363-1179-7 (93590)
값 17,000원

* 저자와의 협의하에 인지를 생략합니다.
* 잘못된 책은 바꿔 드립니다.